COLLECTION
FOLIO/ESSAIS

Yves Bonnefoy

L'improbable et autres essais

suivi de

Un rêve fait à Mantoue

NOUVELLE ÉDITION

Gallimard

Dans la même collection

LA VÉRITÉ DE PAROLE
ET AUTRES ESSAIS, *n° 272.*

Né le 24 juin 1923, à Tours.

Études secondaires, puis de mathématiques et de philosophie à Tours, Poitiers et Paris.

À Paris depuis 1944. Voyages, notamment en Méditerranée et en Amérique.

Travaux sur l'histoire des formes et des moments de la poétique.

Invitations de diverses universités à partir de 1960. Depuis 1981, professeur au Collège de France.

Je dédie ce livre à l'improbable, c'est-à-dire à ce qui est.

A un esprit de veille. Aux théologies négatives. A une poésie désirée, de pluies, d'attente et de vent.

A un grand réalisme, qui aggrave au lieu de résoudre, qui désigne l'obscur, qui tienne les clartés pour nuées toujours déchirables. Qui ait souci d'une haute et impraticable clarté.

L'IMPROBABLE

LES TOMBEAUX DE RAVENNE

I

Bien des philosophies ont voulu rendre compte de la mort, mais je ne sache point qu'aucune ait considéré les tombeaux. L'esprit qui s'interroge sur l'être, mais rarement sur la pierre, s'est détourné de ces pierres qui sont ainsi deux fois abandonnées à l'oubli.

Il y a cependant un principe de sépulture qui, de l'Égypte à Ravenne, et jusqu'à nous, gouverne assez constamment les hommes. Il y a dans des civilisations entières une perfection de la sépulture, et toute chose parfaite a sa place de droit devant l'esprit. Pourquoi a-t-on gardé le tombeau dans un tel silence, où les philosophies de la mort, qui passent pour audacieuses, n'accèdent pas ? Je doute qu'une pensée soit valable, qui accepte de s'arrêter quand il serait si logique de poursuivre, et quand cela répondrait à nos soucis.

Hic est locus patriae, dit une épitaphe romaine. Qu'est-ce qu'une patrie sans le sol qui la délimite, et faut-il que ce sol ne compte pas ?

Sans doute le concept, cet instrument presque unique de notre philosophie, est-il dans tous les sujets qu'elle se donne un profond refus de la mort. Je tiens pour évident qu'il est toujours une fuite. Parce qu'on meurt dans ce monde et pour nier le destin l'homme a bâti de concepts cette demeure logique, où les seuls principes qui vaillent sont de permanence et d'identité. Demeure faite de mots, mais éternelle. Socrate y meurt sans trop d'angoisse. C'est encore dans cet abri qu'Heidegger médite et si j'admire dans ses écrits cette mort décisive, qui vivifie le temps, oriente l'être, c'est sans autre adhésion qu'esthétique ou intellectuelle : car tout enfin s'y résout. Un objet de pensée qui n'est plus l'objet réel, apaisant d'un douteux savoir l'inquiétude originelle, frappe de vanité cette mélodie la plus sombre de mots qui masquent la mort.

Pour autant qu'elle fut pensée, depuis les Grecs, la mort n'est qu'une idée qui se fait la complice d'autres, dans un règne éternel où justement rien ne meurt. Telle est bien notre vérité : elle ose définir la mort, mais pour la remplacer par du défini. Or le défini est incorruptible, il assure malgré la mort et pourvu qu'on oublie les apparences brutales une étrange immortalité.

Provisoire immortalité, mais suffisante.

Elle se prend comme un opium. Qu'on pressente par cette image quelle sorte de critique, avant tout morale, je veux opposer au concept. Il y a une vérité du concept, dont je ne prétends pas être le juge. Mais il y a un mensonge du concept *en général*, qui donne à la pensée pour quitter la maison des choses le vaste pouvoir des mots. On sait depuis Hegel quelle est la force de sommeil, quelle est l'insinuation d'un système. Je constate au-delà de la pensée cohérente que le moindre concept est l'artisan d'une fuite. Oui, l'idéalisme est vainqueur dans toute pensée qui s'organise. Mieux vaut refaire le monde, y est-il dit obscurément, que d'y vivre dans le danger.

Y a-t-il un concept d'un pas venant dans la nuit, d'un cri, de l'éboulement d'une pierre dans les broussailles ? De l'impression que fait une maison vide ? Mais non, rien n'a été gardé du réel que ce qui convient à notre repos.

Je doute cependant si la tombe est de ces choses maudites que le concept n'envisage pas. De quelle gêne pour l'esprit peut être une pierre nue, soigneusement refermée, lavée par le soleil de toute idée de la mort ? Les tombes déjà, malgré le nom qu'elles portent, et l'épitaphe, sont le début de l'oubli.

D'autant qu'un voile semble étendu sur la plupart des sépultures, qui adoucit encore et qui dénature la proximité de la mort. Voile quasi matériel, comme un feuillage au-dessus des tombes, qui écarte de son murmure les voix trop fortes. On peut le toucher dans Ravenne, sur les plus pures morts qu'ait recouvertes le temps.

II

Les monuments de Ravenne sont des tombeaux. D'un temps qui se retirait de l'histoire ce lieu si longtemps séparé du monde a gardé toutes les façons possibles d'enclore ce qui cesse d'être. De hautes tours rondes, distraites de toute fin, aveuglées, n'y ont de sens que par leur prochaine ruine. Partout, dans un assez grand silence, des sarcophages déserts exposent leur double mort. Un mausolée, la tombe prétendue de Galla Placidia, résume en quatre murailles la perfection grave et triste dont le désir mortel est capable. Les églises elles-mêmes, comme en retrait sous le poids de leurs mosaïques, semblent se refermer sur la dépouille d'un culte. S'il est un lieu dans le monde où la tombe doit dire à plein l'horreur de ce qu'elle annonce, c'est bien Ravenne qui n'est que mort, sous les espèces éteintes de sa royauté perdue.

Je n'y éprouvais pourtant qu'allégresse. Je me réjouissais des sarcophages. Moi le premier, qui eusse aimé rencontrer sous ces voûtes tendues de visages immobiles, dans les cloîtres, sur les parvis, cette obscurité d'un instant qui est l'appréhension de la mort, je venais à ces tombes laissées vides comme au plus simple repos. Il eût été satisfaisant peut-être qu'une enceinte réservât aux limites de notre monde la possibilité de plus de conscience : je l'oubliais, Ravenne a d'autres vertus. Cette cité dite douce, dite mélancolique et dite encore abandonnée du temps, cette cité demi-ensevelie est véhémente et joyeuse.

Je me réjouissais des sarcophages de Ravenne. Si cette ville est joyeuse, c'est qu'inclinée près des tombes elle se mire et se convient. Mais se mirer suppose une eau, une matière obscure et brillante, et je cherchais cette eau dans Ravenne. Le concept est parfois pour l'esprit cet éclat d'un repos possible, en quoi le regard se penche, mais qui déçoit. Quel principe inconnu entretient près de Saint-Vital un jour plus vif ? Je le savais aussi plus proche, plus fascinant, moins trompeur.

Ce principe paraît dans l'ornement. Peut-être la pierre nue eût-elle apporté l'angoisse. Peut-être un bloc grossier, défait, pillé eût-il affirmé le néant. Mais les sarcophages de Ravenne, pour béants qu'ils demeurent, sont ornés, et l'ornement les apaise.

Il y a dans l'ornement, au moins dans les réseaux de tresses et d'entrelacs, les rosettes et les rinceaux des tombes de Ravenne, une vertu qui d'abord ne s'explique pas. Pouvoir d'apaisement, ai-je dit, et de vertige, qui appelle et retient les yeux dans les creux ou bosses du marbre : qui vit d'une vie subtile qui se fait sur lui par frémissement. Conjonction de la pureté d'une eau et de la fluidité d'une parure, d'une immobilité solennelle et de secrets mouvements, inexplicablement la pire angoisse s'y calme.

J'avais tracé le dessin d'une théorie de l'ornement. Je l'ai laissée pour une autre. Rien dans ces formes claires qui ne malmène le vain souci de prouver.

Je comparais l'ornement au concept. Le concept peut nier la mort parce qu'elle est, aussi bien, ce qui échappe à son abstraction. Le concept s'accomplit dans la pensée « cohérente ». Le système est l'achèvement d'une digue contre la mort.

L'ornement, ai-je cru, recherche l'universel. L'oiseau formé dans le marbre est à son modèle ce que le concept est à l'objet, une abstraction qui n'en retient que l'essence, un éternel adieu à la présence qu'il fut. Qu'on regarde les scènes qui trouvent place — Daniel, Lazare, Jonas — sur le flanc décoré des sarcophages. C'est comme si un vent avait saisi ces visages, voici qu'ils ne sont plus que des signes dans l'univers des images. Oui, l'ornement protège Lazare de souffrir ce corps périssable. Filet aux larges mailles, qui laisse passer la mort.

L'ornement est un monde clos. Si faire œuvre est se jeter hors de soi, il n'y a point d'œuvre, pensais-je encore, de l'ornement. Mais simplement il poursuit un jeu. Ainsi fait le concept, dont le jeu qui n'a point de fin est le système que l'on bâtit. Le système de l'ornement est l'harmonie de ses mille formes, de ses palmes, de ses rinceaux...

Le concept cherche à fonder la vérité sans la mort. A faire enfin que la mort ne soit plus *vraie*. J'ai cru que l'ornement voulait dresser notre demeure sans la mort, et faire enfin qu'elle ne soit plus *ici*.

Mais c'était compter sans la pierre, qui appartient à l'être même de l'ornement, et retient dans le monde sensible ses étranges universaux.

Cette joie, aussi bien, que l'on éprouve auprès d'eux, est trop fiévreuse et trop pure. Maigre satisfaction d'un demi-oubli de la mort, cohérence logique, vraiment c'est demander à des raisons trop chagrines l'essence presque divine de cette joie. Si l'ornement est une demeure, comment le dire enfin une chose abstraite, quand la demeure est au comble de toute réalité ?

Il y a dans Ravenne un motif assez largement répandu, et le plus beau peut-être, au moins le plus lourd de sens. Il représente deux paons. Dressés, affrontés, savants et simples comme des hyperboles, ils boivent dans un même calice ou mordent la même vigne. Dans un entrelacs de l'esprit qui reprend et achève celui du marbre, ils signifient la mort et l'immortalité.

Jamais je n'ai rencontré plus vive source. On sent inépuisable cette vigne, où indiscernablement le cœur vient puiser la gloire de vivre et l'enseignement de la mort. Telle est la pierre. Je ne puis me pencher sur elle sans la reconnaître insondable, et cet abîme de plénitude, cette nuit que recouvre une lumière éternelle, c'est pour moi le réel exemplairement. Orgueil qui fonde ce qui est, aube du monde sensible ! Ce qui est tracé dans la pierre existe, au sens pathétique et le plus fort de ce mot. Les ornements sont de pierre. Si dans le monde orné la forme se détourne de la vie physique des êtres, et s'emporte vers quelque ciel, la pierre a réprimé l'indifférente parole, elle retient l'archétype parmi nous.

Si rien n'est moins réel que le concept, rien ne l'est plus que cette alliance d'une forme et d'une pierre, de l'exemplaire et d'un corps : rien de l'est plus que l'Idée *risquée.*

L'ornement est de cette espèce d'êtres qui conjoint dans sa pureté profonde l'universel et le singulier. Il est l'Idée faite présence et j'ai goûté dans cette joie qu'il éveille la saveur d'une *vraie* éternité.

Je me souviens d'un sarcophage aperçu naguère au musée de Leyde. Ce musée d'université a l'étroitesse et l'obscur des plus vieilles maisons savantes. Et ce jour-là les rues aussi étaient noires. Mais soudain tout fut éclairé.

Rien dans l'aspect de cette tombe, venue d'un camp romain de la Rhénanie, qui ne soit de la sorte la plus commune. C'est une gangue, inégale comme la paroi d'une cave. Je ne sais pas le nom de cette pierre terreuse, dont la surface est en friche. Elle paraît tout utilitaire, vieux drap qu'on a roulé sur un corps. Mais le couvercle est ôté, la tombe vide. Ô pure joie, qui prend soudain le cœur ! Ô souvenir, mais dans l'abolition du temps ! Quelle contemplation qui fende les cieux peut plus profondément ouvrir la maison de l'Idée, quel éclair peut sauver d'un coup âme plus forte et plus libre ? Les parois intérieures du sarcophage sont d'une substance soyeuse. Toutes ont été sculptées. Et comme autant de catégories que l'esprit longtemps exilé recouvre, voici rangés dans le bas-relief, resserrés dans l'espace de la tombe comme un vrai lieu de leur être, la maison et ses dépendances, et l'intérieur de la maison, sièges, armoires et tables, et le lit où la morte est allongée. Il y a aussi des amphores, où l'huile et le vin sont conservés. Il y a dans la poudre de cette pierre un frisson infini de rideaux qui ne bougent plus. Toute en plis aigus sur la couche funèbre, l'âme éternelle médite. Son regard entre vie et mort possède ces objets que l'être lui a rendus. Ô triomphe de l'ornement ! Le « long désir » de l'intemporel, dessein pathétique de l'acanthe ; la cohérence des formes, qui sont depuis l'Égypte la vraie noblesse du cœur ; la veille massive de la pierre se conjoignent dans ce miracle d'un présent où la mort n'est plus.

III

Si la pensée conceptuelle s'est détournée du tombeau, tenons donc au moins pour acquis que ce n'est pas à cause de son savoir de la mort. De quelle chose sensible, d'ailleurs, de quelle pierre qui soit au monde le concept n'est-il détourné ? Ce n'est pas seulement de la mort qu'il se sépare, c'est de tout ce qui a visage, de tout ce qui a chair, pulsation, immanence et qui est ainsi, il est vrai, pour sa secrète avarice, le danger le plus insidieux.

De quelle chose sensible le concept n'est-il détourné ? Qu'on pense aux jaillissements, chez Kierkegaard, de la joie la moins prévue, la plus pure. Instants bouleversants, en vérité, dans cette œuvre couleur de cendre. Si jamais cœur fut privé des biens terrestres, et séparé de l'objet sensible par un détour infini, c'est bien celui très anxieux de Kierkegaard, qui savait qu'il n'obtenait que l'essence, et restait enclos dans le général. Il combattait le système. Mais le système est la fatalité du concept, seul bien que Kierkegaard eût. Il s'efforçait de croire en Dieu... Ses joies étaient d'un instant, quand le long ciel d'orage s'ouvrait. Il s'agissait d'un ravissement, de ce règne de l'impossible, où il semble que nous vivions, dans un autre où tout est possible, soudain donné. Plus immédiatement il s'agissait, il s'agit encore d'un déchirement du concept, le nuage qui nous accable. Il y a dans l'homme conceptuel un délaissement, une apostasie sans fin de ce qui est. Cet abandon est ennui, angoisse, désespoir. Mais parfois le monde se dresse, quelque sortilège est rompu, voici que comme par grâce tout le vif et le pur de l'être dans un instant est donné. De telles joies sont une percée que l'esprit a faite, vers le difficile réel.

Elles ressemblent à celles que l'on éprouve à Ravenne, par la vertu des tombeaux. Et je reviens par conséquent vers Ravenne comme à la source d'une lumière qui vaut en soi et par soi. Rien ne ternit dans Ravenne la pureté de ce grand éclat faute duquel j'ai appris qu'on ne pouvait vivre, rien n'y distrait le génie des tombes de son rôle d'initiateur dans le destin de l'esprit.

Qu'on ne s'étonne pas de la part que je fais aux monuments d'une ville. Ce n'est point par souci d'allégorie, ni simplement par le goût, d'ailleurs mystérieux, de la méditation sur des ruines.

Mais je défends une vérité tenacement présente sous la vérité du concept, tenacement combattue. Et il est de l'essence de cette vérité que toute ville où l'on pourrait vivre, et par exemple Ravenne, vaille un principe et soit aussi apte que lui à fonder l'universel. Que les chemins et les pierres de Ravenne vaillent la déduction conceptuelle et puissent s'y substituer. Que le moindre débris d'une de ces pierres, posée ici, dans son irréfragable présence, soit le plus strict équivalent de la généralité du concept. C'est qu'aussi bien l'universel, cette notion la plus utile au bonheur possible de l'homme, est entièrement à réinventer. L'universel n'est pas une loi, qui pour être partout la même ne vaut vraiment nulle part. L'universel a son lieu. L'universel est en chaque lieu dans le regard qu'on en prend, l'usage qu'on en peut faire. Je pense à la formule grecque du *vrai lieu*, détournée de son sens, offerte à cette idée qu'en certains horizons je puis apercevoir la vérité vigilante, et qu'ils sont les chemins de mon retour. Le vrai lieu est celui d'une conversion profonde. Ainsi un principe nouveau peut-il changer une science, mais ici le principe est un point du monde, et c'est un monument qui l'instaure, un site plus admirable, une statue. Qu'était-ce d'autre anciennement que l'oracle, et qu'est-ce d'autre qu'une patrie ?

Ici (le vrai lieu est toujours un ici), ici la réalité muette ou distante et mon existence se rejoignent, se convertissent, s'exaltent dans la suffisance de l'être. Beauté d'un lieu de cette sorte, mais extrême, où je ne m'appartiendrais plus, gouverné, assumé par sa parfaite ordonnance. Mais où aussi, et enfin, je serais profondément libre, car rien de lui ne me serait étranger. Je ne doute point qu'existe, quelque part et à mon usage, cette demeure, ce seuil de la possession de l'être. Mais que de vies se dépensent à ne savoir pas le trouver ! Aussi bien j'aime les voyages comme l'essai du retour. Quête marquée de haltes, si des lieux sont atteints qui ressemblent à mon désir. Alors un vieil espoir blessé par les religions se réveille, il guette anxieusement ces colombes du rivage qui semble proche. Madonna della Sera, murs éclairés d'Or'San Michele le soir, place étroite de Galla Placidia dans Ravenne, ébauchons ici, écoutons le silence du dernier pas. La poésie aussi est cette recherche, elle n'a de souci qu'en ce point du monde que je pressens, elle prépare et traduit ce monument de l'éloquence physique, où paraîtra le jour qu'elle désire, partout ailleurs enseveli... Poésie et voyage sont d'une même substance, d'un même sang, je le redis après Baudelaire, et de toutes les actions qui sont possibles à l'homme, les seules peut-être utiles, les seules *qui ont un but*.

Je me suis égaré, si tant est que la vérité que j'appelle contredise de tels égarements.

J'opposais d'ailleurs au concept la réalité du sensible, c'est déjà reconnaître la vertu de l'égarement. Je découvrais dans Ravenne l'affleurement d'un autre règne.

Pourquoi des lignes sont-elles belles ? Pourquoi la vue d'une pierre apaise-t-elle le cœur ? A peine si le concept parvient à formuler ces questions qui sont les plus importantes. Il n'y a jamais répondu.

Mais à travers ces pentes de pierre grise, cet étagement infini de pierre sculptée et de murs, la vieille anxiété, comme faisait Phénix vers Héliopolis, prend son essor. Je ne poserai pas de quelque façon philosophique le problème du sensible. Affirmer, tel est mon souci. C'est la vertu des terres nues et des ruines qu'elles enseignent qu'affirmer est un devoir absolu.

Toujours, depuis Parménide, la pensée s'est faite aux dépens d'une part de l'être prétendue morte, excès de l'apparence sur l'essence que l'on a nommé le sensible, qui ne serait qu'illusion. Aussi l'esprit hésite-t-il entre deux grisailles. Le camaïeu du concept, premièrement ; et le gris profond, violent, des cirques, des défilés de la pierre, qui sont l'entrée du réel. Je ne sais, je ne veux pas dresser la dialectique du monde, placer le sensible dans l'être avec cet art minutieux de la patiente métaphysique : je ne prétends que nommer. Voici le monde sensible. Il faut que la parole, ce sixième et ce plus haut sens, se porte à sa rencontre et en déchiffre les signes. Pour moi je n'ai de goût qu'en cette tâche, recherche du secret que Kierkegaard n'avait plus.

IV

Voici ce monde sensible. En vérité bien des obstacles en ont de toujours masqué l'accès. Le concept n'est qu'un parmi d'autres. Kierkegaard n'est pas le seul exilé.

Je dirai qu'il est loin de nous comme une ville interdite. Mais je dirai aussi qu'il est en chacun de nous comme une ville possible. Rien ne peut faire que l'âme vraiment éprise n'en découvre le seuil et n'y fixe son séjour.

La pensée conceptuelle ; mais aussi la notion d'un Dieu aux exigences morales ; hors de l'esprit un pouvoir de nuit qui s'infiltre partout en objets truqués, en formes impures, en choses laides : tels sont les principaux obstacles sur le chemin du retour.

Ville majestueuse, ville simple : elle s'étend au-delà de nos maniérismes et de nos ors.

Et semble-t-il : elle naît d'un seul regard. De hautes murailles, dont la matière est évidente (ainsi dirais-je d'une vérité supérieure, reçue soudain, *révélée*), se répondent comme les lignes d'une perspective voulue. A mi-hauteur parfois, en saillie sur la pierre usée comme dans les églises de l'Arménie, d'étranges reliefs en forme de rectangle semblent clouer ces parois dans une substance cachée. Derrière elles pourtant, dans la profondeur des demeures, est ménagé l'espace de la vie. Ville déserte : au comble du réel, une solitude.

Je traverse des rues qui descendent toutes vers une sorte de combe. Un gave y roule, dont je n'entends que le bruit. Au-dessus des plus proches toits, à ma droite et à ma gauche, s'étagent les monuments d'une religion possible, encore ensevelie dans leur superbe complexité. Dômes, portiques, campaniles, teintés des vapeurs rouges du vrai ciel.

J'évite des voies latérales qui eussent mené à des places. Et c'est pour déboucher par surprise sur celle que le sort me réservera. Le destin ici est silence. Il parle sans ironie dans l'écho léger des pas. Aussi bien est-il liberté. On touche dans le sensible l'unité profonde de tout. Et l'Un, précise Plotin, est liberté absolue...

Ville trop pure. Je la décris sans doute avec l'accent des utopies. Elle en est une, avec l'éthique déjà abstraite que toute utopie porte en germe. Comme on dit d'une pente qu'elle est exposée au couchant, ainsi la ville que j'imagine appartient-elle à l'éthique, traversée des rayons de son soleil déclinant.

Mais il y a dans l'utopie une vérité occulte et que rien d'autre n'égale : l'existence concrète, en effet, la description infinie de ce monde que l'on pressent y compromet sans trêve l'archétypal. C'est en imitation cette vérité double de chaque chose, qui apparaît si éclatante quand on regarde passionnément. C'est intarissable la vérité de ce rare tableau de notre siècle où vienne battre le sang spirituel : *Mystère et mélancolie d'une rue.*

Ou si l'on veut j'aurai décrit un théâtre. Car le monde sensible n'est que la scène d'une action qui commence. Et c'est par intuition de ce cri toujours à venir que les hommes ont inventé l'architecture; par intuition de la valeur sacrificielle d'un lieu.

Je marche dans cette ville. Cette distance mystérieuse qui sépare l'écho du cri se retrouve entre ma présence et quelque chose d'absolu qui me précède... Qu'est-ce que le sensible, en vérité? Je l'ai dit une ville, parce que la pensée néglige que l'être est dans l'apparence et que l'apparence est somptueuse et par conséquent une hantise, même celle des ruines, des choses les plus humbles, du chaos. Mais ce qui fait le départ du sensible et du conceptuel, ce n'est pas la simple apparence.

L'objet sensible est *présence.* Il se distingue du conceptuel avant tout par un acte, c'est la présence.

Et par un glissement. Il est ici, il est maintenant. Et son lieu, parce qu'il n'est pas le lieu propre, son temps, parce qu'il n'est qu'un fragment du temps, sont les éléments d'une force étrange, d'un don qu'il fait, sa présence. Ô présence affermie dans son éclatement déjà de toutes parts ! Dans la mesure où il est présent, l'objet ne cesse de disparaître. Dans la mesure où il disparaît, il impose, il crie sa présence. S'il demeure présent, c'est comme un règne qui s'instaure, une alliance au-delà des causes, un accord au-delà du verbe entre lui et nous. S'il meurt, il ouvre à cette union dans l'absence qui est sa promesse spirituelle, en elle il achève de s'accomplir. En elle, en se manquant à lui-même, en se creusant comme une vague, il oppose au concept la vivacité de son être, et dit que cette présence était pour nous. Il n'était qu'un signe dans l'être. Le voici délégué du bien, et qui me sauve. M'entendra-t-on ? Le sensible est une présence, notion quasi déserte de tout sens, notion à jamais impure selon l'esprit conceptuel : il est aussi le salut.

L'acte de la présence est en chaque instant la tragédie du monde et son dénouement. C'est la voix apaisée de Phèdre au dernier acte, quand elle enseigne et se rompt.

Je dirai par allégorie : c'est ce fragment de l'arbre sombre, cette feuille cassée du lierre. La feuille entière, bâtissant son essence immuable de toutes ses nervures, serait déjà le concept. Mais cette feuille brisée, verte et noire, salie, cette feuille qui montre dans sa blessure toute la profondeur de ce qui est, cette feuille infinie est présence pure, et par conséquent mon salut. Qui pourrait m'arracher en effet qu'elle a été mienne, et dans un contact au-delà des destins et des sites, dans l'absolu ? Qui pourrait aussi bien, détruite, la détruire ? Je la tiens dans ma main, je la serre comme j'eusse aimé tenir étreinte Ravenne, j'entends son inlassable voix. — Qu'est-ce que la présence ? Cela séduit comme une œuvre d'art, cela est brut comme le vent ou la terre. Cela est noir comme l'abîme et pourtant cela rassure. Cela semble un fragment d'espace parmi d'autres, mais cela nous appelle et nous contient. Et c'est un instant qui va mille fois se perdre, mais il a la gloire d'un dieu. Cela ressemble à la mort...

Est-ce la mort ? D'un mot qui devrait jeter ses feux sur la pensée obscure, mot cependant rendu méprisable et vain : c'est l'immortalité.

V

On me pardonnera de préciser que je n'entends rien à cette immortalité du corps ou de l'âme que les dieux de jadis ou de naguère garantissaient.

L'immortalité qu'il y a dans la présence du lierre, bien qu'elle ruine le temps n'en est pas moins dans son cours. Conjonction d'une immortalité impossible et d'une immortalité sentie, elle est de l'éternel que l'on goûte, elle n'est pas la guérison de la mort.

Elle est le cri, que j'entendis enfant, d'un oiseau au sommet d'une sorte de falaise. Je ne sais plus où est cette combe, ni pourquoi ni quand j'y passais. La lumière est d'aube ou du soir, peu importe. Au travers des broussailles court la fumée violente d'un feu. L'oiseau chanta. Je devrais dire, pour être juste, qu'il parla, rauque à la crête de ses brumes, pour un instant de solitude parfaite. Arrachées au temps, à l'espace, je garde l'image des hautes herbes de la pente qui furent avec moi pour cet instant immortelles.

Il y a de l'éternité dans la vague. Fabuleusement, concrètement, dans le jeu de l'écume au sommet de la vague. Plus tard j'ai voulu fonder sur des idées générales. Mais je reviens au cri de l'oiseau comme à ma pierre absolue.

Qui tente la traversée de l'espace sensible rejoint une eau sacrée qui coule dans toute chose. Et pour peu qu'il y touche, il se sent immortel. Que dire, ensuite ? Que prouver ? Pour un contact de cette espèce, Platon dressait tout un autre monde, celui des fortes Idées. Que ce monde existe, j'en suis sûr : il est, dans le lierre et partout, la substantielle immortalité.

Simplement il est *avec nous*. Dans le sensible. L'intelligible, disait Plotin, est l'expression du grand et changeant visage. Rien qui puisse être plus près de nous.

Il n'y a pas de ciel. Cette immortalité dont la joie retentit par instants chez Kierkegaard n'est la fraîcheur et l'écho d'une demeure que pour ceux seulement qui passent. Pour ceux qui veulent posséder, elle sera un mensonge, une déception, une nuit.

La peur de la mort, disais-je, est le secret du concept. En vérité elle n'est, elle ne commence qu'avec lui. La mort, au moins sa réalité spirituelle, peur dans notre âme, existence recluse dans la peur, ne commence qu'avec l'oubli du sensible : avec ce mouvement de délaissement du sensible qui est déjà le concept.

Le concept fuit bien mal devant la mort. Sans doute s'angoisse-t-il de sa fatalité et cherche-t-il à la vaincre. Mais l'immortalité si vaine et si fausse qu'il invente est dans sa faiblesse même une acceptation. Crainte, niée, subie, tel est l'empire de la mort sur le concept. Ainsi est rendu possible ce jeu étrange, de fuir la mort, et pourtant de se plaire à la nommer.

Le concept est une illusion. C'est lui ce premier voile des vieilles métaphysiques. Il s'agit d'être en regard de lui l'incroyant et l'athée. Car il est faible comme un dieu. Et qu'on ne dise point qu'en son absence, et dans ce débris de lierre que j'ai tenu, dans le passage et l'écume, toute vérité devient impossible, et toute règle. Faire vœu d'immortalité, c'est notre règle possible. Il y a bien de quoi fonder sur ce sol-là.

« Ce n'est pas par le sentiment de son néant que l'homme a élevé un tel sépulcre, notait Chateaubriand en Égypte, c'est par l'instinct de son immortalité. » Je déduis de l'aspect des grandes tombes égyptiennes, si haut dressées dans l'assurance et la paix, fortes et si subtiles, enserrant dans leur nuit, par tant de beaux visages et de signes qui y sont peints, l'accent conscient de la vie, je déduis de ces tombes sans dieux que figurés, union de fards et de pierres, formes dès lors presque vie, que l'immortalité qu'elles portent est celle aussi que j'ai dite. Qui se fie au rêve d'une résurrection jette simplement sur le sol, comme les premiers chrétiens, la trace obscure d'un passage.

L'Égypte affirme par la pierre que le seul avenir possible est dans ce monde physique. Ainsi font à Ravenne les sarcophages du VIe siècle. Ainsi dans les villes qui s'ouvraient et se fermaient par des rangées de tombeaux (il en existe encore, cités touchées entre toutes par la grâce) parle le peuple des morts.

Ma question ne s'est pas perdue. Pourquoi le concept, pourquoi cet idéalisme pratique se détourne-t-il des tombeaux ? Je répondrai que leur pierre est une liberté qui se lève.

On pourrait jeter aux vents les cendres des morts, céder au vœu de nature, achever la ruine de ce qui fut.

Voici avec la tombe et dans cet éclatement de la mort qu'un même geste dit l'absence et y maintient une vie. Il dit que la présence est indestructible, éternelle. Une telle assertion, dans son essence double, est étrangère au concept. Quel concept saurait réunir une éthique, une liberté ?

Voici la grande pierre servante, sans laquelle tout eût péri dans la misère et l'horreur. Voici la vie qui ne s'effraie pas de la mort (ici je parodie Hegel) et qui se ressaisit dans la mort même. Il faut pour les comprendre un autre langage que le concept, une autre foi. Le concept se tait devant elles comme la raison dans l'espoir.

LES FLEURS DU MAL

I

Voici le maître-livre de notre poésie : *Les Fleurs du mal.* Jamais la vérité de parole, forme supérieure du vrai, n'a mieux montré son visage. Je la vois comme une lumière. Tous les blancs, les noirs et les gris d'un Hamlet selon Delacroix, avec dans l'au-delà quelque impossible rougeur. La vérité de parole est au-delà de toute formule. Elle est la vie de l'esprit, et non plus décrite mais en acte. Originelle, issue du logis de l'âme, distincte du sens des mots et plus forte que les mots.

Et rien que la vérité de parole interdirait de parler de Baudelaire. Que dire d'elle, en effet, qui ne soit déception, égarement ou mensonge ? La critique la plus aiguë s'y renonce et avoue l'absolu du fait poétique. La malveillance la mieux armée y est dupée, et donnée en ridicule spectacle. Quant à Baudelaire, qui a souffert, on voudrait le laisser à son repos. Son désir fut l'universel. Qu'il ait le droit de s'y effacer, comme une musique, de disparaître dans la nuée.

Mais il arrive parfois que l'esprit vraiment s'incarne, — en ceci qu'un homme ne se reconnaissant pour but que la vérité peut subir des violences décisives. Alors il est séparé, par l'incompréhension de son temps, des occasions vulgaires, des fins médiocres. Il est réduit au meilleur — au plus obscur — de lui-même, sculpté en forme d'esprit. Contraint d'être l'essentiel au profit bientôt de chacun.

Tel fut le destin de Baudelaire. Il est désormais possession commune. Il a gagné par une vie exemplaire d'être interrogé sans répit.

II

Je me demanderai pourquoi la vérité de parole a paru dans *Les Fleurs du mal.*

Si l'on peut définir celle-ci autrement que par son étrangeté parfaite, sa nature d'extrémité d'une théologie négative, je la dirai un *consentement.* Une autre voix que la sienne, éloignée dans sa propre voix, s'accorde à celui qui parle. Plus pure qu'eux, elle se plaît dans des mots. Et ce qui est, ce qui devrait être cessent pour un instant d'être des mondes opposables. Une rémission se produit dans une éternelle fièvre.

Mais pourquoi cet apaisement se fait-il si souvent dans *Les Fleurs du mal,* c'est-à-dire au plus haut d'un dessein violent et trouble, où tant de contraires s'épuisent à vainement se poursuivre — où rien jamais ne repose ? J'écarte d'abord que ce soit au prix de quelque adhésion religieuse. Nulle foi n'est dite ou vraiment éprouvée par Baudelaire. Nulle hérésie ne prend corps dans *Le Reniement de saint Pierre* ou les *Litanies de Satan.*

Il reste que rien non plus dans ce qui est propre à Baudelaire — son langage, ses ambitions avouées — ne semble avoir produit la vérité qu'il prononce. Pour l'essentiel de leur forme, *Les Fleurs du mal* appartiennent au discours. Descriptions accusées, pensées logiques, sentiments dits avec précision, c'est un enchaînement conceptuel, aussi peu soucieux que possible de ce qui passe les mots. Qu'a inventé Baudelaire, dans l'art, qui le distingue de Hugo ? Ici ou là c'est le même instrument, si la conscience mise en œuvre et si les fins poursuivies sont sans commune mesure.

Telle est l'énigme de Baudelaire. Le discours, ce lieu verbal que Mallarmé voulut fuir, ce lieu trop fréquenté de notre tradition poétique, reste le sien. Or, il contient les pires pièges et n'offre, eu égard à la vérité, aucun secours. Je le tiens même pour immoral. En effet il demeure un jeu. Par son début dans le silence attentif, il donne à l'émotion le facile moyen de se produire. Mais devenant le poème, il lui donne un moyen tout aussi facile de se dépenser sans dommage pour celui qui a parlé.

Et celui-ci peut être sincère, qui ne l'est pas ? La vérité, cependant, avant d'être un repos est une longue violence. Et le discours sans péril est surtout une rhétorique, c'est-à-dire un mensonge, défaut à trop bon droit reproché à la poésie.

III

Le mensonge du discours est qu'il supprime l'excès. Il est lié au concept, qui cherche dans l'essence des choses qu'elles soient stables et sûres, et purifiées du néant. L'excès, lui, est le craquement de l'essence, oubli de soi et de tout, joie autant que souffrance par néant.

Le concept cache la mort. Et le discours est menteur parce qu'il ôte du monde une chose : la mort, et qu'ainsi il annule tout. Rien n'est que par la mort. Et rien n'est vrai qui ne se prouve par la mort.

S'il n'y a pas de poésie sans discours — et Mallarmé lui-même l'avoue — comment, donc, en sauver la vérité, la grandeur sinon par un appel à la mort ? Par l'exigence têtue que la mort soit dite ; ou mieux encore, qu'elle parle ? Mais pour cela il faut d'abord dénoncer joies ou souffrances reconnues. Puis, que celui qui parle s'identifie à la mort.

Baudelaire a fait ce pas improbable.

Il a nommé la mort. Et qu'était-ce que cette mort ? Un souci de l'esprit ? Un risque du corps, mais limitable ? Souvent — et depuis Baudelaire il en est ainsi — la poésie n'est que dangereuse. La mort physique aussi bien est toujours commencée dans l'homme. Il ne s'agit que de le savoir.

Mais parfois la poésie s'est trop déchargée de sa science et de son devoir pour qu'un simple exercice spirituel y soit encore possible. Trop de paresse a conduit le verbe. Trop d'aisance profane l'a trop souillé. L'esprit ne suffit plus à lui garder sa noblesse et tout se passe alors comme s'il fallait pour le rendre pur le sang physique versé.

Il y a des moments où la poésie veut une action courageuse. C'était le cas dans ce désert de 1840, quand, depuis Port-Royal fermé, depuis Phèdre expirée, rien n'était plus que mensonge, sinon les voix d'exil, et demi emportées et d'ailleurs troubles, de Chateaubriand ou Vigny.

Baudelaire sut le comprendre. La mort qu'il fit en lui fut la véritable.

IV

Jean-Paul Sartre a montré que Baudelaire avait, très tôt dans son existence, fait un choix jamais démenti. Mais il s'est mépris sur l'objet et la raison d'être de ce choix.

Baudelaire a choisi un chemin fatal, un chemin qui aille à la mort. C'est une suite d'événements décisifs, et l'un par l'autre obligés, dont chacun hâte la mort. Sur cette voie qui s'éloigne, la maladie contractée et les dettes, les contraintes morales voulues très dures, le procès, etc., sont figures de décadence. Au-dessus parle dès le début — depuis que Baudelaire écrit, depuis Sara-la-Louchette — la parole de poésie, impérieuse et fatidique. C'est elle qui a demandé et obtenu.

Baudelaire a choisi la mort, et que la mort grandisse en lui comme une conscience, et qu'il puisse connaître par la mort. Décision sévère, sacrificielle. Et hasardeuse aussi quant à la poésie elle-même. Outre qu'il passera méconnu tant sa différence est profonde, et sans amis à qui se confier, ce qui crée le danger d'un mutisme démoniaque, Baudelaire peut voir périr son intelligence, pour laquelle il a tant risqué. Que cela soit possible, tant de difficultés dans le travail, et l'aphasie finale le prouvent. Et que cela fût conscient, cela est dit dans *Fusées*. Il y a pire. Le danger suprême est que cette poésie qui peut être enfin, par la mort obtenue, et sonner juste, ne sache plus au fort de l'épreuve que prononcer les mots de la misère et du deuil.

Mais nous savons que la vérité ne fut pas refusée à Charles Baudelaire.

V

Au moins la mort en acte fonde-t-elle le *vrai discours.*

Le discours poétique, qui a changé de rôle pour Baudelaire — il cesse d'être la comédie de l'émotion, il est l'insinuation d'une voix qui veut la perte, il décrit et aggrave le cours mortel — change aussi de nature grâce à lui. Ce discours qui cachait la mort se dépouille des pauvres ruses qu'il employait à cela. Du pittoresque, de l'ornement. Du ressassement affectif. De l'avidité romantique de dire, de tout appeler du monde, de tout saisir — pour profondément ne rien dire parce que l'essentiel est tu. Et Baudelaire remplace ce théâtre du monde, où Hugo convoquait des ombres, Napoléon ou Kanut, par un autre théâtre, celui de l'évidence, le corps humain.

Le corps, le lieu, le visage. Grandis à des proportions stellaires aussitôt que connus mortels, ils sont dans *Les Fleurs du mal* le nouvel horizon et le salut du discours.

Le corps joue le néant et le discours le formule. C'est l'acte pur et réciproque du *Beau Navire* ou des *Bijoux.* La mort dans son lieu d'élection et la parole attentive composent la voix profonde capable de poésie.

Nulle Olive ou Délie dans *Les Fleurs du mal.* Nul mythe qui vienne accroître entre la parole et le monde sensible une distance. La vérité de parole est directement issue de cette rencontre, pour la première fois dans nos lettres consciente et nue, du corps blessé et du langage immortel.

VI

On pourrait longuement — si dire l'aspect sensible d'une œuvre n'était de la paraphrase — décrire le monde neuf gagné sur la mort par Baudelaire. Quels objets, colorés comme chez Chardin ou Manet de la vérité la plus simple. Quels échanges, d'un soleil absent et des nuits. Quelle ouverture des cœurs à la pénétration d'une brume.

Il faut lire plutôt *A une passante* ou *Le Balcon*. Baudelaire a surtout produit ce que je disais d'abord : une lumière. Cela ne se décrit pas. Cela permet de mieux être, ailleurs, dans un monde à toujours nommer.

VII

Mais trop donner à cette lumière serait simplifier *Les Fleurs du mal*. Outre la pureté de la mort, il y a dans ce livre une douleur sourde, une autre voix, celle-ci déserte et désespérée.

Certes le satanisme de Baudelaire n'est qu'un décor. Pierre Jean Jouve a raison de l'affirmer. Dans une société qui déteste l'éternel, Baudelaire a aimé le mal comme un sursaut d'absolu. Autre chose pourtant que ce défi a pu contribuer à son satanisme. Une colère, ressentiment à l'égard d'une religion trop forte et qui a grandi dans son œuvre au point d'en changer le sens. D'un Dieu reçu sans véritable croyance, Baudelaire avait avant tout subi les exigences morales. Et celles-ci s'opposaient, sinon au début de son expérience, du moins à sa réussite.

Baudelaire a beaucoup souffert d'être moins révolté qu'il ne l'a cru.

Il a vu contredites, par des valeurs acceptées, les valeurs de la vie mortelle. Le bien que produit la mort s'est heurté au bien catholique. Et c'est dans la pure joie qui est le fer de sa lance que le bien selon Baudelaire s'est brisé. La joie s'est faite délectation. C'est sous l'empire de l'idée que notre monde est coupable. Que rien de pur n'y demeure après la faute et la damnation. La mort même, sous ce jour, peut être bonne ou mauvaise. La mort a perdu sa pureté. Et elle a perdu de son être, puisqu'elle n'est plus qu'un seuil au-delà duquel la damnation se devine, seule vraie mort. Baudelaire n'a pas suivi jusqu'au bout la conséquence chrétienne. Mais souvent, sur ce théâtre du corps qu'il a dressé, on n'aperçoit plus la mort physique. Elle prend les ternes couleurs du châtiment de ce monde, elle disparaît dans le spectacle de l'infirmité, du vieillissement et de la misère, elle se nie ainsi, de tragédie se faisant drame, de destin devenant souffrance, d'exaltation de l'essence devenant sa dégradation dans la longue peine du temps.

Conséquemment le jour disparaît de la poésie de Baudelaire. C'est l'autre versant de l'œuvre — où le malheur se déclare et l'emporte sur la beauté. Celle-ci même est moquée, parfois, ou peinte cruellement dans ses formes décadentes. Baudelaire est très loin alors de sa vigueur initiale. Sous un ciel de cendre et de fer (celui de *La Béatrice*) il hésite, dépossédé. Il a attendu de la mort une force. Il n'obtient qu'un monde souillé. Il craint donc, orgueilleusement, de n'avoir été que parole vaine : le *gueux,* dit-il, l'*histrion.*

Déception par essence poétique. En ce point peut-être s'est tu Rimbaud. Et il se peut d'autre part que quelque obstacle venu du monde doive porter dans la poésie une destruction nécessaire. Il se peut que la poésie ne soit qu'espoir sans issue.

Mais le caractère le plus constant des *Fleurs du mal*, c'est-à-dire de Baudelaire, reste malgré tout l'énergie.

Et à l'extrémité de sa confusion, Baudelaire se ressaisit en d'étranges tableaux d'une sombre vérité mixte, où la mort issue du péché est au point de renaître pure : images doubles — j'en donne pour exemple *Une martyre* —, paradoxale pensée. Au dionysiaque profond s'est mêlé une sorte de jansénisme. Mais aussi bien dans le désespoir se reforme l'idée encore obscurcie de salut. Baudelaire pressent que la vérité est proche. Il *brûle*, si je puis dire, il est le plus grand poète, sauvage, exact... Et pourtant il ne peut déchirer le voile triste. Son grand objet, digne des flambeaux suprêmes, reste couvert d'une boue.

Il prononce alors un grave sarcasme. C'est encore aimer ce monde vide. C'est se sauver, comme Villon ou Maynard, par la vérité de l'amour.

VIII

Il se peut que Charles Baudelaire ait vu s'altérer beaucoup de son grand effort spirituel. Mouvement de se perdre et perte de cette perte, c'est une double passion, la seconde symbolisée par cette ruine de son esprit qu'il connut un an avant sa vraie mort.

Telles pourtant ces *Fleurs du mal*, « fleurs maladives », sont un livre quasi sacré. Notre désir d'une transcendance y a trouvé son inquiet repos.

Baudelaire a ranimé la grande idée sacrificielle inscrite dans la poésie.

Il a inventé, lorsque Dieu pour beaucoup avait cessé d'être, que la mort peut être efficace. Qu'elle seule reformera l'unité de l'être perdu. Et de fait à travers l'œuvre de Mallarmé ou de Proust, et d'Artaud et de Jouve — héritiers de l'esprit des *Fleurs du mal* — on l'imagine assez bien servante des âmes : dans un monde enfin libre et pur.

Elle accomplirait le destin du verbe. Elle ouvrirait au sentiment religieux, au terme de sa longue errance, la demeure de poésie.

L'INVENTION DE BALTHUS

Je ne sais pas si l'on peut dès aujourd'hui parler sérieusement de l'art de Balthus. Tant qu'une grande exposition n'aura pas réuni l'essentiel de cette œuvre dispersée, rien ne pourra en être dit qui ne soit pas hasardeux. Et de plus, pour la bien comprendre il faut se délivrer de quelques catégories de la création contemporaine. Il y a dans celle-ci une illusion à laquelle Balthus est demeuré étranger. Jamais autant qu'en ce siècle le désir d'être au monde n'a été privé de ce qu'il aime. Mais jamais comme dans les œuvres récentes il n'a cru à aussi bon compte en avoir retrouvé l'accès. Le souci d'exister, la faim de l'immédiat et des matières rugueuses nous aident à entrevoir, dans de belles peintures dites « informelles », les contours de l'élémentaire, mais une rêverie n'est pas le salut, une évocation n'est pas possession et notre art épris du réel n'est peut-être, au plus discontinu et au plus heurté de sa quête, qu'une Arcadie de la chose brute, une forme nouvelle de la tradition pastorale.

Et pourtant c'est le rôle des peintres que de retrouver ce qui est sous ce qui fait signe. Mais, pour que ce mouvement de retour ne soit pas que simulation, encore est-il nécessaire que les deux termes de la contradiction soient maintenus en présence ; et que l'esprit qui veut faire retour à la substance des choses soit affirmé jusqu'au bout dans sa différence, qui fait problème. Nous sommes des Occidentaux et cela ne se renie pas. Nous avons mangé de l'arbre de la science, et cela ne se renie pas. Et loin de rêver d'une guérison de ce que nous sommes, c'est dans notre intellectualité définitive qu'il faut réinventer la présence. A cet égard la peinture des siècles passés et d'hier encore — de Giotto, puis de Masaccio, au cubisme — a été très supérieure à l'utopie qui lui a fait suite. Du combat du médiat et de l'immédiat, du langage et de l'être, son grand espace changeant a été à la fois le théâtre et la métaphore. Sa nature avant tout mentale entraîne certes dans le méandre nocturne, les ambiguïtés, les mirages; rien de plus improbable que ce qu'on peut dire le simple dans ce champ où géométrie et intuition se combattent, sous les espèces parfois — ainsi chez Paolo Ucello — d'un effacement quasi démoniaque de la lumière du monde. Reste que celle-ci peut briller au fond de ce labyrinthe, vraiment cette fois présente : un absolu, non plus en image mais en acte. Dans ce creuset qu'est la perspective, chez Piero della Francesca, par exemple, ce sont alors quelques paillettes d'une aube, c'est un peu de *pittura chiara*. En termes de théologie on dirait que c'est où abonde le péché que surabonde la grâce. Et ce serait alors désigner entre la chose réelle, qui nous demeure étrangère, et l'invention de l'esprit une affinité tout de même, une identité *par instants*.

Un réalisme de l'improbable. Dont nous sommes donc bien loin aujourd'hui, faute, en somme, de dialectique. Mais peut-être fallait-il aussi que la voie s'efface pour qu'on en comprenne le sens, ce qui peut aider à la retrouver. — En ce point m'apparaît Balthus, qui a réfléchi comme bien peu dans ce siècle aux intrications de l'apparence et de l'Etre.

II

D'un premier mouvement dans l'art de Balthus, le refus avant tout moral de l'existence sensible, je prendrai pour exemple *Le Roi des chats.*

C'est un portrait. Le roi est un très jeune homme, il a sans doute l'âge du peintre. Il est debout dans le jour gris d'une chambre, devant la muraille nue. Une main posée sur la hanche, l'autre serrée, crispée sur le revers du veston, il regarde droit devant lui avec dans les sourcils froncés et les yeux mi-clos l'obstination la plus sombre. Ce visage affirme l'orgueil, mais il avoue une lutte ; une idée de domination, sinon même de despotisme, s'exprime aussi dans le fouet qui, posé sur un tabouret contre une jambe du roi, semble être l'instrument d'une punition éternelle, administrée à un chat. Un chat est en effet l'autre personnage, dans cette chambre. Il vient à gauche appuyer son front sur l'autre jambe du roi. Et il est menacé sans doute, il se peut qu'il soit asservi, mais il est sûrement aussi un ami intime, un confident redouté. En vérité, ce roi et ce chat sont unis en une même existence. Et si le roi semble debout devant une glace, s'il semble au premier abord se regarder, on s'aperçoit bientôt que par le truchement du miroir c'est le regard du chat qu'il recherche, au plus secret moment de la conscience de soi. Voilà donc signifiée une obsession. La parole des formes l'accuse et en trahit d'autres traits. Alors que l'homme est décrit dans le strict langage de l'examen, alors que cette attitude à laquelle il se réduit, ou désire se réduire, est sèchement indiquée par de longues lignes nerveuses, la bête est d'une forme et d'une substance incertaines, elle oppose à son roi qui est clarté et concept l'obscurité d'une masse. De plus, si l'art du peintre a placé sans invraisemblance ce trop gros chat près de ce roi frêle, il a pourtant réussi à situer très haut au-dessus de lui ce visage aux dents serrées, ce regard énergique et aventureux. On ne peut mieux exprimer la volonté de distance. Celle-ci est dite à nouveau par des mots gravés sur une stèle, elle-même appuyée au tabouret. A PORTRAIT OF H. M. THE KING OF CATS painted by HIMSELF, MCMXXXV... Langue étrangère, donc, qui trahit un souci de solitude, langue seconde comme un désir de se défaire de soi, et le choix de la langue anglaise peut être interprété, lui aussi, c'est le signe d'une adhésion à la religion du dandysme, dans sa nuance baudelairienne qu'accuse le style même de l'œuvre, ascétique, pauvre en indications sensorielles, assez proche du goût du romantisme français. Combien ce *King of cats* fait penser au jeune Delacroix dans le costume d'Hamlet ! Ou plus encore aux portraits de Baudelaire par lui-même, essais de définition et d'affirmation de soi ! C'est qu'il s'agit encore ici d'une lutte. Pour différent qu'il soit de Balthus, ce chat est Balthus lui-même. Il signifie, très près d'une conscience qui se veut libre, ou plutôt non asservie, l'être plus obscur qui subit la loi du désir et demeure, pour le meilleur et le pire, en accord avec ce qui est. A la fois la vie inconsciente et la chose naturelle, dans leur alliance nocturne qu'un esprit de doute et d'orgueil voudrait refuser, il est ce qui est naturel et par conséquent *abominable*, il est la détestable limite — et pourtant il fascine et le roi est fasciné. Un désir de maîtrise a prononcé un défi. Mais toute sa tension s'épuise à simplement l'affirmer. Son orgueil aussi bien est mélancolie. Son énergie qui sera immense, elle aussi de nature baudelairienne, aura sans cesse à lutter contre l'épreuve de son échec, de la déréliction, de l'ennui. Et quant à la peinture que laisse présager son mutisme, nul doute qu'incitée par ce savoir saturnien elle n'essaie de rendre effectif son refus de la vie qui le déborde. Le *furor malinconicus,* qui éloigne l'objet dans la mesure même où il en approfondit la connaissance extérieure, va conduire Balthus dans une région de troubles où la chimère de l'orgueil leurre et détruit toute vie.

Mais c'est là le danger qu'il faut, la négation où fonder.

Autrement dit, ce mouvement par lequel l'orgueil s'empare d'une conscience, et la détache de l'objet qu'elle pratiquait au début, et l'entraîne en ses fortes griffes vers une autre réalité qu'il voudra aussi dévaster, mais qui finira par gagner son cœur — cela me semble, quels que soient la longueur et le désert de la route, l'essence même de ce qui vaut. Ce mouvement n'est pas temporel. Il commence et finit à chaque moment de l'œuvre. Il peut parfois s'égarer. Mais quand il réussit, qu'y a-t-il de plus haut que cette aridité intérieure qu'il maintient dans la plénitude? C'est le tragique même de ce qui est.

III

Dans les premiers tableaux de Balthus (de 1925 environ à 1933) l'orgueil se refrène encore : mais les contradictions qui vont aboutir à la crise se marquent déjà clairement. Ces tableaux sont aigus, violents. Ils trahissent dans leur figure des choses une instabilité qui annonce un prochain refus. Certains des caractères de l'objet sont retenus avec soin, et cela suggère un réalisme. Mais d'autres aussi essentiels sont oubliés ou niés, d'où un art d'une nature impertinente et cruelle où le trouble du rapport de Balthus et de l'expérience sensible est impatiemment avoué. Ce fut l'époque des profils et des gestes brusques, mais déjà aussi de l'absence. Dans *La Rue* (1933) qui en est le chef-d'œuvre et pour ainsi dire la somme, la *Rue* heurtée et hagarde où les gestes sont simplifiés comme sur un dessin d'épure, apparaît une irréalité menaçante, dont la métaphore s'étend de toute part en fenêtres fausses, enseignes impossibles et perspectives truquées. Peut-être Balthus effraie-t-il alors son objet par une saisie trop brutale ? Ou peut-être est-il obligé à la brusquerie par la montée de l'absence, que révèle et accuse aussi le soudain afflux de souvenirs enfantins ?

Ainsi pourrait s'expliquer l'importance dès lors de l'élément érotique. Autant qu'une réalité essentielle, il se ferait le symbole, désir mais interdiction, de toute réalité. L'objet passionnément requis, passionnément refusé, comment ce drame pourrait-il être mieux signifié que dans l'image érotique, quand elle est peinte avec froid ? Chaque fois en tout cas que Balthus voudra se retrouver ou se dire, elle lui prêtera son langage. Et d'abord ce sera par sa capacité de violence. Il y a des toiles de cette première époque où la volonté de distance s'exacerbe jusqu'au sadisme, où la fascination du proche se porte jusqu'à l'obscène, l'un et l'autre d'ailleurs se résolvant dans un calme qui est déjà le grand art. Mais plus souvent encore l'érotique devient un chiffre par quoi toutes les forces qui se disputent cette âme sont exactement signifiées. Ainsi dans *La Leçon de guitare.* Dans une pièce nue (la guitare jetée à terre, un piano perçu, le fauteuil), sous les espèces de l'inconfort, de la méchanceté et du froid, l'être de la proximité, l'enfant dans son mouvement naïf d'adhésion au monde, est perverti par l'être de la distance. Or, tel est bien le danger que *Le Roi des chats* affronte lui-même. Sa vie est détournée de son unité, de sa plénitude simple par quelque chose en elle de ténébreux et de contempteur.

IV

À partir de 1935 cependant, qui est l'époque de ce tableau, des œuvres telles que *Les Enfants* ou le *Portrait de Derain* marquent le début d'un art plus stable.

Balthus y met en jeu cette force de contrôle que désire le Roi des chats. La domination des réactions instinctives, ou affectives, devient le but poursuivi, et un rêve *d'insensibilité vengeresse* tente de garder sous contrôle l'espace périlleux de l'image, non sans pourtant qu'une ambiguïté nouvelle ne se déclare dans celle-ci. Car, au moment où Balthus se voue ainsi à un second degré de conscience, il ne semble pas éloigné de croire, ou au moins de laisser paraître, qu'il n'a pour intention que de s'effacer devant la chose sensible, et de transcrire sans commentaire, sans point de vue personnel, la littéralité de l'objet. Le grand art selon lui serait absence du peintre et, au sens de ténèbres et de fusions infinies où j'ai pris ce mot, parfaitement non mental. — Il y a une vérité dans cette attitude : c'est de donner pour décisive en peinture l'évidence de ce qui est. Mais il n'est pas certain qu'évidence et littéralité aillent forcément de pair, et je crois bien plutôt que le souci le plus vif, le plus minutieux de la réalité « objective » n'est jamais chez Balthus qu'un aspect déguisé de son rapport à soi-même.

Je n'en prendrai qu'un exemple, l'admirable *Vue de Larchant*. Ce tableau est de l'avant-guerre. Et quand on se souvient de l'étonnante raideur de *La Leçon de guitare* ou de la brutalité de *La Rue*, un pas immense s'y montre bien vers une imitation littérale. Au-delà de la route et dans la paix des labours, au-dessus du village immobile et comme muet, la ruine démesurée de la cathédrale est une affirmation à la fois héroïque et calme, une durée hors du temps. C'est un lieu où il n'y a de destin vrai, semble-t-il, qu'en accord préservé avec la plénitude natale. Et du peu de couleur des choses physiques et des simples lignes terrestres, la lumière qui règne là fait la limite absolue de toute expérience profonde, une évidence en deçà ou au-delà de laquelle il n'y a désormais plus rien. Jamais figure de ce qui est n'aura su être plus fidèle ; ni œuvre suggérer, comme cette union d'un pays et d'une lumière, quelle guérison peut venir de la vision simple, d'un art au-delà de l'art, d'une vie au nombre des choses. Il reste que ce village est *au loin,* comme une terre promise. Tout accident s'efface dans la distance, et de ce fait ces apparences, ce monde, que Balthus a si bien saisis, brillant au loin dans la lumière sphérique, viennent vite à n'être plus que la région de l'intelligible, cet empyrée dont le paradoxe est qu'on ne peut en imaginer la figure que sous des aspects sensoriels. Je crois que le plus important dans ce tableau si idéaliste[1] n'est pas la chose représentée : mais tout ce qu'il a fallu que le peintre abandonne de lui-même pour la représenter comme ici. Autrement dit, la littéralité dans l'image n'est qu'un moyen de se

1. Faut-il ajouter que, dans les années qui précédèrent la guerre, la grande ruine de Larchant fut pour certains (dont Balthus) un symbole de ce qui était menacé et le lieu d'un engagement spirituel ? Mais d'autres paysages de Balthus, plus indifférents quant à leur sujet, trahissent le même rapport du peintre et de celui-ci. Je pense en particulier à une *Vue de la campagne romaine,* que je croirais volontiers un peu plus ancienne. Là, le vaste horizon est redressé comme chez certains primitifs siennois, et la terre occupe tout le tableau, mais c'est l'éloignement de chaque détail dans l'étoilement des routes qui est notre impression la plus forte. Les remarques d'Ortega y Gasset sur le point de vue dans les arts seraient applicables à cette peinture.

vaincre. Elle permet à l'artiste de dénier ce qui le soumet pourtant à une intériorité restée conflictuelle, elle est ascèse, elle est l'acte même de la maîtrise essayant d'établir sur la terre obscure du peintre un impitoyable règne d'esprit. Admirable tableau vraiment, du jeu entier de l'esprit. Et admirable déguisement, de venir si près de la pierre par souci exclusif de soi — mais pour qu'enfin une autre pierre renaisse, plus pathétique et je dirai plus réelle, dans l'improbable champ de la ténèbre de soi.

Une aventure est commencée, où la représentation attentive de ce qui est et sa pratique profonde — ce que je dis la présence — ne coïncideront pas. Où l'ambition morale du *Roi des chats* et la vocation sensible du peintre, tantôt feront alliance comme dans cette *Vue de Larchant* pour assurer la première aux dépens d'un exister simple, tantôt se heurteront pour que triomphe l'instinct tout de même intense et tenace qui attache Balthus à l'immédiat de ce monde. Une victoire du roi et sa défaite. Et de l'une mêlée à l'autre naissant ce grand art mental et comme second que quant à moi je crois nécessaire pour qu'aujourd'hui au moins un vrai réalisme soit. Un autre tableau de Balthus dit cela encore. C'est *La Montagne,* de 1937, où quelques promeneurs viennent d'atteindre le faîte, où une jeune fille, les bras tendus sur l'horizon élargi, semble l'image même de l'assurance joyeuse et, surgissant plus qu'à mi-corps de l'ombre couvrant la pente, de la plénitude retrouvée. Ici, dans cet espace où revit le paysage d'enfance, l'âme inquiète et châtiée de *La Leçon de guitare* célèbre son retour à une origine et se réjouit de sa pureté. Mais sa joie ne va pas sans une ombre de tristesse. Et auprès d'elle aux yeux grands ouverts, une autre jeune fille est couchée plus noire et comme endormie ou morte. Celle-ci est la part luciférienne de l'âme, le travail de l'orgueil sous l'adhésion prétendue à la littéralité de la chose, la peinture instrument de l'ambition de l'esprit.

V

Il faudrait retrouver dans l'art de Balthus les voies et les succès de cette volonté despotique.

Montrer comment Balthus a tout engagé dans l'entreprise, tout risqué. Le dandysme premier devenu le dessein d'une grande œuvre. Un métier inactuel assumé comme une solitude. La spontanéité, la violence de l'œuvre ancien censurées par un art de la stabilité et des nombres. A Piero della Francesca une leçon demandée[2]. Mais chez Piero la rationalisation de l'espace et la paix spirituelle vont de pair, quand chez Balthus la discipline des formes ne fait jamais que tenir en respect l'ordinaire inquiétude inapaisée. D'où cette différence entre les deux peintres : que, tous conflits résolus, Piero peint des instants d'accomplissement qui résident dans l'éternel, tandis que chez Balthus, où rien n'est jamais fini, les scènes les plus immobiles se situent dans une durée, malaisée, menacée, que leurs contradictions veulent rompre[3]. Il en

2. Equivalent dans la couleur de la loi des nombres dans l'espace sont les *tons froids*, que Balthus utilise avec une prédilection singulière. Ils ont évidemment une fonction de censure. Ils introduisent dans la littéralité prétendue un élément de distance et d'étrangeté. D'autant que ce que Balthus recherche est, plutôt qu'une prédominance de ces tons-là sur la toile, leur accord avec les tons chauds, leur intime fusion avec ceux-ci. Le Roi des chats se plaît à ces synthèses « à froid ». Et en cela encore Balthus est proche de Piero, un des rares peintres qui ait (et surtout dans les fresques de San Francesco) tant étudié le problème.

3. Bien plus peut-être que de Piero della Francesca Balthus est proche en esprit d'Andréa de Castagno. Les affinités d'Andréa et de

est ainsi dans *Le Rêve*. De la très jeune fille qui dort assise, les deux mains réunies sur le sommet de la tête, le repos même est un suspens qui ne peut durer, l'immobilité un paradoxe. Tout ici devrait signifier un arrêt du temps. Et tout pourtant trahit l'imminence d'une crise, la hâte d'un temps secret identique à celui du déroulement du rêve, de l'exaspération du désir. Un chat est là d'ailleurs, comme souvent chez Balthus. Il boit le lait d'une assiette, apaisant goulûment une aveugle et plus simple soif.

Alors que l'immobilité chez Piero est telle qu'on n'imagine rien qui puisse désormais la détruire, on ne comprend pas chez Balthus ce qui pourrait la faire durer encore. L'espace chez Balthus n'a pas su vaincre le temps, sauf dans le *Nu à la cheminée*, étonnante harmonie brunelleschienne de nombres, où la jeune femme debout n'atteint pourtant à un vrai repos qu'au prix de se faire statue. Il n'a pas vaincu le temps, au contraire il le manifeste. A cette réalité qui devrait être invisible il parvient, par un geste tendu, ou contradictoire, ou furtif, à donner une figure. Oui, je décris maintenant la plus fructueuse défaite. Désirée, préparée peut-être : le consentement de l'orgueil à ce qu'il n'a pas construit, à ce qui n'est qu'immanence et finitude. Je ne veux pas essayer de définir cet autre versant de l'œuvre, ce « réalisme » soudain. Mais un peu au hasard j'en dirai quelques caractères. Il est d'abord une paix. Dans l'espace des formes stables quand il s'avoue par éclairs (un sourire du

---

Piero et leur désaccord, c'est déjà en fait son problème. Il suffit de comparer au *Roi des Chats* le *Pippo Spano*, et de penser à la *Cène* de Sainte-Apollonie.

Il faudrait aussi rapprocher Balthus et Uccello. (*La Rue*, par exemple, et la *Bataille de San-Romano*). Si Courbet, Corot ou d'autres peintres français sont l'origine sensible de Balthus, son art en tant que *chose mentale* s'éclaire de la dialectique qui a donné naissance au maniérisme toscan.

chat, vraiment, qui s'approche dans la substance), il est, humanité dans le roi, l'illumination à l'extrémité de l'attente, le lieu qui s'ouvre à l'intérieur de l'espace, le lumineux et léger déni des rigueurs qu'avait imposées celui-ci. Et c'est ainsi une grâce. Il y a des tableaux de Balthus qui sont le fait de la grâce. Car le furtif s'y exprime, si je puis ainsi dire, à découvert. Il prend en main le réel. Il impose aux sujets du peintre, alors aussi serein que lucide, sa superbe mélancolie. Telle est l'origine du *Nu au chat*. Une *Nuit* plus fragile et certes plus licencieuse, mais chargée comme chez Michel-Ange de tout silence et de toute paix. Le furtif peut parfois entraîner Balthus (nous allons le voir) dans les plus dures épreuves. Mais il est enfin un salut.

VI

Du *Passage du Commerce-Saint-André* le Roi des chats a aimé l'intention secrète, et que Balthus ait voulu soumettre à son art littéral et immobile cette région de violence dont *La Rue* de jadis était l'image.

Il s'y est préparé en tout cas comme au suprême défi. Tout le secours de la leçon italienne a été requis. Et audacieusement le combat a été porté chez l'adversaire, dans cette cour demi-close, semblable au lieu mental où le peintre sait bien qu'il y a de la nuit encore. Là le temple de l'immobile a soigneusement été dressé. Il consiste en horizontales et verticales, fortement marquées par les murs chargés de fenêtres, et en personnages divers, moins réunis qu'isolés par les rythmes de cet espace. Rien ici ne va au hasard. Tout se répond dans une symétrie des proportions et des formes dont le dessein est de délimiter une essence et d'y défaire le temps. Pourquoi faut-il cependant que cela nous porte à l'angoisse ? Et celle-ci ne naît-elle pas de cette symétrie même, qui joue sur des fenêtres fausses ou noires où nulle vie n'apparaît ? Chaque personnage, aussi bien, pour peu que l'attention le distingue, se découvre bien insolite. Comme si sa figure était parcourue d'un regret, d'une allusion ou d'une mémoire, on croirait qu'elle se métamorphose déjà, telle la forme onirique, et va bientôt révéler le sens qui y est latent. Sommes-nous au moment du rêve où au plus fort de l'angoisse un secret va se trahir ? Mais voici en effet que l'espace se transfigure. Requis de signifier du réel le voici qui le dissipe. Il dit sa vraie nature, qui est le gouffre mental. Le mot passage, suggère-t-il, a un autre sens. Il peut signifier qu'un être passe. Et qu'il y a un instant ce jeune homme qui s'éloigne et l'étrange fille du premier plan se sont croisés, et manqués. Un être passe, — et le destin a parlé. Le « passage » s'est révélé l'étouffement du possible. Tel le visage d'emprunt que Balthus a jeté sur ces épaules d'enfant, il n'aura été, dans l'hésitation de l'instant, que le malentendu et l'absence. Quelle est cette rencontre, avons-nous donc à comprendre. Mais ce tableau qui en parle va en dire aussi la nature. Ici un homme s'éloigne. Mais ici, au plus fort d'une intention esthétique, une mémoire devient spectrale, comme si l'être fuyait de cette nasse de nombres. Qu'on regarde les trois enfants qui jouent à gauche. Ils devraient être là la vie même, son recommencement dans la pierre grise. Gestes suspendus, couleurs inconnues, sourires d'un autre monde, jamais pourtant Balthus n'a peint de figures de plus d'absence, de mirages plus dangereux. Au dessein le plus conséquent de littéralité orgueilleuse, à l'obéissance absolue à la règle du Roi des chats, répond cette syncope de l'être, cet affleurement du néant. Et tel est bien le sens de la rencontre *manquée*. La jeune fille était, sous son masque[4], la terre même. Et la méthode intellectuelle de Balthus a compris devant elle sa vanité. *Le Passage du Commerce* est une œuvre de détresse. Balthus y a touché sa limite, vécu son doute jusqu'à la peur : sinon, certes, le rouge de la boutique, le rouge merveilleux des volets de bois si parfaitement clos de la maison des registres, ce rouge qui appartient à l'histoire de la peinture et non au monde ordinaire, ne serait pas cette affirmation désespérée de la valeur propre de l'art, cet appel devant tant de vide aux puissances de la peinture, à l'enseignement des grands morts.

Je voudrais cependant m'arrêter à un détail.

Il est ancien chez Balthus. Puisque dès 1928 dans un premier état de *La Rue* je le reconnais : un jeune garçon qui avance, à l'intense et fixe regard. On ne sait d'où vient celui-ci ni où il va. Mais qu'il soit pour Balthus, dans ce tableau où un père promène aussi deux enfants, une réminiscence lointaine, un souvenir inconscient, je le croirais volontiers. Il y a des moments où, au hasard d'une rue, et grâce à un être qui vient vers lui, grâce à l'intensité de ses yeux, un enfant s'ouvre à l'expérience de l'autre, — à sa qualité de présence. Et pour son intellect, c'est désormais une source, où il n'aura cesse de revenir. Je retrouve dans la seconde *Rue*, au premier plan, chargé de toute l'énergie qui a grondé dans cette œuvre, l'étrange jeune garçon. Et dans *Le Passage du Commerce*, qui n'est qu'une *Rue* nouvelle, où la loi d'esprit a voulu régner, il me semble qu'un autre enfant, sur le seuil noir d'une porte, a toujours ce même regard. Cet enfant, ce garçon, est vêtu d'une longue robe. Cela lui enlève beaucoup, du point de vue de la vraisemblance.

4. Car elle en porte un, à mon sens, par référence peut-être aux anges de la *Madone de Sinigallia*, qui signifient l'esthétique de la symétrie et des nombres.

Mais ne faut-il pas reconnaître en lui, justement, le témoin d'une autre réalité ? Un peu en retrait, un peu séparé. Sachant bien qu'un grand orgueil le refuse, si même c'est pour souffrir. Mais présent malgré tout, et de toute sa vie chargée de tout son mystère, et veillant sur ce monde noir. En vérité cet enfant est un autre mode de l'Être, ou plutôt son autre moment. Au-delà du monde spectral, encore obscurci par ses brumes, il signifie la présence qui a repris dans l'absence, il dit que l'être est rencontre, et finitude, et regard. Balthus s'était attaché à la littéralité ou au nombre, qui ne sont que mirages d'un rapport de l'artiste à soi qui se veut en vain de maîtrise. Mais voici qu'il a traversé une fois de plus la région aride, et refondé le grand réalisme dans le non-figurable, dans la transcendance, de ce regard.

Et je voudrais opposer à l'image du Roi des chats celle d'un autre Balthus.

Je crois la découvrir dans un des plus beaux tableaux qui soient, un de ses tableaux, *Les Poissons rouges*. Les poissons nagent dans un bocal qui a été posé sur la table. Devant celle-ci, sur une chaise, trône un chat au méchant sourire d'homme. A droite, une jeune fille. Et derrière la table, arrivant à peine à la hauteur du plateau sur lequel il pose ses deux mains, un petit garçon dont la grosse tête ronde auprès du bocal des poissons rouges semble la triste répétition de leur tournoiement sans espoir. En vérité, ces deux sphères sont le sujet et l'objet, dans leur rapport absolu. Gravement, avidement, tristement, l'enfant regarde les poissons rouges. Toute sa vie est en eux, il se risque totalement, il accepte sa mort qui est en eux. Il se perd sans retour dans la substance des choses et pourtant il est sauvé.

VII

Peut-être ici une autre, une dernière question.

Ce long conflit créateur de l'œuvre va-t-il un jour prendre fin ? Quelques peintures récentes pourraient donner l'impression que Balthus a trouvé une voie nouvelle, au-delà aussi bien de la loi d'orgueil que de ses intenses rémissions. Je pense au grand *Nu à la chemise*, une haute et pure présence, évidente comme la pierre, dont le regard n'interroge plus, où enfance et maturité se réconcilient dans le repos d'une Égypte, aussi loin du geste furtif que des rigueurs de l'algèbre ancienne. Une image sacrée vraiment, icône de la sagesse, que les parties restées blanches de la toile isolent des contradictions de notre bas-monde comme l'antique fond d'or. Pareillement un petit paysage, *La Cour de ferme*, où l'adhésion aux arbres d'hiver et à la brume est parfaite, me semble suggérer, mieux que la *Vue de Larchant*, un consentement à la terre, à l'existence, au destin. Et c'est aussi l'esprit de *La Fenêtre*. Ici, au premier plan, on peut voir la chambre, qui est le monde mental. Mais la fenêtre est ouverte. Et dehors c'est l'été selon de beaux arbres verts, l'universel concret de la demeure choisie. Entre cette nature et la conscience de soi, la médiation féminine. Elle a toujours les traits de l'enfance, mais sans l'inquiétude ou tristesse de tant d'enfants chez Balthus. Celui-ci a-t-il tant changé ? Mais le très récent portrait de *Trois sœurs* est peut-être le chef-d'œuvre du Roi des chats. Retirées dans une dure lumière, pétrifiées dans les loisirs de l'après-midi, c'est enfin le triomphe de l'espace. Certes, ce tableau est admirable. De brusques échanges, entre les nombres ou les couleurs, y crépitent dans le silence. Mais les trois corps réduits à leurs lois les plus matérielles, à leur volume, à leur poids, sont une bête qui feint la mort sous une haute menace, où renaît le sadisme ancien. Enfin le mouvement et la vie ont été chassés du sein de l'être ! Non, je ne pense pas que Balthus échappe jamais aux à-coups de la dualité que j'ai dite. Il est de ceux qui témoignent, fût-ce dans l'allusion ou le demi-jour, pour le désir autant que pour son objet, pour le paroxysme autant que la joie. Et c'est aussi ce que dit *La Chambre*, le grand tableau de 1949. Cette fois l'espace mental est encombré d'ombres lourdes. Un chat lointain y est attentif. Sur un fauteuil est étendue une jeune fille. Elle est nue, son visage est renversé. De droite vient la lumière. Et celle-ci est issue d'une haute et large fenêtre, qu'un rideau peut masquer, mais qu'un être aigu et court, figure de méchanceté, de ténèbre, tient à bout de bras soulevé. On croirait bien qu'il l'écarte et que le jour va entrer, et qu'avec lui le principe de censure, le vieil être de la distance, le gardien de la nuit de l'âme sera vaincu et chassé. Et l'impression de victoire se nourrit aussi de ce corps, si éclatant, si intact, qui a su demeurer central dans l'obscurité de la chambre, — mais vraiment le monstre ouvre-t-il ? Ne va-t-il pas plutôt (son geste serait le même) rabattre le rideau sur sa victime effrayée ? L'ambiguïté est réelle. Et cette ambiguïté est destin.

RAOUL UBAC

Il me semble que l'art d'Ubac, prudent et grave, sobre, souvent austère, toujours un peu taciturne, s'inscrit aisément dans la tradition de la peinture française. La netteté, le désir d'être exact plus que celui d'affirmer, une volonté qui simplifie et resserre, un certain calme dans une lumière d'esprit, voilà bien des vertus de ces toiles et de ces gouaches qui sont très anciennes dans notre école [1]. Mais si ce qu'elles sont est suggéré par ce dernier mot, elles en éclairent aussi la signification incertaine... Il est du destin de quelques artistes d'approfondir le passé ; et même de réinventer, comme par instinct, et de préciser, d'une façon toujours imprévue, des intentions en voie de se perdre. Je n'entreprendrai pas d'étudier l'œuvre d'Ubac ; je dirai seulement qu'elle retrouve et exerce une des qualités principales de la peinture française, qui est d'être capable de comprendre et d'aimer les arts des autres pays, mais en les traduisant, en les

1. Je nomme peinture française une tradition qui s'est formée peu à peu. Elle n'exprime pas un peuple, elle n'est pas le fait d'une race, elle est simplement — comme la statuaire grecque ou le dessin florentin — une possibilité de l'esprit qui s'est développée selon sa logique propre. On peut choisir d'être un peintre français. Philippe de Champaigne en a fait la preuve. Ubac lui-même est venu de l'Ardenne belge.

pliant à sa loi. Il y a chez Ubac bien des éléments nordiques, par exemple. Ils sont dans la tradition des runes, des sculptures des croix d'Irlande, et trahissent — dans *L'Écheveau, La Charrue* ou les ardoises taillées — l'intensité du souci graphique. Ubac, comme beaucoup des peintres actuels, aurait pu céder à l'attrait d'un monde de signes. Dans un espace qui se fût réduit à un champ, il aurait laissé libre cours à ces formes indépendantes qui écrivent le doute de notre époque. Un tel art, faute d'évoquer un objet, est contraint de chercher l'absolu dans sa propre véhémence. Et soit il tend, s'il veut être, à une sorte de perfection fille des rapports et des nombres, soit il cède, s'il veut plutôt émouvoir, aux appels obscurs ou stridents de la diversité des matières et il se fraye une voie dans les données du hasard. Ubac n'a pas consenti à cette autonomie du graphisme. Il n'a pas accepté que la fascination de la forme pure vienne troubler dans son œuvre la méditation plus haute de *ce qui est.* Et cette domination d'un attrait subi fait de lui l'héritier direct de quelques peintres français. Le Maître de Moulins aussi, et Georges de La Tour, et Poussin, ont travaillé sur des données étrangères. Et ils les ont transformées. Que reste-t-il du caravagisme chez La Tour, sinon ce peu qu'il faut pour rendre explicite qu'il a été connu, et médité et vaincu ? Ces peintres — et à un moindre degré beaucoup d'autres — ont *dominé* aux fins d'*être.* Leur préoccupation était morale, et cherchait l'occasion d'une discipline. Et ils ont maintenu ainsi une tradition d'examen et de pureté qui a donné aux façons les plus diverses de peindre une unité véritable. L'être, pour Fouquet, comme pour Chardin, ou Degas, est d'abord *ce que l'on précise.* Il a cette sorte de mystère qu'un dessin nu traduit mieux que toute emphase. Il n'est pas affaire d'intuition, mais de recherche et d'étude, de pauvreté. L'art français n'est jamais que limitation. Et voilà sans doute pourquoi il n'a jamais eu de grandeur dans le maniérisme ou le baroque, et pourquoi aussi quelque chose de primitif, quelque chose d'artisanal et de soucieux garde son classicisme même de trop aisément s'accomplir. En ce point je retrouve Ubac. Il apporte à l'effort de domination que j'ai dit l'attention scrupuleuse de l'artisan. Il peint lentement et avec respect. Il refuse beaucoup. Et je ne doute pas que ce qu'il nomme la vérité ne soit, au dénouement d'une très longue recherche, la brièveté dans l'évocation. La peinture d'Ubac n'est pas abstraite mais allusive. Elle soumet le réel à ce pouvoir de choisir et de mettre en ordre qui est mémoire et destin. Elle est bâtie comme une cellule de moine au sommet d'un lieu essentiel. Et je m'arrêterai un instant, après avoir dit ce que cette peinture est en esprit : une rigueur, à ce qu'elle est selon la matière. Dans le paysage d'Ubac, l'élément qui domine est une pierre cendreuse. Celle-ci n'est pas le modèle (aucune des toiles ne la désigne, sinon *San Grau,* ou le *Tableau aux points noirs*) mais la chose méditée. Et quant au sens qu'Ubac lui accorde, nous savons par un texte ancien (*La Beauté aveugle,* dans *Troisième convoi,* 1946, n° 3), qu'il est d'ordre profond, à la fois dramatique et spirituel. « A présent, écrit-il, livrés au pouvoir discrétionnaire des pierres, nous sommes aptes à comprendre nos nudités, à saisir le sens d'une force aveugle qui n'atteste qu'elle-même et qui, périodiquement, s'offre à nous comme une dernière ressource... » La pierre que dit Ubac est une métaphore de l'être. D'un monde déjà réduit à ses accents essentiels, elle suggère une économie plus serrée encore, un silence, la lumière ou la nuit selon l'élan de nos cœurs.

[illegible] quand il n'a [illegible] [illegible] de la conversation [illegible] [illegible] beaucoup [illegible] [illegible] Dans le passage [illegible] [illegible]

LE TEMPS ET L'INTEMPOREL DANS LA PEINTURE DU QUATTROCENTO

I

Avant de formuler ces quelques remarques, sur l'intemporel et le temps dans la peinture du Quattrocento, je voudrais évoquer un sentiment que certains d'entre vous ont sûrement éprouvé. Les siècles n'ont pas épargné plus que d'autres l'œuvre de Piero della Francesca. A Arezzo, dans le chœur de l'église Saint-François, les formes s'écaillent et se lézardent, les couleurs intenses se sont voilées. Et des grafitti écorchent les fresques comme pour ratifier d'une main obscure l'action fatale du temps. En vérité, l'ombre des oiseaux que le soleil jette parfois par le grand vitrage passe sur l'*Histoire de la Vraie Croix* comme sur le champ d'une ruine. Nulle part autant qu'en ce lieu le démon de l'irrémédiable n'a d'arguments et de preuves pour nous faire abjurer notre absurde espoir. Et pourtant la tristesse qu'il nous inspire ne dure pas. Un autre sentiment a tôt fait de prendre sa place. Je veux nommer celui-ci, avec Henri Focillon, un sentiment de *sécurité intellectuelle.* Ce que l'œuvre est en esprit, elle si profondément menacée dans ses assises visibles, ce que l'œuvre découvre, en tant qu'œuvre, dans la région de l'Idée, nous est apparu de nature stable. Il y a des révélations qu'aussitôt la ténèbre emporte. Le pas qu'elles nous font faire est le don improbable de l'instant. La réelle acuité de l'intuition, chez Greco, chez Tintoret, chez Rembrandt, semble n'être accordée qu'au prix d'imminents désastres, comme une trêve, presque un défi. Mais ici, à Arezzo, c'est enfin une rémission. On se sent à l'abri d'une menace. Ou plutôt celle-ci n'a plus de sens, comme si elle n'avait été que notre confusion et notre désordre, radicalement évincés de l'espace clair de l'image par la découverte d'une configuration primordiale, à la fois évidente et simple, à partir de laquelle il n'y aurait plus qu'à déduire une inépuisable vérité. Ainsi en géométrie cherche-t-on dans la figure qui fait problème une structure plus simple, qui se confonde avec une loi. Ainsi en mécanique réduit-on l'équation d'un problème, en « éliminant le temps », comme on dit, pour faire apparaître, une fois ce temps résorbé, la relation invariante qui est la part intelligible, et comme immobile, du phénomène. Quelle est la réduction que Piero a opérée ? Justement, je le crois, celle du temps.

II

De plusieurs façons la peinture contient du temps. D'une première, c'est dans l'acte même par lequel le tableau se donne, ou plutôt se recrée en nous. Notre conscience de l'œuvre s'accomplit dans une durée. Rencontrant des obstacles, interprétant, refusant puis niant ou dépassant son refus, la pensée qui se fait regard a besoin de temps, d'un certain temps, pour faire renaître en nous, comme un mode d'être enfin assumé, la thèse propre du peintre. D'autant qu'il faut, comme le dit Plotin d'un objet plus essentiel dans son traité *De la beauté intelligible,* que notre conscience de ce que nous sommes s'abolisse pour que nous possédions vraiment l'objet que nous voulons voir; et qu'il faut cependant qu'elle se maintienne pour que notre vision puisse mûrir comme telle : si bien que l'apprentissage va et revient sans cesse de la séparation à l'union, de la passivité à l'examen, de l'éveil au songe (si l'on veut), jusqu'à cette improbable expérience pleine que serait la synthèse des voies obscures du songe et de la lucidité de l'éveil. Il faudrait étudier ce temps de l'approche, et cette profondeur de l'œuvre où il peut se dépenser, une profondeur de lecture où l'on va de signe en signe, de cette tache bleue à la notion d'un manteau, de ce manteau à la découverte qu'il signifie la Madone, et de celle-ci à telle nuance de son sourire ou à tel accent de la forme, et de ceux-ci à quelque absolu. Mais mon propos n'est pas cette profondeur *sémantique,* ce temps des signes, si je puis dire. Je voudrais m'attacher à un autre temps, celui-ci retenu dans l'image même comme un des aspects de ce qu'elle dit. Voici une *Vierge* de l'école byzantine, la madone de mosaïque de l'abside de Murano. Rien, n'est-ce pas, ou presque rien dans cette haute figure n'a le visage du temps, et cette fois j'entends par ce mot cette réalité de notre existence, cet objet quelquefois de notre attention, auquel un peintre aussi bien que le philosophe peut vouloir prendre garde et s'arrêter. Plus précisément, nous n'imaginons rien qui soit le passé ou l'avenir de ce geste, de cet instant. Et c'est pourquoi nous ne pouvons les situer dans la durée, nous décidons qu'ils sont de l'intemporel. Nous-mêmes, aussi bien, échappons un peu devant de telles figures aux multiples entraînements de ce temps d'existence qui fait et défait notre vie. La lecture de l'œuvre, ce désir mûri dans le temps, cet acte qui a pris du temps et structuré notre temps, la lecture de l'œuvre nous a conduits *hors du temps*. Et cela nous satisfait. Il nous semble logique que la matérialité, la relative pérennité de cette chose que sont la mosaïque ou le retable, se redouble de cette immobilité plus essentielle, et que le lieu des images, aussi bien qu'au-dehors de tout espace, soit établi hors du temps.

Il s'en faut, cependant, que toute image soit une *icône*. Voyez cette autre Madone, plus tardive, d'art toscan du XIIIe siècle. Il n'est pas douteux que le peintre a voulu, comme le mosaïste de Murano, vaincre en elle le temps de notre vie ordinaire. Mais sur un fond encore d'intemporel nous voyons s'ébaucher des regards, des gestes, nous percevons dans l'Enfant qui bouge et commence à rire les signes d'une durée localisée mais certaine. Faut-il au moins penser que les peintres ont toujours, inconscient ou non, conséquent ou pas, le désir de l'intemporel ? Mais voici la *Profanation de l'hostie*, de Paolo Uccello : qui n'a d'être que par le temps. Et non, certes, parce qu'elle met en scène une action, et l'instant d'une crise grave. Elle pourrait le faire de la façon détachée, et sereine dans l'épouvante, dont tant de *Martyres* archaïques nous ont laissé des exemples. Si la *Profanation* « est » du temps, c'est qu'elle s'angoisse, dans le tremblé des doigts ou la fixité des regards, d'un avenir imminent et de sa virtualité tragique, c'est qu'elle dit l'être propre de ce réseau de projets et d'inquiétudes que nous nommons notre temps. Ce peintre a *aimé* le temps. Et il a trouvé dans les moyens propres de la peinture de quoi lui donner visage. Il y a d'abord que chaque objet signifie une certaine sorte de temps, que reflètera son image. Une flamme qui brûle, dans la *Madeleine* de La Tour, dit sa propre durée, patiente et finie, et symbolise aussi l'heure humaine ; le regard de la jeune femme, immobilisé, suspendu, indique cet arrêt qu'est la réflexion ; le crâne est signe d'éternité, mais d'abord de la fatalité de la mort. Encore ces objets ne sont-ils que des emblèmes. Le temps est plus intimement suggéré, dans l'œuvre peinte, par sa proposition la plus équivoque autant que la plus fameuse, celle que l'on dit trop vite *de profondeur*.

On a prétendu que la profondeur a été inventée, peu à peu, pour l'expression de l'espace : c'est mal poser le problème. En fait, le plan n'est en peinture que le mode d'être, et ainsi le lieu, de la Forme, de ce qui est essence et intemporel. Si même un mouvement ou une action s'y dessinent — comme dans l'art roman, comme à Saint-Savin, par exemple, où la figure du mythe est si véhémente —, c'est un mouvement essentiel, archétypal, l'acte sacré qui dissipe le temps profane. Aussi l'indication de profondeur ne peut-elle y porter que la dimension de matière, la nuit du monde sensible. Elle remplace l'évidence par le doute, le divin par l'existentiel qui est le temps. Oui, le temps n'est donné dans l'œuvre que par la profondeur dans le mouvement, par son épaisseur d'hésitations, d'ambiguïtés, de contradictions : c'est toute la différence de ces figures de Saint-Savin, que je viens de dire, et de l'*Invention du corps de saint Marc,* de Tintoret. Réciproquement, la figure « dans l'espace » n'est pas plus près de l'objet que ne l'est la figure plane. Elle est simplement figure *d'autre chose,* en un mot de l'existence et non plus de Dieu.

III

J'en suis venu à cette question de l'espace parce que le XVe siècle italien a trouvé dans la perspective l'occasion de formuler, avec une netteté admirable, plusieurs métaphysiques du temps.

Il y était préparé. Depuis longtemps déjà le sol ou les ruines restituaient des œuvres antiques, et avec elles, et d'autant plus vive peut-être qu'elles étaient mutilées, une idée nouvelle du temps. Vers 1340, par exemple, on découvre à Sienne et l'on admire beaucoup — un moment, avant de la détruire, par superstition, dans les malheurs de la ville — une statue « de Lysippe ». Or il n'y avait pas cinquante ans que Duccio avait peint la Madone Rucellai. Quels sont les deux esprits qui se heurtent ? D'une part, cette idée grecque de la durée, demeurée comme leur âme tranquille dans ces figures qui renaissaient. Un temps qui semble, comme l'a dit Henry Corbin, être « le temps naturel, mécanique, celui du mouvement spatial, de la biologie et de la physique ». Rien d'existentiel ne s'y trahit, parce que, souligne encore Corbin, l'individu tend à se confondre alors avec la notion la plus générale qu'il peut avoir de l'espèce humaine, son âme étant conçue à la façon des Idées, des formes pures. Aussi bien les statues les plus belles de l'hellénisme semblent-elles plongées dans la suavité naturelle, les yeux ouverts et clos à la fois comme ceux de l'animal, l'esprit détourné du projet, de l'angoisse, de l'avenir pour une participation continuelle et tout intérieure à l'éternité. Qui n'est pas fasciné par cet art classique où bat, comme la sève universelle dans chaque plante, l'intemporel dans un geste humain ? La mort semble dissoute dans la nature, l'image ailleurs partielle, éparse ou inaccessible semble mystérieusement *achevée.* Et tel est aussi bien le besoin secret d'un grand art anthropomorphique. Pour que la vérité de l'être humain se laisse enclore dans une image de sa présence physique, pour qu'elle puisse s'exprimer de façon complète dans les limites de cette forme et dans la catégorie de l'espace, il faut d'abord que l'humanité en nous s'éprouve elle-même comme une essence, c'est-à-dire qu'il n'y ait pas en elle comme son gouffre, son déchirement, sa rupture, ce temps aberrant et trouble, avide mais incapable de plus que soi, que les premiers siècles chrétiens ont achevé d'ajouter au monde.

Bien des signes, il est vrai, trahissaient déjà dans l'art grec qu'il n'était qu'une rêverie. Je n'en retiendrai comme exemple que sa grandissante mélancolie, si semblable à celle des épitaphes. « *Ô Charidas, que sont les choses d'en bas ? — Obscurité profonde. — Et la remontée des ombres ? — Un mensonge. — Et Pluton ? — Une fable. — Nous sommes perdus !* » Telle est donc la pensée de Callimaque. De toute part, dans les religions de mystères comme dans la tradition juive, s'aggravaient les contradictions d'un esprit nouveau. Et c'est celui que Plotin exprime quand avec violence il condamne l'idée, si profondément établie dans le monde antique, selon laquelle la beauté est συμμετρία, harmonie, correspondance réciproque entre les parties et le tout. L'harmonie, dit Plotin, suppose des parties, c'est-à-dire du divisé. Or, c'est l'Un, c'est la participation à l'Un, directe, qui est le beau. Voici que l'art est requis de prendre pour objet, pour impossible objet, une réalité transcendante. S'il se voue à l'imitation des choses, au portrait par exemple, il se perdra. Il s'ensuit qu'il doit se détourner de toute matière ou plutôt — car il n'est pas vrai que l'art « plotinien » soit un art décharné, il accueille au contraire comme nul autre l'absolu dans la forme simple et le rayonnement dans la pierre —, de toute contrainte figurative pour ressaisir, dans la sympathie qui unit à son modèle l'image, ce reflet de l'Intelligence, du Νοῦς, qui est la seule réalité. André Grabar a montré quels rapports étroits unissaient l'idée plotinienne et le premier art du christianisme. Et comment, pour appeler l'absolu dans l'œuvre, certaines techniques de l'antiquité tardive, la négation de l'espace, les perspectives renversées ou rayonnantes, le modelé « régressé », la soumission des formes naturelles à des schèmes géométriques réguliers, étaient dans la logique même de la pensée de Plotin. Mais tout le moyen âge aussi, toute l'Italie jusqu'à Cimabue, ont hérité de cet art et de son sentiment de l'intemporel. Car — et c'est bien cela l'essentiel — il a dressé face à face l'éternité et le temps. Eux qui se prolongeaient autrefois comme la nature et l'Idée, ils s'opposent maintenant, quitte à se rencontrer dans l'extase, comme le Dieu et le myste. Et le temps du myste est celui de l'erreur, de l'espoir et de la détresse, c'est le temps existentiel enfin reconnu dans sa différence, à ceci près toutefois qu'on ne lui sait pas de valeur. Devant les grandes figures des absides, il ne semble vouloir que se dissoudre. La vision sera guérison.

Ce temps, bien sûr, était né d'une pensée de la mort. Cela ressemble à une *vanité*, à un *memento mori*, ces figures du moyen âge où nous voyons se déformer par souci de la transcendance et du salut les techniques mûries en Grèce, le canon de Polyclète appelé à un sens mystique, le nombre se transmuer en symbole, la géométrie de pensée se faire hypnose, le principe de symétrie reconduit à ses formes les plus brutales quand il oppose à Ravenne les deux paons de part et d'autre d'un chrisme, immortalité dans la mort.

Cela ressemble, il faut bien le dire, à la naissance de l'allégresse.

IV

Ainsi à l'origine du Quattrocento trouve-t-on affrontés deux conceptions du temps, deux modes fondamentaux de la création. Mais ce grand moment n'eût pas été ce qu'il a pu être si un troisième élément n'avait crû jusqu'à devenir, vers 1400, un violent facteur de crise. Cet élément nouveau, c'est l'importance accordée à ce temps d'abord méprisé, c'est la réévaluation de la finitude.

Il faudrait en faire l'histoire aux XIIIe et XIVe siècles, quand un intérêt de plus en plus vif pour le contenu du temps profane n'avait pourtant rien changé encore à sa place discréditée. L'art réapprenait à représenter la vicissitude humaine. Mais ce n'était à cette époque qu'en marge, et longtemps dans les seules catégories du pittoresque, de la rusticité, du comique. Quand l'intemporel s'exprimait par l'architecture et tout le sérieux des arts majeurs, on ne permettait au temps quotidien que d'égayer quelque stalle. Ou, si quelque fragment de durée trouvait place dans un tableau, c'était juxtaposé à de l'éternel et sans qu'aucun effort de l'esprit en pût faire une vérité unique. On a parlé avec bonheur de « l'impossible synthèse » scolastique, qui veut penser à la fois dans l'homme, mais vainement, l'universel et le singulier. Il en va de même dans l'art gothique où le geste humain est toujours irréalisé, démenti par l'espace impraticable, autour de lui, de l'archétype sacré. A la vraie synthèse, qui est l'instant, le clergé oppose la hiérarchie. Que l'on songe aux peintures de la chapelle des Espagnols ! Et pourtant l'Italie a déjà entrepris d'humaniser ce monde gothique à la fois si moderne et si archaïque. Chez Dante aussi, dans les cercles de l'Enfer, le temps humain est prisonnier ou infirme, réduit à se projeter sans cesse, comme Tantale, dans l'ébauche d'un acte qu'il ne réalise jamais — mais quelle gravité soudain, quel sérieux dans la réflexion sur ce qu'il fut ! On se souvient des paroles de Francesca. Ce fut, dit-elle, un seul passage du livre qui a décidé de nous : « *Et ce jour-là nous ne lûmes pas davantage.* » L'amour qui leur fut fatal s'est éveillé dans l'instant. Alors que le temps, du temps, aurait permis de se ressaisir, se serait tourné vers la loi, cette image de l'éternel, eût rappelé Paolo et Francesca à leur responsabilité, au réel, au mensonge sans doute, en tout cas à la morale, l'instant a tout pris de court. On le voit, cet instant n'est donc pas celui de la vie mystique. Il ne rejoint pas l'absolu, il se perd au plus ténébreux de la condition humaine, dans ce fourré de la décision hasardeuse où bien sûr le diable est caché, dans la région de la mort. Et pourtant, pour que Francesca puisse parler, *le vent s'est tu,* écrit Dante. La colère de Dieu s'est calmée *pour un instant.* Admirable métaphore, où l'on entend le divin commencer à répercuter le son de cette existence profane que l'on tient pour déchue encore. Dante lui-même ne peut faire qu'il ne s'émeuve, et ne prenne sur lui (jusqu'à tomber « comme un mort ») le malheur de ce temps qui semble la mort.

Il en va de même chez Giotto. Je ne crois pas que ce peintre soit autant qu'on l'a dit le découvreur du monde sensible. Nul horizon dans son œuvre, rien qu'un décor. Mais c'est le geste humain et le temps humain qu'il retrouve. Ici, dans le *Noli me tangere,* le pathétique de la surprise. Ici, dans la *Déploration,* les hésitations, le tâtonnement de l'amour affronté à l'irrémédiable. Toujours ce qui n'a d'être que dans le temps, par le temps ; et toujours celui-ci comme le seul horizon, puisque, dans la *Nativité* de Padoue où l'anxiété et l'espoir se penchent sur la naissance — tous actes du temps déchu où rien ne naît qui ne meure —, il aide même à signifier le divin. Bien entendu, Giotto ne confère pas pour autant la valeur suprême au temps profane. Il ne fait que tirer avec une admirable logique la conséquence de la pensée que Jésus s'est incarné *dans le temps :* laquelle implique que si Dieu a pris ce visage, dans un temps qui est finitude et mort (qui est même erreur et péché), c'est pour vaincre la mort et quand même donc pour vaincre le temps. Mais on n'évoque pas sans le magnifier ce dont on dit qu'il faut un dieu pour qu'il cesse. Giotto a donné au vaincu une force décisive. Désormais le temps est *visible* et le problème se pose d'y consentir.

Alors vont se former deux partis. D'une part ceux qui essaieront de sauver — qui la sauveront — la pensée non médiatisée de l'intemporel. Seront-ils les meilleurs chrétiens ? Pas toujours, je le montrerai, s'il est vrai que l'intemporel, dans ses formes maintenues, va changer peu à peu de sens, devenir à nouveau l'Idée, le royaume intelligible des esprits. Il y a un pôle grec, pélasgien, du christianisme. Et avec lui l'oubli plus que la guérison de ce qu'on croyait la blessure. Mais d'autres peintres, pour le meilleur et le pire, choisiront d'aimer le temps. Ils feront appel à la subjectivité, aux passions, ils demanderont à l'antiquité façons « païennes » et fables. Seront-ils, eux, des esprits laïques ? Peut-être enfin, au bout de bien des angoisses, dans une réaffirmation de leur premier choix, par décision plutôt que par goût. Mais ils auront cherché d'abord, plus rigoureusement, plus honnêtement que la scolastique, à illuminer la durée mortelle d'un éclair de la liberté divine.

V

Encore fallait-il, pour que ces deux partis, pour que ces deux vocations, prennent conscience d'eux-mêmes, que quelque chose porte soudain — et d'une façon comme lui équivoque, ambiguë, infirme — le temps au cœur des problèmes les plus spécifiques de la peinture. Cet agent de transformation a été la perspective.

Je ne sais pas si, égaré par l'idée que la perspective a eu pour souci une figuration de l'espace, on a jamais assez souligné son principal caractère, que je dirai *conceptuel*. Avant la perspective, avant cette réduction chimérique de l'objet à sa situation dans l'espace, la représentation des choses était métaphorique et mythique. Je veux dire que le peintre évoquait l'objet par quelque élément de son apparence, librement choisi par son analogie, sa ressemblance foncière avec l'être qu'on lui prêtait. Le profil d'un oiseau, rapide, semblait le nommer à bon droit, comme le hiéroglyphe égyptien était supposé l'avoir fait. Des rinceaux disaient par analogie mieux que l'aspect de la vigne : son mouvement profond, son élan dans le temps, quelque chose comme son âme. Et les couleurs elles-mêmes, spiritualisées, faites symboliques par le fond d'or, signifiaient non pas l'accident, l'aspect fugitif qui n'est qu'un fantôme, mais la vertu spécifique de la chose, cet invisible qui est, même dans la vie quotidienne, la seule réalité. Car, n'est-ce pas, nous voyons ainsi. Nous ne percevons pas les qualités de la chose, mais sa totalité, son regard. Nous retenons de son apparence quelque partie plaisante ou hostile pour projeter, comme l'ancien peintre, dans un espace mental, notre fable de ce qu'elle est. Mais la perspective dénie cela. L'exactitude portée dans la catégorie de l'espace — ou même, simplement, le souci de *penser* l'espace, de séparer de notre intuition globale une perception de l'espace — a contraint à des précisions aussi vaines dans tous les domaines de l'aspect. En un mot, l'analyse des qualités sensorielles a remplacé l'intuition de l'unité substantielle. L'image n'a plus été au modèle qu'elle se donne que ce qu'est à la chose sa définition, son concept. A un art de l'évidence a fait suite une spéculation conceptuelle, à la certitude une hypothèse toujours en quête de son ultime confirmation. Tel est le dilemme de la perspective, et soudain de l'art : ce qui apportait, avec la variété des attributs de la chose, tout le réel, en un sens, c'est aussi ce qui perd, tout de suite, tout le réel.

Et cela est vrai aussi bien pour ce réel qu'est le temps. Je disais tout à l'heure que la peinture l'exprime, et avant tout par la « profondeur », faut-il donc penser que la perspective a facilité son étude ? Oui, en un sens. Elle a élargi l'horizon de l'acte, donné figure à la simultanéité, montré la complexité des causes et des composantes de l'événement temporel, et ses coulisses, ses conséquences, elle a aisément transformé l'allusion en représentation historique. L'histoire, on l'a souvent remarqué, est la fatalité de la perspective. Mais une fois encore elle manque l'être. Alors que le simple tremblé d'une ligne, l'hésitation d'un profil peuvent saisir l'âme d'une durée, la perspective exacte, qui a trait à un état et un seul de la situation réciproque des choses, qui opère une coupe, à tel instant très précis, dans le visible, ne pourra retenir qu'un *vestige* de l'instant, une pétrification du geste humain qui sera à l'instant vécu ce que le concept est à l'être. Voyez la *Cène* de Léonard. L'instrument perspectif permet à merveille de décomposer l'instant, de retrouver le geste de chaque apôtre, qui autrement se fût perdu dans je ne sais quelle nuit.

Nous pouvons à loisir nous attarder à ce qui fut le secret d'une seconde, mais dans quel monde au juste nous trouvons-nous ? Est-ce en celui de l'idée, du rayonnement d'une essence ? Sûrement non, tout cela est trop meublé, trop divisé (comme dirait Plotin), trop particulier. Ou sommes-nous avec les acteurs de cette scène, dans le devenir de leur drame, comme un témoin ? Mais, si notre esprit demeure en éveil, pourquoi ce temps est-il suspendu ? En vérité, la perspective nous rejette deux fois à l'extérieur. L'âme de l'instant nous échappe, parce que la nouvelle géométrie ne sait voir que les objets, les formes, les apparences qui ont encombré l'instant. Et le sens des gestes ébauchés, des événements, nous échappe, parce que leur passé nous manque et aussi leur avenir, je veux dire l'élan qui porte de l'un à l'autre dans la continuité de toute durée vécue. Il s'ensuit qu'en dépit des explications qu'ils accumulent, se dégage de tels tableaux une impression d'absence, d'étrangeté. C'est *l'énigme* des perspectives, toujours si vivement ressentie. L'existence y devient — comme l'acte de la présence dans la « perspective » du concept — une réalité impensable que beaucoup de peintres méconnaîtront.

J'essaierai de montrer sur quelle voie dangereuse cette défaillance de l'être dans la figure a pu engager l'art florentin.

Mais je voudrais d'abord poser le problème du *grand art*. Le grand art a trait à l'être. Faudrait-il penser que les perspectivistes du XVe siècle n'ont pas créé un grand art ? La vérité est que de deux façons la perspective, qui les privait d'une vraie pratique de ce qui est, leur ménageait une chance. On sait pourquoi le Quattrocento a tant aimé, et si noblement, cette technique : dans l'échiquier perspectif, dans la diminution régulière des figures, il n'y a pas seulement de l'exactitude, il peut y avoir de l'harmonie. Des rapports numériques diront alors le nombre que l'on peut croire inhérent à l'univers. Et « sachant » que le monde est rationnel, musical, et eux-mêmes le microcosme où la loi du monde se répète, beaucoup de peintres ont aimé dans la perspective la clef soudain offerte de la rationalité de l'espace, et le moyen de rendre à l'homme sa place dans l'universelle harmonie. Le tableau en perspective est conçu pour un spectateur autour duquel tout s'ordonne. Il le dresse au centre de toutes les représentations, de toutes les significations, il lui permet, non certes d'en chasser Dieu — le Quattrocento a été chrétien — mais de le retrouver en soi-même et autour de soi comme sa virtualité glorieuse, à peine ternie par le péché. Celui-ci n'aura peut-être été, après tout, que l'imperfection, le recul qui nous permet de prendre conscience de la raison qui nous constitue, au lieu simplement, aveuglément, d'être au monde. Fils du savoir, le péché est le père du savoir. Destructeur de l'unité, il nous en donne la nostalgie, qui nous fait découvrir qu'elle nous est accessible. Jamais époque n'a été plus heureusement optimiste que ce milieu du XVe siècle, où l'antique redécouvert rendait à l'homme sa forme, en même temps que le Christ lui assurait son salut.

On voit donc que la perspective est au cœur d'un vaste projet, intellectuel et moral. Et qu'il en est ainsi parce qu'elle peut, elle aussi, être une évocation métaphorique et mythique : pour peu qu'elle se fasse un exercice du nombre. Par le nombre, par l'harmonie, par ce que la Renaissance à la suite de l'antiquité gréco-latine appelait la *symétrie,* quête du nombre latent, de la convenance décisive de la partie et du tout, par une métaphore cohérente étendant à tout le visible un réseau de proportions supposées réelles et divines, la perspective pouvait dépasser le malheur de la représentation simplement exacte et redevenir un mythe, où se dirait analogiquement, c'est-à-dire directement, pleinement, l'âme même de *ce qui est*.

Mais entre l'infirmité que je signalais d'abord et cette possibilité, entre la perspective comme mesure et la perspective comme nombre, entre sa nature aristotélicienne, si je puis dire, et son ambition pythagoricienne, demeure toutefois une différence essentielle. La première est inhérente à l'instrument, l'autre exige une conviction, une volonté et un choix. Pour guérir le nombre de sa propre extériorité, pour dépasser l'apparence, pour échapper aux mirages de l'aspect, il faut une décision de nature métaphysique. Et quelque chose d'autre encore, une force d'âme, pour s'y tenir. Il y aura des retombées, des négations par dépit, des erreurs. Il y aura, entre les deux pôles de l'art nouveau, une hésitation inquiète, — et c'est là d'ailleurs qu'apparaît la seconde chance que j'annonçais, celle d'un art subjectif. C'est sans doute l'invention quasi mécanique de Brunelleschi qui a introduit la pensée subjective dans la peinture. Car aux recettes qui permettaient aux peintres anciens de produire des images, se substitue un instrument universel, aux fins propres impénétrées, auquel les peintres se heurteront selon chacun sa capacité personnelle, et dans l'emploi duquel leur nature la plus intime se trahira. Si bien qu'il y a de l'être encore, dans ces tableaux, pour peu qu'on le cherche dans les façons de l'artiste. Un être de l'existence, inquiet, troublé, précopernicien sous l'assurance humaniste, où se perdra Léonard, où se complaira le maniérisme, où se ressaisira le Greço... On conçoit donc que les peintres vont désormais s'opposer, ou se clarifier l'un par l'autre, et porter au plan le plus spirituel la dialectique des styles. Les uns trouveront dans le nombre le reflet simple de leur sagesse. Les autres s'attacheront à l'énigme de l'instant parce qu'ils n'auront pu se défaire de leur propre temps passionné. N'est-ce pas le conflit entre gloire et vie que Giotto cherchait déjà à résoudre ? Mais notons encore, avant de l'étudier, qu'il ne dura pas. Il n'avait de sens qu'au XVe siècle, avant la révolution copernicienne, quand l'homme pouvait penser qu'il était au centre de la structure cosmique. Bientôt, cette confiance disparaîtra, le temps sera comme à nu. C'est pourquoi si fatalement la perspective devait évoluer vers l'illusionnisme, et d'ailleurs, sa leçon équivoque dite, se voir abandonnée par les peintres.

VI

Je ne puis maintenant qu'évoquer à très grands traits l'évolution de la peinture du Quattrocento.

Une première génération apporta deux hommes qui, sans s'attacher à un emploi vraiment cohérent de la perspective, virent se dessiner les deux directions que j'ai dites et aimèrent profondément, l'un son possible de gloire, l'autre sa virtualité de ténèbre. Ce furent Masaccio et Paolo Uccello. Il y a assez de perspective chez Masaccio pour abaisser l'horizon, pour dissiper les décors de la tradition giottesque, pour créer un espace accueillant à l'action humaine. Et d'autre part cette perspective reste trop vague pour avoir valeur conceptuelle, pour attirer l'action dans le piège de l'instant. Masaccio pourrait donc s'attacher à la vraie figure de la durée. Et pourtant il ne prend conscience de l'acte humain que pour l'entraîner vers l'intemporel. Non que ses personnages n'agissent. Mais ils affirment dans cette action l'identité absolue de leur volonté et leur geste, de leur passé et leur avenir, et cette image sphérique qu'ils nous proposent d'eux-mêmes, cet aplomb hérité de l'ancien hiératisme avec, si je puis dire, conservation de la masse font que le temps vécu participe, par responsabilité assumée, par héroïsme et sérieux, de l'intemporel de la loi, d'une idée arrêtée de la grandeur. Masaccio formule la thèse de l'humanisme héroïque. Il fait que cristallisent dans l'espace plus intelligent, plus spéculatif de la peinture, toutes les suggestions de solennité que Florence lui présente, statues dressées à Or'San Michele et architecture de Brunelleschi. C'est évidemment celle-ci, avec ses structures évidentes, sa cohérence, son unité, son pressentiment du grand rôle métaphorique du plan central, qui inspire à Masaccio son sérieux. Et pendant toute la première Renaissance l'architecture, qui avait maintenu à travers le moyen âge italien, par son incarnation d'une forme dans la pierre, de l'intelligible dans le sensible, le sentiment latent de la dignité de la vie terrestre, restera comprise par les peintres. Mais peut-on dire que Masaccio en fut vraiment le fidèle ? S'il en redit l'esprit, il se dispense de son effort. L'architecture doit se gagner sur l'inertie de la pierre. La réaffirmation de l'intemporel doit avoir affronté la résistance du temps. Or Masaccio n'est pas encore assez rigoureusement un perspectiviste pour être pris sans recours dans le conflit de l'espace et de la durée. Son art tout d'indications, autoritaire, allusif, propose l'intemporel comme un programme, un idéal — on pense à Rimbaud, à la *Lettre du Voyant* — mais il ne le prouve pas.

Uccello lui aussi se dérobe à toute épreuve. Ce passionné de la perspective, mais de ses ressources spécieuses plus que de son pouvoir de représenter, ne l'emploie presque jamais de la façon cohérente qui permettrait d'en mesurer le péril. Beaucoup de ses tableaux donnent l'impression d'un plan, mais évoquent moins en cela la perspective « guérie » de Piero della Francesca que le vieil écran gothique, les tapisseries du moyen âge français. Certes, les fantasmagories qui s'y déroulent, et c'est là l'élément nouveau, sont d'un chimérisme intellectuel. Les êtres appelés à se profiler ici connaissent la nouvelle définition géométrique de l'espace. Et c'est même d'elle qu'ils tiennent leur native irréalité. Uccello le premier a compris la valeur démoniaque de l'aspect. Il y a un monde de l'aspect en tant qu'aspect, de l'image fugace où se dissout le réel, où prend racine le rêve. Et Uccello a compris aussi la parenté, ou pour mieux dire la connivence, de cet aspect immédiat, presque spectral, de la chose et de son essence mathématique, de son épure, autre spectre. Tout se passe, au total, comme s'il avait médité l'inadéquation du concept à l'être, et s'était plu à donner l'être au concept pour fomenter un monde incomplet, sadique, aveuglé, sans autre fond que le néant, aussi étranger au temps qu'à l'espace et au vrai instant qu'à l'intemporel. Dans les tableaux d'Uccello la profondeur semble la dimension de l'imaginaire, un lointain obscur où se perd la structure de l'espace, mais aussi toute loi de notre monde. Un seul d'entre eux échappe à ce caractère, c'est la *Profanation de l'hostie,* parce qu'il est une confession. L'hostie y représente tout objet de notre expérience, et Uccello est ce Juif qui ne veut pas reconnaître la mystérieuse présence.

VII

Uccello et Masaccio définissent les deux pôles, les deux tentations de la peinture à Florence. Et l'on peut dire, je crois, qu'au cours du XVe siècle, et jusqu'à la décision passionnée de Botticelli, cette recherche va dépenser toute sa lucidité, toute sa rigueur métaphysique à hésiter entre eux deux. Il y a eu, d'ailleurs, à toute époque et dans tous les arts, une hésitation « florentine », un double souci monumental et psychologique, ce que Landino très lucidement appelait dès la fin du siècle la *vera proporzione*, d'une part, *la quale i greci chiamano simetria*, l'intuition de l'être par le nombre, et d'autre part *l'effecto d'animo*, l'expression psychique, le retracement d'un invisible. Je parlais tout à l'heure de ce vestige de l'instant que retient la perspective : dans les bas-reliefs de Donatello, chez Andrea del Castagno et encore chez Léonard, c'est lui que ces artistes ont interrogé, ont essayé de douer d'une profondeur psychologique, mais rencontrant à la fois la limite de l'irréel et le danger d'un expressionnisme. Ils étaient pourtant des constructeurs. Voyez, par exemple, la *Dernière Cène*, d'Andrea del Castagno. Sur ce même mur du réfectoire de Sainte-Apollonie, juste au-dessus, Andrea a peint les *Trois Scènes de la vie du Christ*, un monument extraordinaire, d'une noblesse absolue ; cependant la *Cène* est bien décevante. S'il faut en croire les divisions de ses parois ou de son plafond, la salle où la Cène a lieu serait un cube. C'est un souci de solennité, d'intemporel, qui a transformé cette fresque en une sorte de frise. Ce qui est bien. La violence faite à l'apparence, même comme ici un peu maladroite, un peu hésitante, est le droit le plus légitime. Mais il ne fallait pas replacer dans cet espace ambigu ces visages trop signifiants, trop humains — dont on pourra dire du coup qu'ils ne signifient absolument pas, qu'ils sont monstrueux. Démons et non plus figures de la surprise, de l'émotion, de la perfidie, de la peur. Vains signes, qui ne retiennent que leur propre incapacité. La peinture florentine qui s'était hardiment enfermée, avec Masaccio et Alberti, dans le visible, bute de cette façon sur un nouvel invisible, celui des passions de l'âme, celui du monde mental. Est-on si loin, chez Andrea, de la théurgie d'Uccello ? Le psychologisme florentin, c'est le consentement, bientôt maniériste, à une forme spécieuse de connaissance, où ne miroite que le non-être.

VIII

Mais il est temps d'en venir à Piero della Francesca. Bien que je ne déteste pas l'idée de ne plus disposer que de minutes, puisque aussi bien il faudrait des heures pour définir, puis nuancer sa figure. L'essentiel, ce qui frappe immédiatement chez Piero della Francesca, c'est le caractère double de son œuvre. D'une part elle s'attache à l'objet avec une sorte d'empirisme, peignant les premiers paysages vrais, la première lumière naturelle, les premières couleurs non plus déduites mais observées, campant au petit jour sur ces terres neuves de l'art une humanité toute lourde encore d'un clair limon primitif. On sent à l'évidence que Piero a fait sien le parti d'Alberti, et qu'il ne conçoit plus que l'on puisse peindre autre chose que le visible, et qu'il veut peindre tout le visible. Et pourtant jamais peintre ne fut plus géomètre. Son emploi de la perspective est le plus souvent rigoureux et quelquefois d'une précision inexorable. Il est évident que son intuition du réel passe d'abord par la forme, définie par la sphère et ces polyèdres simples où l'on croit surprendre le nombre en train d'envahir l'espace et de prendre corps. Le sentiment de l'essence numérale est aussi fort chez Piero que celui de l'être singulier, de la réalité contingente. Ce qui certes n'étonne pas. Déjà Platon s'était posé l'anxieuse question du monde sensible, et de ses aspects les plus humbles, dans leur rapport à l'Idée. Toute la pensée grecque fut divisée par les intuitions contraires de la

Forme immuable et de ce qu'Aristote a appelé la substance. Et le XVe siècle lui-même a compris aussi bien la dignité intrinsèque des choses du monde proche que leur participation au Logos. Mais à quel prix ces deux directions de notre conscience peuvent-elles être rapprochées ? Au prix sans doute du temps. Ce qui distingue telle personne, disons Socrate, de l'idée de l'être humain comme telle, c'est l'acte imprévisible, non nécessaire, c'est la réalité de ce temps existentiel dans lequel elle semble n'être jetée que pour mieux décevoir et déchirer toute notion fixe, ou *a priori,* de son essence. Une feuille d'arbre, par contre, plongée dans le temps naturel, est davantage une image double, à la fois générale et particulière, elle est plus près de l'Idée. L'art grec, nous l'avons vu, dans son rêve de participation, a naturalisé ainsi l'image de l'homme. Et chez Piero ce qui disparaît, ce qui est brûlé dans la fusion des deux contraires, c'est aussi le temps du vécu. Piero demande à la perspective de dire les proportions, les symétries, le fond numérique immuable derrière les apparences. Mais surtout il refuse toute échappée, cache les lignes fuyantes, projette *en vraie grandeur* sur des plans parallèles à celui du tableau toutes les actions qu'il représente, toutes les formes qu'il réunit. Il faudrait faire une histoire intellectuelle du plan. Il est le lieu de l'ataraxie. Si ces personnages de Piero, pourtant si présents, si incarnés dans un lieu ou même l'histoire, ont les uns pour les autres cette sorte d'indifférence, c'est que leur seul acte vrai est de chacun à travers le nombre vers l'unité. Kierkegaard expliquait magnifiquement l'absence de regard de la statue grecque. C'est, disait-il, que la Grèce n'avait pas compris l'instant. Il y a des regards chez Piero, mais détournés de l'instant, ce sont des *regards perdus.* Et l'on pense encore à ce qu'écrivait Plotin de la pensée. Qu'elle morcelle l'unité du monde intelligible. Que la conscience, loin d'être l'essentiel, est un accident, un affaiblissement. Et que, pour citer Émile Bréhier, dans l'âme, au plus haut degré de vie spirituelle, il n'y a pas de mémoire puisque l'âme est en dehors du temps, pas de sensibilité, puisque l'âme n'a pas de rapport avec les choses sensibles, pas de raisonnement ni de pensée discursive, puisqu'il « n'y a pas de raisonnement dans l'éternel ». Telle est exactement la condition heureuse de l'humanité de Piero. « *Convenerunt in unum* », a-t-il pu écrire au bas de la *Flagellation du Christ,* à Urbin. Le temps a été convaincu d'être la division et le mal. Et au-delà de lui commence une liberté. Je voudrais évoquer un des plus prodigieux tableaux qui soient au monde, la *Résurrection,* à Borgo San Sepolcro, dans le Palais Communal. La lumière est de petit jour. Les soldats qui dorment symbolisent l'intemporel — le premier degré de l'intemporel — qu'il faut que l'esprit rejoigne, mais pour seulement le traverser. Car, au-delà de lui, il y a ce dieu qui s'éveille. Quel est-il donc ? Certes pas le Sauveur dont la philosophie de Piero ne comprend qu'à peine le rôle, ce sauveur qui a souffert *dans le temps.* Mais, à la fois matière et logos, l'homme même, tel que Piero l'a rêvé. D'une liberté immobile. Totale, mais immobile, comme celle de l'arbre, ce modèle de la colonne, l'arbre qui meurt sans savoir la mort. Il y a des yeux grands ouverts au secret des yeux fermés. Il y a dans l'humanisme du Quattrocento un moment de quasi-victoire, quand le nombre a pu être pris pour une sorte de gnose. Mais est-il vrai que la mort, l'invention de la mort, soit ici vraiment guérie ? La plaie n'a pas disparu sur le flanc de celui qui ressuscite. Et l'œuvre de Piero, bientôt après cette fresque, va marquer un fléchissement. Dans l'*Annonciation* de Pérouse, avec son lointain qui troue le tableau, ou dans le clair-obscur de la *Madone de Sinigallia,* le temps et la peur reprennent. Et le temps est vainqueur dans la grande Pala de Milan. Il suffit d'un regard sur ce tableau pour en sentir la détresse. C'est ce « temps retrouvé » de Proust qui, aux dernières pages du livre, n'est plus que décrépitude, que mort. De même que l'art grec a fini par de la tristesse, de même dans ce tableau le plus conscient, le plus grave, l'héroïsme de la première Renaissance se déconcerte et se perd.

C'est qu'aussi le siècle a tourné. Bientôt un peintre qui a sûrement réfléchi à l'exigence absolue de Piero della Francesca, Cosmé Tura, peint à Ferrare son *Saint Jacques de la Marche,* monument effrayant de la vanité de toute ascèse, et de la vie qui abdique devant la mort. A l'optimisme le plus résolu, le plus cohérent qu'ait peut-être connu l'histoire, succède la pire angoisse. Nous avons une idée de la divinité de l'homme invincible à toute misère, nous avons une certitude de sa misère invincible à toute sa gloire, voilà les thèses contraires de Piero et de Cosmé Tura, le dogmatique et le pyrrhonisme de ces esprits généreux. Encore, entre ces réalistes fonciers, n'y a-t-il qu'une infime différence. Tous les deux, pour le savoir tragique ou la sagesse à construire, demeurent dans le monde de l'immanence, de la nécessité, où il faut fonder sur ce que l'on a. Et *voir* la mort, comme Cosmé, ou la dissiper dans l'universel, comme un temps Piero, c'est peut-être une même chose, au moins pour un projet en nous, n'est-ce pas, que nous pouvons appeler la poésie. Mais Botticelli, « plotinien », chrétien, se refuse à cette immanence. Il peint la *Derelitta,* dont l'arrière-plan cruel signifie le malheur de l'âme abandonnée à l'espace. Il s'enclôt dans le temps infirme comme dans l'énigme qu'il faut résoudre. Il croit en une promesse, il veut l'issue d'une grâce.

LA CENT VINGT ET UNIÈME JOURNÉE

I

Maintenant que Gilbert Lely vient de publier le tome II de sa *Vie du marquis de Sade,* portant à plus de douze cents pages la relation minutieuse, le « dossier chronologique » d'une existence qui cesse ainsi définitivement d'être légendaire, il n'est peut-être pas inutile de tenter le bilan de dix années d'une activité critique, de dix années de la vie littéraire de Gilbert Lely. Je voudrais éclairer un peu une démarche très singulière. Je voudrais attirer l'attention sur un curieux phénomène, aussi rare sans doute qu'il est riche de conséquences : les échanges qui peuvent naître entre l'esprit de poésie et celui de l'enquête méthodique, entre la frénésie, l'amour aventureux de telle chose ou tel être et la volonté de patience et de rigueur. Gilbert Lely n'a pas entrepris son vaste travail par vocation académique ou simple goût de l'histoire, mais — je vais essayer de le montrer — sous l'empire d'une intuition à la fois métaphysique et sensuelle qui est un des modes simples du sentiment poétique, et dont la fin habituelle est l'acte de poésie.

Je la nommerai — avec lui, d'ailleurs — un réalisme. Dans *Ma Civilisation,* où se trouvent réunis le plus grand nombre de ses poèmes, et tout autant dans sa vie intrépide, autoritaire, piaffante, j'ai toujours été frappé de voir s'établir et à chaque instant se résoudre une dualité que bien des poètes méconnaissent. Je veux dire qu'à la nécessaire liberté de l'invention subjective, au déni de tout ce qui fait obstacle à l'expression du mythe dans lequel le poète se découvre ou par lequel il se crée, s'ajoute chez Lely une attention très aiguë à la chose en tant que chose, à ce qu'il nomme avec bonheur la « dignité » du réel, événement ou objet. L'origine de tous les poèmes de Lely est peut-être dans la perception de ce qui est, dans l'émotion soulevée par le mystère des lieux ou celui des êtres, surtout quand le temps s'est emparé d'eux. « La forme des nuages au-dessus de la Gaîté-Lyrique, le dimanche 18 mars 1928, à 2 heures de l'après-midi. » Cette phrase qui est l'admirable exergue d'une des parties du livre place bien le souci poétique sous le signe de ce qui passe, et suggère bien que cet objet fugitif est aussi pour Lely le plus réel. Le fugace, l'irrémédiablement emporté, sont le degré poétique de l'univers. Ce sont eux, cruellement déchiffrés dans toute chose présente, qui peuvent seuls nous donner cette étrange joie que Lely nomme volontiers métaphysique parce qu'il comprend qu'elle est le toucher, l'approche même de l'être. « Cambrées, intactes en mon cœur comme de jeunes Pompéiennes immobilisées à jamais dans l'attitude de l'amour... » L'intuition de Lely est parente du désastre. Comme la cendre du Vésuve, elle suspend le geste le plus vif, quitte, par une dialectique où le temps, cet apparent vainqueur, est noblement dénié, à ranimer soudain ce qui semble mort, ce qui semble le plus un simple vestige du passé.

Sentiment de l'instant, amour du passé sont peut-être bien de même nature. Quand Lely, avec un vrai fétichisme, s'entoure d'objets élus, une pierre de la chapelle de La Coste, des manuscrits, un pistolet qui, me dit-il, « aurait pu appartenir à Louis-Marie, le fils aîné du marquis », c'est donner pour le comble du réel ce qui ne témoigne que pour un jour ou une heure, c'est donc vaincre le temps au lieu même de son triomphe. De la pensée de la mort, chez Lely comme chez Proust, naît le besoin de sauver. Et tout naturellement c'est au langage — la part intemporelle de l'être — qu'il en confie la fonction. Sa poésie, par le souvenir ou le cri, est la rédemption de ce qui se perd. « Je suis venu à peine en retard », peut-il dire à toute chose, « j'ai crié votre nom dans le puits desséché. » « Idolâtre de l'heure et du nom et du lieu », écrit-il encore de lui-même, et la parole ainsi définie est la forme héroïque de la mémoire, une mémoire, passionnément, qu'illimite et fonde l'enfance. Celle-ci en chacun de nous n'est-elle pas l'intemporel primordial, mais aussi, par le plus dur paradoxe, ce que le temps a défait ? Aussi bien la vision absolue qu'elle nous donnait du monde nous semble-t-elle la mère des plus furtives lueurs que l'instant arrache, pour notre joie, à la substance de ce qui est. Que serait le salut, le réel enfin possédé, l'existence enfin guérie ? Sans doute, pour Lely, remontant à travers l'éclat mortel des événements et des choses, rejoindre d'immobiles années profondes. C'est le miracle qu'il demande à cet or alchimique, à cet élixir du réel qu'il s'est plu à imaginer dans l'espionne Mata-Hari :

Mais les soldats ne tireront pas.
Sa furie a désemparé la grossière mécanique du temps.
Les hommes recommenceront la vie en sens inverse,
L'officier redeviendra sperme au delta putride de sa mère.

II

Ainsi l'objet privilégié de Gilbert Lely est-il ce que le temps à la fois ruine et exalte. Cela explique, me semble-t-il, que l'imagination, une imagination essentielle, plus proche de celle du savant que de celle du romancier, soit toujours pour lui le premier moment de la connaissance, le révélateur de ce qui est. Anticipant le désastre, précipitant le temps, cette imagination est un exercice du possible. Certains objets paraissent stables, heureux. Mais le possible, le devenir ne font que dormir en eux, et en face de ce bonheur, que pourrait être le devenir sinon la mort? « Le 2 août 1914, une coquette villa de banlieue. Le père, la mère et l'enfant sont assis dans le jardin. Tout à coup on entend la Marseillaise... » Tel est le début de *Roses de Picardie.* L'imagination de Lely retourne le possible contre le réel, pour éclairer celui-ci de sa précarité même, de son néant secret, de son avenir découvert. Et comme le temps n'est qu'une des voies de cette méditation de l'être, comme elle peut appeler tout ce qui menace l'existence ou l'intégrité de ce qu'elle aime à en dire à sa façon l'absolu, Lely aura souvent recours, dans ses poèmes, à un sentiment bizarre, qui n'est pas de la jalousie, ni quelque perversion que ce soit, mais un simple avatar de l'angoisse métaphysique. « Dans le cerveau de ce jeune homme, il y avait Troïlus enchaîné à la tête d'un lit où successivement ses plus cruels ennemis possédaient Cressida, laquelle en concevait un très vif plaisir. [...] Dans le cerveau de ce jeune homme, il y avait un film documentaire permanent qui représentait en gros plan les infidélités de sa maîtresse, tandis qu'un haut-parleur déclamait sans cesse le théorème

XXXV du troisième livre de l'Éthique. » Sans doute parce que la réalité érotique est pour Lely la plus vive, cette contestation résolue de sa permanence, de son bonheur est un des traits les plus accusés de son œuvre poétique. Elle fait tout l'objet de *Phénoménologie du Coffre* et, dans *Arden,* du poème d'Alcindor et de Diomède. Elle reparaît dans *Roses de Picardie,* que je citais tout à l'heure, comme si, dans le déchirement du possible, ce qui s'affirmait, le fond même du devenir, fût l'inconstance amoureuse ou pour mieux dire une licence absolue, qui entraîne tout, et non sans ivresse, dans l'épreuve du chaos. Le « très vif plaisir » de Cressida est de transgresser l'ordre du monde. Il identifie l'érotisme et une cruauté négatrice des formes stables de l'être, il apporte à la « joie métaphysique », comme autant de régions nouvelles, la fragilité naturelle et la nécessaire audace de l'amour. « *Ô visage à faire naître un grand amour pendant la dernière minute de Pompéï!* » L'érotisme qui se nourrit du désastre peut aussi devenir passion pour mieux nier le désastre. Il devient, dans ce mouvement de salut où tout chez Lely trouve sa fin, le stoïcisme et presque l'ascèse que le poète opposera au néant... On voit en tout cas comment l'imagination érotique et l'invention poétique peuvent désormais ne faire qu'un. Et quelle exaltation réinventera, dans le langage attentif aux formes d'existence les plus ardentes, l'emploi des mots interdits. La parole audacieuse, l'intensité contenue des mots obscènes[1], surtout prêtés à des lèvres pures, ou dont il sait qu'elles feignent de l'être, ou dont il comprend, avec un « vif plaisir », qu'elles le sont et ne le sont pas à la fois, tout cela est pour Lely la

1. « Les phrases d'une rayonnante obscénité prononcées par Juliette, je me les imagine souvent dans la bouche de Cressida ou de Rosalinde... » (Introduction aux *Morceaux choisis de D.A.F. de Sade,* p. XXXVI.)

poésie même. Cette liberté fait vivre dans le langage l'effréné, le trouble du temps. Elle porte une cruauté qui seule fonde l'amour.

Il me semble être bien près, ici, de ce qui attache Lely à Sade.

« Tout ce que signe Sade est amour », inscrivait-il sur la couverture de son premier ouvrage sadiste, les *Morceaux choisis* de 1947. Certes, Lely n'est pas dépourvu d'une cruauté imaginative simple où le souci poétique que j'ai essayé de décrire puise sûrement une part de sa vigueur. Mais si elle lui permet de comprendre l'intuition funèbre de l'être qui fait la force de Sade, cette cruauté se refuse si parfaitement à la violence réelle que Lely a toujours tenu (avec peut-être quelque raison) à bien distinguer Sade du sadisme, à souligner qu'il n'avait fait que décrire une région passionnelle dans laquelle il ne vécut pas. Or, je ne crois pas pour autant, bien qu'il l'ait souvent célébrée (et en dépit de son goût profond pour la psychopathologie et, tout à l'opposé, pour les formes archaïques de la médecine)[1] que Lely soit venu à Sade

1. Cf. « Opération d'une jeune fille hermaphrodite en 1835 », dans *Les Deux Sœurs*, n° 3, 1947, p. 65-71. « Oui, plus qu'aucune autre circonstance de l'histoire, la vie médicale au XIXe siècle, surtout depuis les environs de 1830 jusqu'à l'ère microbiologique, exalte notre imagination. [...] La médecine de la première moitié du XIXe siècle nous semble posséder ce caractère à la fois terrible et attirant (nous l'appellerions volontiers *médecine noire*, par analogie avec l'expression « roman noir ») en raison du contraste qu'elle fait apparaître entre le positivisme des praticiens de cette époque [...] et l'ignorance où ils se trouvaient encore de la pathogénie microbienne... » De cette médecine cruellement erronée, où s'épousent si sombrement l'objectivité de la science et le sang métamorphosé des vieux supplices (on pense à l'opération du pied-bot par l'exemplaire Charles Bovary), de cette médecine que l'autopsie, peinte par Gervex comme l'étrange rite de sa plus secrète vérité, éclaire de sa lointaine et maléfique lumière, la psychologie de Sade, cette vérité en partie involontaire éclatant dans les plus noires régions de la violence, semble l'exacte contrepartie. L'une et l'autre sont des paradoxes

pour son « objectivité scientifique ». Et pas davantage pour l'athéisme, si même il se plaît lui aussi à proclamer sa haine inexorable de Dieu. Qu'est-ce donc qui séduit Lely dans les ouvrages de Sade, qu'est-ce qui lui permet d'écrire que cette œuvre redoutable et qui a tant effrayé est sortie d'une tête « orphique », ou même que tel épisode des *Cent Vingt Journées de Sodome* est « un des avatars convulsifs de l'idéalisme humain » ? C'est justement, je crois, cette liberté jamais égalée de la parole, ce franchissement des limites de l'imagination et de l'expression : car alors à nouveau les fontaines coulent, le devenir reprend, l'être brille. « Tout ce que signe Sade est amour » : cela signifie qu'une telle audace, qui prend de court le réel, l'oblige à renoncer au sommeil de ses formes stables, et rend la vie à ce qu'ensuite on pourra traiter (tout à l'encontre des personnages de Sade) *avec amour.* L'athéisme, si outrageusement exprimé, n'est qu'une autre des formes de cet excès créateur. L'obscénité et la négation de Dieu, comme l'imagination du désastre, comme cette catastrophe de Pompéï surtout, qui a pétrifié un instant, font apparaître le geste humain dans sa plénitude et partant son innocence, elles posent de façon aussi radicale que possible les bases paradoxales de son salut.

---

intolérables, des contradictions qu'il faut dépasser, des apories dans lesquelles pourtant se profile, en clair-obscur, le bien possible de l'homme. Moments *révolutionnaires,* de façon tout objective et dans le seul sens ontologique ou moral que Lely reconnaîtrait à ce mot. N'a-t-il pas écrit :

Sans doute ce fut d'un musée Dupuytren
Qu'on tira le premier coup de feu en mil-huit-cent-trente.

III

Je reviens en esprit aux années 1945 ou 46, quand Lely, qui n'écrivait encore que des poèmes, commençait à exprimer son attachement à la mémoire de Sade par les moyens absolus de la poésie. J'ai dit que celle-ci a pour haute fonction, dans son œuvre, de faire vivre. S'il se plaît à voir dans les êtres vivants ce que le temps fera d'eux, il se tourne aussi vers les morts comme vers des proches, des familiers, des êtres à qui l'on parle et qui nous répondent, êtres que la parole, dans un emploi très semblable à celui qu'on lui donne pour origine, appelle auprès de nous à une existence nouvelle. Lely multipliait alors ces signes d'affirmation. Il avait vécu en Provence pendant les années de guerre, souvent à La Coste même, et il avait rapporté du château ruiné du marquis de Sade des photographies et des pierres qui répandaient dans la pénombre de son logement place Malesherbes un soleil décanté et spirituel. Il y avait dans ses tiroirs d'autres témoignages encore de ce fétichisme à la fois grave et enjoué, qui s'accordaient avec sympathie à la sollicitation présente. Comme le faisaient sur les murs des détails de tableaux, des photographies, évocateurs d'une idée de l'érotisme en même temps intense et voilée, non dépourvus parfois d'un léger accent de tristesse, réminiscents peut-être, en dépit ou plutôt au comble de leur nature sensuelle, d'une enfance joyeuse en un instant effacée. Je revois encore un portrait de Maurice Heine, qui fut l'éditeur rigoureux de plusieurs ouvrages de Sade et son premier archiviste. Lely avait connu Maurice Heine et vouait un culte à sa mémoire. Il avait retrouvé en Heine, je n'en doute pas, son propre goût inné de la résurrection, un amour éclairant qui avait fait que ce militant du tout premier communisme, ce surréaliste, ce négateur par passion et par raison de toutes les entraves apportées à la liberté des hommes — mais aussi cet homme doux, de plus d'élégance intellectuelle que de fureur, s'était attaché à réhabiliter l'auteur alors méprisé des *Cent Vingt Journées de Sodome.* Et le geste très délicat des mains de Maurice Heine dans ce tableau, son demi-sourire, son regard semblaient, de fait, instituer autant que transmettre. Ajouterai-je les partis pris, les jugements de valeur absolus de Lely, qui maintiennent autant qu'il se peut d'irrationalité et de foi dans son souci de connaître ? Tout cela faisait qu'une ombre légère était présente. L'âme de Sade s'apaisait et se purifiait dans ce plus confiant des accueils. Bien que Lely n'eût rien encore écrit sur le marquis de Sade ou ses œuvres, le goût me vient d'appeler ses actes d'alors, et son existence même, une critique. Que peut-on demander de mieux à l'activité critique que ce rappel du fond de la tombe ?

On eût pourtant bien étonné Gilbert Lely si on lui avait dit qu'il allait bientôt entreprendre l'énorme livre qui aujourd'hui a paru. Il ne songeait qu'à publier les *Morceaux choisis* de Sade et ne voulait d'aucune façon contrarier le progrès de ses poèmes. Mais peu à peu s'ébauchaient une évolution et un pouvoir. D'une part on voyait la passion, le sentiment, la pensée orante et effervescente se transformer en quelque chose d'objectif, documents réunis, reconnaissances tentées dans la chronologie ou la transcription des textes, faits purs, faits dévotieusement recueillis dans leur dignité de faits : la poésie se muait en invention historique. Et d'autre part cette périlleuse démarche, qu'auraient sûrement condamnée tous les érudits, ne cessait de trouver, dans des faits encore, une approbation étonnante. Je n'en veux pour exemple que la découverte de tant de lettres de Sade, insoupçonnées jusqu'alors. En janvier 1948 Lely se présentait au château de Condé-en-Brie, il gagnait à la cause de leur ancêtre ses descendants qui l'avaient renié, et si l'on peut lire aujourd'hui cette *Correspondance* qui est le plus humain et le meilleur de son héritage, c'est à la témérité intellectuelle de Lely, à sa conviction absolue — et à elles seules — qu'on le doit.

Voici aujourd'hui achevée la *Vie du marquis de Sade.* Elle surprendra, cela est sûr. Un récit en apparence tout objectif suit jour par jour chaque fois que cela se peut l'existence entière de l'écrivain. De très longs documents sont reproduits en entier, avec souvent l'orthographe originale et les moindres signes concrets qui font d'eux l'expression, au-delà de leur sens, d'un moment du temps disparu. Je ne doute pas que Lely eût aimé reproduire aussi la couleur pâlie de l'encre et le grain du parchemin. En tout cas il évoque à merveille le grain du temps, toute la texture ténue et souvent inaperçue de l'événement, dont il demande la matière aux petits chroniqueurs, aux rapports de police, aux lettres de lointains comparses de l'aventure de Sade. Rien de plus convaincant déjà que cette collection, dont l'unité est d'ordre sensible. On sent que c'est le plaisir, le plaisir « métaphysique » qui l'a formée. Mais voici que cette âme, ce libre choix se découvrent entièrement. Comme d'un feu qui brûlerait sous la cendre, au cœur des pages exactes, au détour d'un inventaire, entre deux lettres citées, s'élancent les grands rayons d'un autre emploi du langage, d'un autre mode de la pensée. Il faut chercher dans la *Vie du marquis de Sade* ces passages soudain baroques, ces images sensuelles ou exaltées, cette solennité intrépide ; et bien comprendre qu'ils ne sont pas l'ornement mais le plus intime ressort du livre, cet esprit de résurrection que je disais, forme la plus haute de l'amour. « Lorsque le samedi 21 novembre 1942, après avoir franchi vers quinze heures la ceinture fantomatique du haut village de La Coste, nous nous trouvâmes au pied de la façade orientale du château de Sade, un saisissement inconnu nous fit chanceler dans la blancheur. Le glaive antiphysique d'Héraclite venait d'anéantir pour notre ivresse la rampante contradiction entre jadis et aujourd'hui. *Nous vîmes le cœur du marquis de Sade.* » Le début et la fin de la philosophie passionnelle de Gilbert Lely est cette présence, définie, meurtrie puis sauvée par l'exigence et la force qu'il y a dans la poésie. Le devenir ruine l'être. Mais l'être, pourvu qu'il soit compris par l'acte de poésie, et si celle-ci n'hésite pas à le chercher au fond même du gouffre de son néant, de sa mort, l'être se découvre intact, immortel, étincelant de lumière dans un règne au-delà du temps. C'est à cette pérennité que sans trop le vouloir le duc de Blangis rendait hommage. Lely a séparé de ses équivoques « sadiques » l'intuition sadienne de l'être. Il étend, comme il le dit dans sa *Vie du marquis de Sade,* la merci du langage « sur les proies délicieuses ressuscitées à l'aube de la 121e journée ».

PAUL VALÉRY

I

Il y avait une force dans Valéry, mais elle s'est égarée. Une volonté et une énergie de toujours préparées aux travaux les plus exigeants du langage, mais il ne lui fallait pas cette poésie française qu'il a crue rationnelle et qui est trouble, qui a souci de l'obscur, qui s'accorde si peu, en substance, en profondeur, à ce lieu natal de sa pensée, la rive de nulle brume, l'horizon dangereux de l'évidence. Il y a des mirages de la clarté. Il y a au moins que la poésie ressent comme une déception, un mensonge, un certain sol, réel ou imaginaire, la Méditerranée de l'esprit. Pays où la sensation est si facile, si élémentaire, si pure, qu'elle semble conduire au cœur des choses : à une mer éternelle, au soleil, au vent. Où la lumière ne voile pas, ne se voile pas. Où le regard prétend à la connaissance et impose à l'esprit son mode de connaissance, où l'olivier sur les marges de la pierraille ou de l'eau est, bien sûr, l'archétype de l'olivier. Ici venus, nous croyons toucher à l'intelligible, à peine dispersé par une matière, à la voie d'un retour rapide vers la maison de l'Idée. Et telle est bien l'illusion que l'italien par exemple, dans ses mots évidents et clos, ne soupçonne ni ne condamne — mais il y a un autre chemin. Il y a cette chose extraordinaire : aussi informe et noir qu'il puisse être, un être qui est né, que le temps emporte et qui va mourir. Un être dans ce lieu-ci. Cet olivier, aussi bien cet olivier, mais dans sa différence profonde, son existence *hic et nunc*, son être qui sous la hache ou l'incendie se perdra. Valéry a méconnu le mystère de la présence. On se veut aristotélicien contre lui. Car la rêverie de l'Idée porte en poésie un grand risque, c'est que le mot ne fait plus scandale. Je dis : une fleur, ou la mer, ou l'olivier ou le vent. Et ces mots qui ne semblent avoir saisi de la chose que son essence, sa monotonie, son éternité, répondent trop aisément à ce que Valéry croit réel, *la* mer et *l'*olivier et *le* vent. Voici pour le langage un bonheur possible, mais au prix de quel abandon ! Une paix — répéter, imiter, décrire — mais une paix sans acte ni âme, tout le contraire, par exemple, de ce qu'a voulu Mallarmé ! Lui aussi égalait le mot à l'Idée, la fleur à « l'absente d'aucun bouquet » mais il savait que les Idées ne sont pas, ne sont pas encore, et il demandait au « livre », par sa vertu liante et instauratrice, de fonder un règne où elles seraient. Admirable projet, tout de même si poétique, puisqu'il se propose un salut ! Et dans ce pas qui est fait vers l'être, heurtant et du coup criant ce qui récuse l'Idée : la matière, le lieu, le temps, ce que Mallarmé résumait dans le seul mot de hasard. Alors le scandale que j'appelais a éclaté dans notre parole. C'est la distance du mot et de *cette* chose réelle. L'affrontement de la connaissance intellectuelle et de cette invention de l'objet qu'on peut certes nommer l'amour.

Toujours, de Platon à Plotin et au premier christianisme, la philosophie de l'Idée est venue se guérir à cette eau plus vive.

Et c'est, je crois, l'originalité absolue de la poésie française moderne, celle qu'a fondée Baudelaire, d'avoir dans le moment poétique de la parole reconnu ce vouloir secret. La poésie comme l'amour doit décider que des êtres sont. Elle doit se vouer à cet Ici et ce maintenant que Hegel orgueilleusement avait révoqués au nom du langage, et faire de ses mots qui, en effet, quittent l'être, un profond et paradoxal retour vers lui. Quel souci y a-t-il dans le poème, sinon de nommer ce qui se perd ? La charte de la poésie retrouvée est le sonnet *A une passante.* La matière de la poésie après tant d'errances recommencée est la méditation de la mort.

II

Mais Valéry n'a pas su qu'on avait inventé la mort. Il a écrit sur Pascal, sur Baudelaire les pages les plus butées. Il se complaît dans un monde d'essences où rien ne naît ni ne meurt, où les choses durent sans accident, quitte à ne pas vraiment être, de simples peintures légères sur l'opacité d'une nuit. Un monde où l'on peut dormir, certes, s'il est vrai qu'un certain sommeil dans la lumière, dont Valéry dans tant de poèmes a évoqué le bonheur, sommeil qui filtre la sensation et n'en retient qu'un extrait à la fois sensible et universel, semble jouir de quelque chose d'archétypal, comme le font les animaux et les plantes, comme l'a désiré l'art grec, cette pensée qui dormait. Le dormeur est une ombre, lui qui ouvre sa porte aux ombres. Et Valéry a aimé le monde sans matière du rêve, son acte qui ne ride pas la surface de ce qui est — parce qu'il est de son univers que notre acte y soit irréel. « Tout est de ce qui sera », écrivait-il dès l'adolescence, et il s'enchantait de cela. La symétrie (au sens grec) de l'univers, sa consistance (au sens d'Edgar Poe) réduisent à néant notre liberté, à la nature de l'ombre notre geste et ce qu'il pourrait saisir. Alors Narcisse peut s'étonner d'une ardeur et d'une beauté vacantes. Il se penche sur des sources, mais il n'en voit pas la matière, il ne s'exalte pas de l'énigme de la présence de l'eau, il n'y retrouve que son image laurée et l'autre énigme plus pauvre de son existence sans destin.

Quand le seul acte réel est de se jeter hors de soi, d'approcher le plus qu'il se peut un monde de notre absence, le seul acte possible pour Valéry est de se retirer de tout acte pour enrichir d'une part de l'intelligence divine notre condition limitée. Sommeil toujours, sommeil du comportement qui rêve pour durer d'un acte pur et d'une loi rationnelle. Monsieur Teste, l'inapparent, serait dans la lentille de l'univers l'image virtuelle de Dieu. La faible bougie qui tremble dans la pénombre de son alcôve concentrerait les rayons de Dieu réfléchis par tout ce qui est. Et son existence même, ce geste mort, reproduirait la liberté sans désir, l'immobilité omnisciente du créateur. Que de grandeur reconnue aux opérations de « l'esprit » ! Mais qu'il est vrai, aussi bien, que cet être de réflexion n'a rien à dire, que les mots ne sont pas pour lui ! Notre langage est d'un temps où géométrie et existence se sont quittées, où la recherche des lois ne se fait plus avec les mots mais contre eux, la parole s'est élevée à n'être plus que hasard, mais cela Valéry ne l'a pas compris. Quand il eût dû s'en tenir, avec Monsieur Teste, au silence (je veux dire, à l'abstention, ou l'algèbre), il revient à cette parole. Quitte à s'étonner de la poésie.

Il contemple cette réalité du poème, insaisissable et impénétrable ; il cherche à la soumettre, par la poétique, à la vérité de la science ou aux desseins du savoir ; et parfois, avec une ferveur un peu honteuse, il consent à être poète, mais toujours empêché de le demeurer par un goût sceptique de l'illusion. Que peut en effet à ses yeux le langage de poésie, sinon simuler et séduire ? Peut-être resserre-t-il les liens de Beauté et de Vérité, ces deux aspects de la Loi, mais le corps dans lequel il est retenu — la figure sensible du poème — n'en est pas pour autant plus nécessaire, ce n'est qu'un possible parmi bien d'autres dans un alentour évasif des choses, c'est une tentation de leurrer. L'œuvre de poésie, comme les raisins de Zeuxis, est une apparence sans être, elle introduit le néant dans la maison des essences, n'est-elle pas une ruse de ce « non-être », qui semble soudain une force positive, une malignité, un vouloir ? Voici que le poète est requis, par le poème lui-même, d'embrasser la cause mauvaise. Lui, le subtil et le désœuvré, il se découvre, entre pensée et soleil, de la nature du diable, encore qu'il ne faille pas, bien sûr, prendre tout à fait au sérieux ce serpent narquois qui le hante, plus désabusé que méchant, qui ne joue pas jusqu'au bout son propre jeu, qui ne fait qu' « ébaucher », par ennui, d'ironiques variantes de ce que Dieu a voulu — un dilettante, presque un dandy du possible qui sait bien que la séduction trop poussée ne s'achève jamais que dans le sang et la mort, c'est-à-dire à nouveau dans l'être, pays dont il ne veut pas. Il n'y a pas chez Valéry de fascination profonde. Il ne souffre pas assez du peu de réalité de son existence pour retourner contre elle, comme certains grands baroques, la machinerie de l'illusoire, ou pour aimer le blasphème, comme ceux qui chérissent l'être et pleurent dans leur exil.

Quelle décadence, pourtant, de l'ambition poétique ! Dans cette poésie moderne qui prétend à la succession de la pensée religieuse, dans cette langue française profonde, presque éveillée, à laquelle Baudelaire a rappelé quelle place elle avait gardée au Dieu inconnu, et celui-ci *cette* passante, *ce* cygne, *cette* feuille du lierre tachée de boue, dans cette découverte et dans cette instauration Valéry est l'apostat, le nouveau philosophe des lumières, celui qui parle de la clarté de l'esprit quand de son corps et son cœur il a consenti d'être une ombre. Une fois de plus je me souviens de celui que j'écoutais au Collège de France en 1944, être si gracieux, d'un esprit si délié et pourtant si vain, forme décolorée comme les ombres de ses dialogues, eux-mêmes déjà des ombres. Et je pense qu'il fut dans notre temps le seul vrai poète maudit, à l'abri du malheur sans doute et de l'imagination du malheur mais condamné aux idées, aux mots (à la part intelligible du mot), faute d'avoir su aimer les choses, et privé de cette essentielle joie mêlée de larmes qui arrache d'un coup l'œuvre poétique à sa nuit. La vraie malédiction en ce monde est d'y être réduit au jeu. Le vers de Valéry, qui n'a d'être et de recours qu'en ses propres règles, ce mélange de divertissement et de savoir, cette partie d'échecs où l'on n'en finit pas de jouer au plus fin avec l'idée ou l'écho, n'est que précarité et tristesse.

Que nous reste-t-il de Valéry? Ce jeu lui-même puisqu'il est vrai que la littérature a besoin de cette activité négative, qui rend le langage à ses nuances, qui prépare patiemment les ressources exquises (comme il eût dit) qu'une poésie plus violente viendra dépenser d'un seul coup. Mais, plus près de ce qui importe, l'ombre portée, dans quelques poèmes, de la malédiction que j'ai dite. Il y a le serpent qui offre à Dieu « le triomphe de sa tristesse » et son accent est soudain si pur, si sincère, si fervent que ce triomphe de Dieu ne semble pas évident, et que l'on vient à penser que la gloire de l'être n'est peut-être pas recevable, et que l'indifférence sera plus véridique, du coup, que le déni ou l'adoration. Il y a surtout le *Cimetière marin*, le plus beau poème de Valéry parce qu'il y a hésité. Ici, dans le midi de l'absence, sur cette rive où sensation pure et pure pensée renvoient sans fin l'une à l'autre, quelque chose d'informe aurait pu surgir. Le miroitement des tombes découvre un seuil. Une autre face de la lumière, un « secret changement », dit Valéry, un « défaut » proposent un sol sur quoi fonder. Et certes le *possible* que dit Pindare pourrait s'infléchir dans ce sens-là. Mais à l'angoisse créatrice qui s'abreuve de finitude, Valéry choisit encore une fois de préférer une tristesse incolore, l'irréalité de la chaleur. Il revient à l'éblouissement où l'on s'aveugle, à la sensation comme un sommeil, à ce vent qui n'est pas le vent... Telles furent l'affirmation et la réaffirmation d'un art de la forme close. Dans sa langue sans *e* muet — cette faille entre les concepts, cette intuition de la substance, cette chance extraordinaire du français — cet intellect identifie la forme à l'épure, au geste maigre de la danseuse, à l'hypothèse spéculative, sans avoir su qu'il n'y a de forme que pour la pierre, c'est-à-dire voûtée sur la rupture et la nuit. Nous avons à oublier Valéry. Nous avons à vouloir que la forme soit orante, la neuve orante au visage cette fois libre qu'au-delà des théologies comme au-delà de la science l'homme se doit d'inventer[1].

1. Ai-je « critiqué » Valéry ? Je l'ai pris au sérieux, me semble-t-il, c'est un honneur que l'on ne peut faire qu'à un bien petit nombre d'écrivains.

Et ceux-là existent *en nous*. Nous avons à lutter contre eux, comme nous avons à choisir, et aux fins d'être. C'est une lutte privée. C'est peut-être un pari, dans le sens un peu grave que l'on a donné à ce mot.

[illegible] Mais à l'[illegible]

[illegible] Telles [illegible]

[illegible]

L'ACTE ET LE LIEU DE LA POÉSIE

I

Je voudrais réunir, je voudrais identifier presque la poésie et l'espoir. Mais que ce soit par quelque détour, puisqu'il y a deux poésies et une chimérique et mensongère et fatale, comme il y a deux espoirs.

Je pense en premier lieu à un *grand refus*. Quand nous avons à « prendre sur nous », comme on dit de quelqu'un que le malheur frappe ; quand nous avons à défier l'absence d'un être, le temps qui nous a dupé, le gouffre qui se creuse au cœur même de la présence, ou de l'entente, que sais-je, c'est à la parole que nous venons comme à un lieu préservé. Le mot est l'âme de ce qu'il nomme, nous semble-t-il, son âme toujours intacte. Et s'il dissipe dans son objet le temps, l'espace, ces catégories de notre dépossession, s'il l'allège de sa matière, c'est sans porter atteinte à son essence précieuse et pour le rendre à notre désir. Ainsi Dante qui l'a perdue va-t-il *nommer* Béatrice. Il appelle en ce seul mot son idée et demande aux rythmes, aux rimes, à tous les moyens de solennité du langage de dresser pour elle une terrasse, de construire pour elle un château de présence, d'immortalité, de retour. Toute une poésie cherchera toujours, pour mieux saisir ce qu'elle aime, à se défaire du monde. Et c'est pourquoi, et si aisément, elle devient — ou croit devenir — une connaissance, parce que l'anxieuse pensée, séparant ce qui est de la causalité naturelle, l'immobilisant dans un absolu, ne peut plus concevoir de rapports entre choses qu'analogiques et préfère marquer leurs « correspondances » et leur au-delà d'harmonie, plutôt que leur obscur et réciproque déchirement. La connaissance est le dernier recours de la nostalgie. Elle vient dans la poésie après l'échec, et pourrait confirmer notre malheur, mais son ambiguïté — sa fallacieuse promesse — est de maintenir sous nos yeux la situation de l'échec et son avenir même, dont nous attendions tant et qui s'est perdu. Tel est l'esprit de *Mémoire,* le plus « rêveur » des poèmes d'Arthur Rimbaud :

Jouet de cet œil d'eau morne, je n'y puis prendre,
ô canot immobile ! oh ! bras trop courts ! ni l'une
ni l'autre fleur...

Ô canot immobile ! Ô bras trop courts ! J'entends cette voix fervente se ressaisir dans son aveu même, et déprendre une idée de soi qu'elle sait ainsi, ou croit ainsi, son essence, sa part divine, des dégradations du vécu. Dans le château de la poésie de l'essence, quand l'infirmité s'y avoue, c'est de façon si archétypale, si pure qu'elle n'est plus un désir qui accepte de se perdre, mais l'âme qui se dégage de ses entraves terrestres et veut ainsi se sauver.

Cette poésie oublie la mort. Aussi dit-on volontiers que la poésie est divine.

Et certes quand il y a des dieux et que l'homme croit à ses dieux, ce mouvement de l'esprit ne va pas sans quelque bonheur. Ce que nous aimions et qui meurt a sa place dans le sacré. Les nymphes portent les eaux terrestres. Tout le heurté, tout le hagard d'ici-bas se résout dans une sagesse ou, si l'on tient à mourir, je veux dire à s'angoisser de la mort, on meurt avec le dieu qui est mort. Il est aisé d'être poète parmi les dieux. Mais nous autres venons après les dieux. Nous n'avons plus le recours d'un ciel pour garantir la transmutation poétique, et il faut bien que nous demandions quel est le sérieux de celle-ci.

Ce qui revient à cette question : à quoi sommes-nous intéressés ? A quoi vraiment tenons-nous ? Est-ce à nous refuser à l'infection de ce qui se perd, et à nous enfermer dans le château de parole, comme le roi dans le récit d'Edgar Poe, loin du pays de la peste ? Ou aimions-nous pour lui-même l'objet perdu, voulons-nous à tout prix le ressaisir ? Je ne crois pas, bien sûr, que la réponse soit obligée. Mais je ne doute pas que la poésie moderne — la poésie sans les dieux — doive savoir ce qu'elle désire pour, en connaissance de cause, juger du pouvoir des mots. Si nous ne voulons que nous sauver du néant, fût-ce au prix de la possession, peut-être les mots suffisent. Mallarmé l'a pensé, ou plutôt il en a fait l'hypothèse. Mais son honnêteté sans limite a démenti son effort.

II

Pourtant il avait fait énorme la part du feu. Au néant qu'il voyait en acte, à la finitude, au hasard, il avait consenti par intransigeance d'esprit, sans doute aussi par décision de méthode, d'abandonner presque tout. Apparences bannies, plaisirs et sentiments dédaignés, rien n'est requis du réel pour fonder le nouveau pays que l'insoupçonnable forme des choses, celle qui survit à leur mort, à l'effacement même du souvenir — la *presque disparition vibratoire* que le mot semble avoir, par chance, pouvoir mystérieux d'inventer. Mallarmé ne veut plus sauver que l'amande même de l'être, mais, puisque le mot paraît ne faire qu'un avec elle, il croit vraiment qu'il le peut. A la parole, si un démiurge a laissé le monde au sapement des ténèbres, de reprendre l'œuvre perdu. Malgré la syntaxe infirme, elle essaiera par sa patience lucide, par sa réserve, par le décantement progressif du hasardeux et de l'égaré, de faire de ces essences qui n'étaient plus que les épaves du grand navire l'Idée enfin immanente, et du Livre le lieu divin qui la retiendra parmi nous. La poésie doit sauver l'être, à lui ensuite de nous sauver. Est-ce par orgueil aveuglé que Mallarmé s'est proposé cette tâche ? Mais non, c'est par dégoût des satisfactions illusoires, par amour de la poésie, par sentiment qu'une responsabilité devait enfin être prise pour la rendre au moins à la vérité.

Car ce n'est qu'à la vérité que Mallarmé est venu.

Le langage n'est pas le verbe. Aussi déformée, aussi transformée que puisse être notre syntaxe, elle ne sera jamais qu'une métaphore de la syntaxe impossible, ne signifiant que l'exil. Et ce n'est pas l'Idée qui apparaît dans la phrase, ce n'est que notre éloignement de la parole facile, notre réflexion si l'on veut, confirmation de l'exil. Il y a pire. C'est que le corps des Idées, étant en soi et par soi, ne peut naître que de soi, sans contact avec l'errement ou l'égarement affectif, et tant de pureté, tant de froid obligent le poète à ne plus tolérer au début de l'œuvre cette « inspiration » qui, dans la poésie du passé, nourrissait au moins de passion le souci de l'intelligible. Tel est le sens du recours fameux de Mallarmé au prétexte, abandon d'une force grave et qui nous associe tout entiers à l'invention poétique, sacrifice de la douleur, « l'illustre compagne » du poète, pour un quasi-rien qui, dès que posé, s'anéantisse, qui ne nous concerne plus, frivolité ou — dit-on — scatologie étant les mornes obligations de cette volonté de défaire le lien impur initial. La poésie de Mallarmé est l'existence vaincue, élan par élan, désir par désir. « Heureusement, écrit-il à Cazalis au début de son grand dessein, je suis parfaitement mort. » Voici, certes, l'antique idée baptismale, qu'il faut mourir à ce monde pour renaître plus haut, dans le sacré. Il reste que Mallarmé n'a pu espérer prendre pied au seuil de l'être qu'en faisant taire en lui le désir qui s'était levé le premier pour s'angoisser, pour comprendre. Que vaut ce bien qui ne se donne qu'à celui qui est déjà mort ?

Stéphane Mallarmé a démontré l'échec de l'ancien mouvement d'espoir. Qu'on ne puisse échapper par la parole au néant qui mange les choses, depuis le *Coup de Dés* qui a célébré cet irrémédiable, on ne peut plus ne pas le savoir. Et ceux qui voulaient le fuir comme ceux que j'évoquais tout à l'heure — ceux qui veulent guérir du néant, non pas leur vie mais l'objet, ceux qui s'angoissent de perdre et non pas d'être perdus —, tous nous sommes rejetés hors du havre de la parole dans un pays de dangers, où des pressentiments, d'ailleurs, et l'insatisfaction de beaucoup de grands poètes, reprendront sens et autorité.

III

Car, de toujours, et en dépit de son grand projet, la poésie a conservé dans sa demeure fermée le sentiment d'une existence inconnue, d'un autre salut peut-être, d'un autre espoir — en tout cas d'un étrange et inavouable plaisir.

Comment oublier, en effet, la fascination qu'exercent sur elle le sang, la mort, Clorinde blessée,

Eurydice ou Phèdre expirantes, les situations du malheur, de la dépossession, de l'adieu ? Comment ne pas reconnaître, au-delà de ses bergeries, le goût de la poésie pour quelque chose d'errant et de livide qui semble sous des arbres éternels le spectre de la limite que l'on voudrait oublier ? Le vrai est qu'il y a une ambiguïté des grandes œuvres. En quoi elles sont semblables, entre tous les édifices, entre tous les châteaux d'une éternité affirmée, plus profondément à un temple, à la demeure d'un dieu. Le temple aussi, par les proportions et le nombre, par la réduction essentielle des formes, veut établir dans la région dangereuse la sécurité d'une loi. Ici nous échappons à l'indéfini, aux ténèbres dans le cristal de l'intemporel. Mais au secret du temple, sur l'autel ou dans une crypte, l'imprévisible est présent. Rien qu'un reflet sur un visage de pierre, mais tout l'orage à nouveau au sein de la symétrie, c'est comme si un puits avait été foré dans cet enclos de lumière pour retrouver les fonds inconnaissables du lieu.

La cérémonie de l'obscur est la fatalité de toute œuvre. Mais souvent la poésie ne se l'avoue pas, ne se connaît pas, ne consent pas à donner une liberté et un nom aux pouvoirs mystérieux qu'elle célèbre. Ainsi en est-il de Racine, que je veux donner pour exemple de cette région centrale, de ces hauts lieux habités par une incessante foudre, où des frontons symétriques proclament cependant un impossible repos.

Quelle cohérence admirable dans le déni racinien ! Jamais encore la prosodie ne s'est voulue aussi close, le vocabulaire aussi noble, les significations aussi pures et contrôlées. Rien ne peut plus être dit qui ne se prête à l'économie inflexible que le mot oppose au réel. L'homme de Racine est, par droit divin, loin des choses. Ou plutôt ne demeure plus, sur son théâtre diurne, qu'un exemplaire de chaque chose, délégué près de lui afin qu'il puisse accomplir, hors de l'espace, hors du temps, les actes essentiels de son immanente royauté. Ici la mort n'est plus que la ponctuation des grands actes. Elle s'y accomplit sans souillure, par le poison, dans l'instant, comme l'on passe en coulisses — et quand quelque chose d'informe et noir, comme la pensée qui obsède Phèdre, se manifeste, la mort est moins l'effet du néant que la victoire de l'être, puisque Phèdre qui meurt crie qu'elle rend au jour « *toute sa pureté* ». Le héros racinien meurt, semble-t-il, pour simplifier l'univers, pour aggraver l'être, pour sacrifier à une conception aulique du sacré qui n'ordonne qu'aussi peu que possible de figures dans l'éclat glorieux du soleil. Mais de quelle affreuse importance est cette mort si abstraite ! Il semble que la réduire à son acte pur ne fasse qu'en précipiter le rythme, il semble que la quintessence de l'homme, débarrassée de sa lie, se découvre un corps instable, qui n'apparaît que pour disparaître, il semble, en un mot, que les essences ne puissent cohabiter sans éternellement se détruire et que, si l'intuition de Racine et son suprême désir c'est ce jardin au soleil du soir où des personnages sont immobiles, ils ne pourront bouger à nouveau que pour l'immédiate mort. Ainsi dans *Bérénice* ces êtres lucides, généreux, parfaits, mais dont les premiers mots donnent carrière au malheur. Ainsi dans *Iphigénie* ou dans *Phèdre* ces hérédités funestes, ces sangs incestueux comme si, d'une part, même sur les lointains magnifiques où se profilent les grands ancêtres s'avouaient le trouble et la faute, comme si, plus profondément, la dimension temporelle ne pouvait que trahir l'existence d'une matière là où la poésie croit rejoindre l'inaccessible empyrée. Dans la transparence du beau cristal Racine aperçoit une ombre et ne parvient plus à ne pas la voir. Et c'est là une des raisons, il se peut bien, de son célèbre silence. N'avait-il pas entrepris de porter Alceste à la scène, n'a-t-il pas échoué à triompher de la mort ?

Mais entre-temps il a consenti, de toute une passion qui s'est crue sans doute pécheresse, à cette nuit qui l'effraye. Il dit avec une décence voluptueuse ce qui détruit ce qu'il aime. Il conduit presque au jour de la parole ce qui serait dans ce jour une lucidité sans égale, s'il n'était vrai pourtant que cette mort qu'il médite n'est formulable par lui que de façon négative, une inconséquence de l'être, une privation dissociée de son éternel et profond objet, qui est l'homme qui meurt *sous notre ciel.* La mort reste conçue, du sein du monde essentiel, comme l'invisible, comme l'absence. Et ainsi, je suppose, s'approchait-on, dans ce siècle qu'on dit solaire et sur le sable qui crisse, des orangeries fermées. Car je les tiens pour la clef emblématique, la conscience latente de cette époque, elles que leurs grandes fenêtres, sous l'admirable plein cintre, ouvrent au soleil de l'être, elles qui n'ont pas de parties sombres, elles qui préfigurent, par ces fleurs et ces plantes exemplaires qu'elles accueillent, le jardin mallarméen à venir — mais que la nuit, ou le souvenir de la nuit, emplit d'un léger goût de sang, sacrificiel, comme si un acte profond devait une fois y avoir lieu. L'orangerie française est l'index de nuit, l'un des « mille chemins ouverts » que Racine avoue, et plus encore ce *moi vacant,* la poésie classique elle-même, qui se connaît presque mais sans agir, qui attend qu'une intuition l'accomplisse, et qui va exercer pour cette raison sans doute, sur la poésie ultérieure, une irréductible fascination.

IV

Il faudra venir à l'orangerie, appuyer son front à ses vitres noires. Je vois un Baudelaire enfant dans le jardin essentiel.

Et je veux dire que Baudelaire a accompli l'acte demandé par la prosodie classique, ou plutôt commencé par elle, et de toujours. Car, sur la voie de ce qui va être, au sens kierkegaardien, une *pureté de cœur,* on ne peut pas ne pas rencontrer, quand même il ne dit pas l'intuition la plus essentielle, le souci classique de l'unité. L'idée racinienne de la parole est aussi de simplifier la conscience, de nous attacher à quelques pensées qui sont bien sûr les plus graves et, au-delà de l'intérêt insensé qui lia le faux romantisme à n'importe quoi de ce monde, Baudelaire retrouve cette décisive pauvreté. Il y a dans sa prosodie la même monotonie de l'âme que chez Racine. Simplement, quand celui-ci conçoit l'unité comme une sphère idéale, infiniment séparée, Baudelaire la porte — ou la cherche — au cœur du pays sensible, hors de la conscience, hors de soi. Je prends l'exemple du *Cygne.* Alors que Mallarmé, avec *Hérodiade,* tentera une ultime fois de suspendre le geste humain, de le raccorder aux astres, de résoudre en Idée l'héroïne racinienne encore trop ténébreuse, Baudelaire substitue à l'archétype classique une passante lointaine, une femme réelle, mal connue, mais respectée pour sa fragilité essentielle, sa non-nécessité, sa mystérieuse douleur. Baudelaire ne crée pas cette Andromaque, il « pense » à elle, et cela signifie qu'il y a de l'être hors de la conscience et que ce simple fait vaut bien plus, dans sa donnée hasardeuse, que la demeure d'esprit. Voici, d'ailleurs, autour de cette femme blessée et dans la sympathie qu'elle éveille, que le monde, au lieu de s'annuler comme jadis, ou de proliférer vainement comme dans la poésie pittoresque, ouvre la perspective de tous les êtres perdus, les *captifs*, les *vaincus*, écrit Baudelaire, tous ceux dont l'exil même rend la présence encore moins explicable, encore moins réductible. Jeté ici, étonné d'être ici, énigme pour le poète aussi bien qu'il l'est pour soi, destiné à la mort et capable pourtant, dans sa plus extrême détresse, de faire vivre en soi le chant paradoxal, le cygne est l'existence singulière pour la première fois reconnue d'une façon souveraine dans une poésie qui mourait. Il est l'*ici* et le *maintenant*, cette limite. Et que la poésie doit redécouvrir sans cesse, dans une crise pure et violente, à la fois affective et de pensée. Car cet acte attendu de la poésie, et enfin accompli par le poète des *Fleurs du mal*, est d'abord un acte d'amour. Baudelaire s'adresse

> *A quiconque a perdu ce qui ne se retrouve*
> *Jamais, jamais !*

il affirme avec lui que la seule réalité, irremplaçable, est *telle* chose ou *tel* être, et s'il se voue aux mots avec toujours le même emportement et la même hâte, c'est en n'oubliant plus qu'en nous enchantant ils nous volent et qu'ils ne sont pas le vrai salut.

Ainsi, donnant la valeur suprême à ce qui n'est que mortel, dressant les êtres dans l'horizon de la mort et par la mort, je puis bien dire, je crois, que Baudelaire invente la mort, ayant compris qu'elle n'est pas cette simple négation de l'Idée qu'aimait en secret Racine, mais un aspect profond de la présence des êtres, en un sens leur seule réalité. Et Baudelaire va chercher à faire dire au poème cet extérieur absolu, ce grand vent aux vitres de la parole, l'*ici* et le *maintenant* qu'a sacralisés toute mort. Tâche ingrate autant que nouvelle. Car, Hegel l'a montré, avec soulagement croirait-on, la parole ne peut rien retenir de ce qui est l'immédiat. *Maintenant, c'est la nuit*, si par ces mots je prétends exprimer mon expérience sensible, ce n'est plus aussitôt qu'un cadre où la présence s'efface. Les portraits que nous avons crus les plus vifs se découvrent des paradigmes. Nos paroles les plus privées deviennent des mythes en se séparant de nous. Sommes-nous condamnés à ne rien pouvoir dire de ce que nous aimons le plus ? Au moins Baudelaire a-t-il essayé, par ces « chevilles » qu'on lui a tant reprochées (elles sont pourtant la seule réponse valable à l'ancienne prosodie close), par ces coups sourds contre la paroi de parole, par ce brisement de la perfection formelle et la catastrophe de la Beauté qu'il propose — en dépit de soi, en dépit de nous peut-être — à la poésie à venir, de suggérer le frôlement d'aile de l'existence dans les mots voués à l'universel.

V

Baudelaire a fait plus. Je tiens qu'il a choisi de mourir — d'appeler la mort dans son corps et de vivre sous sa menace — pour mieux saisir dans sa poésie la nuée aperçue aux limites de la parole. Mort, déjà mort, déjà celui qui est mort dans un ici et un maintenant, Baudelaire n'a plus besoin de décrire un ici et un maintenant. Il est en eux, et sa parole les porte.

Et, je le crois, ce désir presque assouvi d'atteindre à la présence dans le langage signifie que l'intelligence doit s'effacer dans l'amour qui est plus grand qu'elle, même s'il n'a que la pitié ou le regret pour demeures, « amer savoir », connaissance fatale et désespérée.

Mais, s'il faut que la poésie soit cette sorte de stoïcisme, quel est le sens de l'étrange joie qui s'éveille souvent chez Baudelaire, au plus près de l'objet mortel ? Dans *Un voyage à Cythère,* dans *La Charogne* ou *Une martyre,* il est sûr qu'à propos des choses les plus horribles, des plus cruels manquements de l'être dans l'existence, ce poète fait montre d'une ardente joie sans sadisme, non exclusive de la pitié la plus grave — de l'énergie d'un commencement. Rien, en effet, dans cette fièvre soudaine, qui puisse rappeler les lamentations de Dostoïevski, de Chestov devant de trop lourdes évidences. Baudelaire qui a écrit *L'Irréparable, L'Irrémédiable* et tant de poèmes où il avoue sa défaite, lui sans réserve de forces et qui pense et agit toujours à la limite de sa fatigue, de son angoisse, semble entrevoir une lueur et identifier à un Bien, malgré sa précarité profonde, l'objet mortel. C'est le *soleil nouveau,* comme il a su le dire avec son admirable justesse ; et on pourrait en suivre les rayons dans le crépuscule de son œuvre, — mieux vaut pourtant remarquer qu'il n'a pas voulu ou osé le connaître parfaitement ni en poser le problème, qu'il le subit plutôt comme une sorte d'énigme, un secret pour toujours perdu et un remords. Je ne doute pas — et je veux prononcer de tels mots au centre de mon étude — que Baudelaire a pressenti au fond même de ce qui est, dans sa mort et parce qu'il meurt, qu'il peut être notre salut. Et nous aurons par nécessité poétique à poser à nouveau cette question, à essayer de fonder une gnose passionnelle, à inventer un savoir. Lui, Baudelaire, a laissé à un passé fabuleux ou au paradis de l'enfance le privilège de l'acte mystérieux.

Je n'ai pas oublié, voisine de la ville... Cette maison d'un des plus beaux poèmes qui soient n'est-elle pas le cristal d'une réalité bénéfique, toute pénétrée qu'elle fut, autrefois, de ce *soleil, le soir, ruisselant et superbe,* qui a tout connu tout le jour et qui vient se poser sur la nappe dite *frugale*, notre disposition la plus pure, le lieu d'accueil de ce qui est substantiel ? Ici, ou en ce temps-là, la servante est la desservante et dans un autre poème des *Fleurs du mal* qui forme avec celui que j'ai cité un diptyque — dans *La Servante au grand cœur...* — on voit cette prêtresse de l'ancien culte venir faire à la poésie le grave reproche d'en avoir perdu jusqu'au souvenir.

Il y a un bien à l'aube de la conscience, qu'ensevelissent ensuite une raison, un sommeil.

Et l'annonce étouffée qu'il y a chez Baudelaire, aussitôt prononcée ne va plus cesser de se répandre. C'est de Baudelaire, n'en doutons pas, que Rimbaud tient, sinon son exigence absolue, du moins l'idée que la poésie a pouvoir de la satisfaire. Lui ne veut plus douter qu'elle puisse être une action pratique, il ne comprend rien à cette poésie traditionnelle qui s'enchante d'illusions, qui se contente de chanter son mal, cette poésie « subjective » comme il dit, — il croit qu'un lieu et une formule, en poésie et, s'il le faut, au-delà, accompliront la transmutation du dénuement en un bien. Rimbaud était moins savant que Baudelaire, moins chimiste, je veux dire moins près du réel et de savoir le jauger dans sa transparence profonde, parce qu'on l'avait au cœur de l'enfance dépossédé de l'amour. Mais justement il a demandé davantage. Nous lui devons de savoir, de savoir *vraiment* que la poésie doit être un moyen et non une fin, nous lui devons l'immensité de l'exigence possible, cette revendication, cette soif qui d'ailleurs ont tant effrayé.

VI

Car il n'est pas vrai que la poésie qui a succédé à Rimbaud et Baudelaire ait compris leur problème ou perpétué leur esprit. Tout s'est passé, au contraire, comme si elle avait eu peur ; et préféré écouter une parole de pessimisme qu'il y a peut-être chez Mallarmé, qu'il y a en tout cas dans le grand espace moderne, sous le ciel « mort ». Double crise — ou bien une seule — qui propose le legs d'un monde vide. Et s'il est vrai qu'aucun dieu ne sanctifie plus la chose créée, qu'elle est pure matière, pur hasard, pourquoi, bien sûr, ne pas chercher à la fuir ? Il y a un renouveau possible du puritanisme, de la peur d'exister, dans la fin de l'idée divine puisqu'elle achève cette dissociation de la nature et de l'être qu'un certain christianisme avait si tôt commencée. Et il y aura chez les plus brillants poètes de notre époque à la fois un pessimisme et un scepticisme, et le désir d'une discipline pour se retraire de ce qui est. La demeure si vaine, l'abandonnée de Baudelaire, est habitée à nouveau. Mais ce n'est plus cette fois, c'est moins que jamais pour y sauver l'existence, c'est pour se sauver d'elle dans un acte de pure forme, secrètement immobile, ce que je veux nommer la mauvaise mort.

Je me méfie, en vérité — et je me l'avoue maintenant — de ces disciples de Mallarmé qui, dans des horizons différents, avec des pensers contradictoires, se sont également détournés des conclusions de ce maître. De Valéry qui, pour la paix de l'esprit et pouvoir oublier la conscience tragique grecque, se dépense à chercher les lois de fabrication d'un poème. De Claudel, cadenassé dans l'orthodoxie avec la liste des choses. Grands esprits, certes, personnes profuses, subtiles, mais justement la *personnalité*, avec ses traits accusés, son autorité, son maniérisme latent est la profonde ressource d'un idéalisme négatif. L'absence y apparaît créatrice. Elle y parvient, pour un moment de prestiges, à se dispenser de la vraie passion et de l'expérience réelle. A l'opposé, ce qui vaut s'est souvent défini dans l'époque contemporaine par son peu de goût pour les droits ou les privilèges de l'intelligence aux traits personnels. Il y a eu l'impossible désir surréaliste d'une invention collective. Il y a eu au meilleur de la poésie de ce siècle — et je pense à des glaciers, des déserts, des métiers oubliés, quelques moments de pierre sèche ou de brume — que l'objet s'est creusé comme une vague, séparé de son corps comme une flamme dans la lumière pour signifier de quelle fluidité essentielle nous sommes, lui et nous, dans les moments de rencontre. Puis l'attention apportée par la parole à ses strates les plus obscures. Et enfin et surtout peut-être, chez de plus jeunes poètes, un examen scrupuleux à des fins quasi morales des prétentions de ce je qui avait si souvent affirmé sans preuves, écrit sans croire, trompé. Ceux-ci n'acceptent plus qu'avec une prudence et une réserve extrêmes, après vérification, les nécessaires élans de leur esprit, de leur voix. Ils ont fait une table rase, celle du geste assuré. Puis inventé à nouveau les quelques gestes élémentaires qui nous unissent aux choses, dans l'incessante aube froide d'une vie anxieuse d'absolu. Ainsi la poésie revient-elle aujourd'hui à un réalisme profond. Lequel n'est pas — est-il besoin de le dire ? — l'inventaire précis, « objectif » nous assure-t-on, de ces romans nouveaux où celui qui parle s'efface. Quand il n'y a plus de désirs, d'errements ou de passions, même le vent et le feu ne sont plus réels, la demeure d'absence est grandie aux proportions de ce monde. Et c'est la conséquence dernière de la Providence brisée, mais aussi la contradiction dangereuse de l'athéisme, s'il est vrai qu'on n'aurait abattu la machinerie divine que pour ne plus vouloir que dans l'événement ou les choses batte le sang subjectif.

Déjà, dans *Le Château d'Otrante,* l'étrangeté d'un casque immense dans une cour, d'un bras de fer démesuré dans des salles signifiait la surprise de l'homme devant le monde abandonné à lui-même, devant l'objet réel apparu dans l'énigme d'une muette présence. Et le possible — ce plus précieux de nos biens — soudain privé de sa dimension religieuse, se dégradait en pure péripétie... La difficulté de la poésie moderne, c'est qu'elle a à se définir, dans un même instant, par le christianisme et contre lui. Car l'invention baudelairienne — pour revenir au vrai moment décisif — l'invention baudelairienne de *tel* être ou de *telle* chose est bien chrétienne pour autant que Jésus a souffert sous Ponce Pilate, donnant une dignité à un lieu et à une heure, une réalité à chaque être. Mais le christianisme n'affirme qu'un court instant l'existence singulière. Chose créée, il la reconduit à Dieu dans les voies de la Providence et voici *ce qui est* privé une fois encore de sa valeur absolue.

Il faut donc, pour achever la révolution baudelairienne, pour affermir le réalisme hésitant, achever aussi la critique de la pensée religieuse dont nous sommes les héritiers. Le devoir de donner un sens à ce qui est — destin privé de chaque œuvre — se redouble aujourd'hui de cette tâche qu'il faut, entièrement et aussitôt que possible, repenser le rapport de l'homme et de ces choses « inertes » ou de ces êtres « lointains » que la catastrophe divine risque désormais de nous faire prendre pour rien d'autre qu'un matériau.

Il faut, autrement dit, réinventer un *espoir.* Dans l'espace secret de notre approche de l'être, je ne crois pas que soit de poésie vraie que ne cherche aujourd'hui, et ne veuille chercher jusqu'au dernier souffle, à fonder un nouvel espoir.

VII

T. S. Eliot dans *The Waste Land* a formulé le vrai mythe de la culture moderne. Mais il en a méconnu, ou désiré méconnaître, une paradoxale ressource.

Nous savons maintenant ce que signifie cette terre désolée, dont un charme a tari les fontaines, interrompu les moissons : elle est le réel, si je puis dire, *réalisé,* abouti, celui que l'esprit subit sans lui demander du possible. Lieu des essences et du savoir des essences. L'homme s'est engagé dans le mauvais devenir. Est-ce par désespoir qu'une vie plus haute ait manqué ? Mais si c'était le contraire qui fût réel, si la stérilité métaphysique n'était que la conséquence d'une « morne incuriosité » ? N'est-il pas dit au château du Roi Méhaignié qu'une question suffirait pour que le charme se brise ?

C'est l'honneur déjà de la pensée conceptuelle que de questionner plutôt que répondre. C'est l'honneur de toute pensée. L'Occident a mal commencé avec Œdipe.

J'ai en esprit cependant une tout autre question. Et la plus fondamentale, portant sur la présence et non plus sur la nature des choses. Le Perceval en nous d'une conscience à venir n'aurait pas à se demander ce que sont les choses ou les êtres, mais pourquoi ils sont dans ce lieu que nous tenons pour le nôtre et quelle obscure réponse ils réservent à notre voix. Il aurait à s'étonner du hasard qui les supporte, il aurait à soudain les *voir.* Et ce serait, bien sûr, dans le premier mouvement de cette science incertaine, connaître cette mort, cet anonymat, cette finitude qui les habitent, les ruinent... Faisons une nouvelle fois, je le propose aujourd'hui, le pas baudelairien de l'amour des choses mortelles. Retrouvons-nous sur le seuil qu'il a cru fermé, devant les plus désolantes preuves de la nuit. Ici tout avenir et tout projet se dissipent. Le néant consume l'objet, nous sommes pris dans le vent de cette flamme sans ombre. Et nulle foi ne nous soutient plus, nulle formule, nul mythe, le plus intense regard s'achève désespéré. Restons pourtant devant cet horizon sans figure, vidé de soi. Tenons, si je puis dire, le pas gagné. Car il est vrai que déjà un changement se produit. L'astre morne de ce qui est, l'élémentaire Janus, tournant avec lenteur — mais dans l'instant — sur lui-même, nous découvre son autre face. Un possible apparaît sur la ruine de tout possible. Et le sang révulsé d'*Une martyre,* ou « les ténèbres vertes dans les soirs humides de la belle saison », ou toute autre chose réelle, soit tragique, soit apaisée, viennent à se lever, au cœur sacré de l'instant, pour une éternité de présence. Je m'en veux d'employer, quand il faudrait vraiment *dire,* ce langage des à-peu-près. Mais quels mots désormais pourront ne pas nous trahir ? Ici — c'est toujours le même ici — et dans cet instant, toujours le même, nous avons quitté tout espace, nous avons glissé hors du temps. Tout ce que nous avons perdu, « jadis », immobile et souriant sur des portes de lumière, nous est rendu. Tout ce qui passe et ne cesse pas de passer suspend son pas qui est nuit. C'est comme si la vue était devenue substance. Et le savoir un avoir — mais, en vérité, qu'avons-nous ? Un événement a eu lieu, le plus profond, le plus grave, un oiseau a chanté dans le ravin d'existence, nous avons touché l'eau qui eût calmé notre soif, mais déjà le voile du temps nous a roulés dans ses plis, l'approche de l'instant est redevenue notre exil. Il y a eu un don, nous en sommes sûrs malgré Baudelaire, mais nous n'avons pu le saisir. Étions-nous si mal préparés ? Sans doute sommes-nous ce Lancelot de la *Quête du saint Graal* qui, venu à une chapelle close et endormi près du seuil, la voit soudain dans sa nuit s'éclairer du plus grand feu, voit le Graal en franchir les grilles, entend un chevalier brusquement surgi de l'ombre s'écrier *Ha, guéri suis !* mais demeure, lui, dans la léthargie de son mauvais sommeil loin de Dieu.

Et pourtant, au-delà de cette occasion manquée, nous ne sommes plus les mêmes, nous ne sommes plus aussi pauvres, il nous demeure un espoir. S'il est vrai que la question reste entière de savoir ce que serait un salut, si nous avons eu à douter dans la mesure même, presque dans l'instant même où nous avons eu à croire, nous avons reçu malgré tout le bien d'une certitude, nous savons quelle est l'origine, au-delà d'une révision des fins humaines, qu'il nous restera pour fonder. Désormais nous avons une raison d'être, qui est cet acte soudain. Et un devoir et une morale, au moins *par provision*, qui sera de le retrouver. Tous nos actes à nous, ces égarés, ces infirmes, devront en être l'appel. Ou reconnaître plutôt qu'ils en ont été de toujours et profondément un appel, car pourquoi aimons-nous ces lampes allumées dans des salles vides, ces statues au visage anéanti par le sable, ces cloîtres morts ? Est-ce quelque beauté, comme l'on dit, que nous cherchons sur ces rives ? Mais non, c'est l'éternel qu'avec elles nous partageons.

Et il en est de même dans la parole. Elle aussi, qui l'ignore, est cette recherche. N'a-t-elle pas le néant pour ancienne guerre ? Il se peut que l'acte de la présence — cette lumière perdue du poème baudelairien — soit aussi son origine. Et je suis prêt quant à moi, dans le devenir poétique, dans la parole en tant qu'invention ou retour, et pour aller sur la voie qui se découvre la seule, à affirmer follement cet *ici* et ce *maintenant* qui sont déjà, c'est vrai, un là-bas et un autrefois, qui ne sont plus, qu'on nous a volés, mais qui, éternellement dans leur finitude temporelle, universellement dans leur infirmité spatiale, sont le seul bien concevable, le seul lieu qui mérite le nom de lieu. Il y a dans la poésie française moderne un cortège du Graal qui passe, les objets les plus vifs de cette terre — l'arbre, un visage, une pierre — et ils doivent être nommés. Il en va de tout notre espoir.

Mais la difficulté du langage, son incapacité fameuse à exprimer l'immédiat, je n'oublie certes pas qu'elle n'est pas résolue. Elle n'est au mieux qu'éclaircie, ou accusée, puisque je n'ai fait que vouloir des mots qu'ils mettent leur foi dans le silence. Que peuvent-ils retenir ou dire, quand la présence se donne dans l'univers de l'instant ? La parole peut bien, comme je le fais maintenant, célébrer la présence, chanter son acte, nous préparer en esprit à sa rencontre, mais non pas nous permettre de l'accomplir. La parole est déjà l'oubli, il se peut bien qu'elle ait été notre chute, la voici en tout cas privée de la rencontre de l'être, ne faut-il pas condamner, une fois de plus, la prétention de la poésie ?

VIII

Je crois qu'il faut plutôt reconnaître ses limites et, oubliant qu'elle a pu être une fin, la prendre seulement pour le moyen d'une approche, ce qui, dans nos perspectives tronquées, n'est vraiment pas loin d'être l'essentiel. Il y a une vertu possible du manque, c'est de connaître qu'il est un manque et d'accéder ainsi à un savoir passionnel. Et si le langage est incapable de l'Idée tout autant que de la présence, si le reflet de l'une nous voile même, dans les mots de la poésie, la finitude et la mort qui sont les marches de l'autre, il nous reste de le savoir, et à tourner contre la facile parole notre anxieuse lucidité. Je voudrais que la poésie soit d'abord une incessante bataille, un théâtre où l'être et l'essence, la forme et le non-formel se combattront durement. De plusieurs façons cela est possible. Le passé de la poésie n'a pas été sans prendre de risques, sur ce champ de la vérité. Et l'ardent empirisme qui nous sera nécessaire verra bien que sont malmenés et quasi détruits, dans les œuvres un peu sérieuses, tous les « moyens » de la poésie. Ainsi apprendrons-nous que les mots peuvent être avant tout notre acte. Leur pouvoir-être, leur avenir infini d'associations prétendues verbales, dites gratuites, nous retrouverons qu'il n'est que la métaphore de notre rapport infini avec la moindre chose réelle, de la nature subjective de toute chose profonde — et, dans un moment d'irréalité, de libre décision quant à la chose physique, nous pourrons arracher ce qui est au sommeil de ses formes stables, qui est le triomphe du néant. De même sera nié le bonheur facile des rythmes. La beauté formelle est le songe au bord d'un monde idéal. Elle s'est exprimée par les mètres pairs, mais c'est là, dans cette abstraction et dans cet oubli, que Rimbaud a porté la blessure inguérissable du nombre impair. Il a permis une lutte et, au-delà, une entente, dont l'e muet est la cheville secrète. Il a fait, sous le double signe de ce désir, de cette lucidité, que les pensées que la poésie élabore pourront enfin s'accomplir. Les mythes diront la mort ou avoueront qu'ils la voilent. L'aventure du sens pourra enfin commencer. L'*hypothèse du sens*, plutôt, notre furieux besoin, dans l'espace du poème, d'organiser notre connaissance, de formuler le mythe de ce qui est, d'échafauder le concept, pourra subir la diffraction de l'informe. Et cette poésie qui ne peut saisir la présence, dessaisie de tout autre bien sera du grand acte clos la proximité angoissée, la *théologie négative.* Quand, dans notre rapport avec ce qui est, tous les repères, tous les cadres, toutes les formules ont été contestés ou effacés, que reste-t-il qu'une attente dans la substance des mots ?

Et il est vrai que dans une poésie véritable ne subsistent plus que ces errants du réel, ces catégories du possible, ces éléments sans passé ni avenir, jamais entièrement engagés dans la situation présente, toujours en avant d'elle et prometteurs d'autre chose, que sont le vent, le feu, la terre, les eaux — tout ce que l'univers propose d'indéfini. Éléments concrets mais universels. Ici et maintenant mais de toute part au-delà dans le dôme et sur les parvis de notre lieu et de notre instant. Omniprésents, animés. On peut dire qu'ils sont la parole même de l'être, dégagée par la poésie. On peut dire aussi bien qu'ils *sont* les mots, n'étant rien d'autre qu'une promesse. Ils apparaissent aux confins de la négativité du langage comme des anges parlant d'un dieu encore inconnu.

Une « théologie » négative. La seule universalité que je reconnaisse à la poésie.

Un savoir, tout négatif et instable qu'il soit, que je puis peut-être nommer la *vérité de parole.* Tout le contraire d'une formule. Une intuition, entière dans chaque mot. Et un « amer savoir », certes, puisqu'il confirme la mort. La guérison de présence, il sait qu'elle se dérobe. Les manquements du passé, il les réinvente et les revit. Il n'a pas apporté de preuves à l'espoir qui s'est réveillé. Est-il vrai, cependant, qu'il ne fasse rien pour ce salut dont le souci nous obsède ? Et que la poésie ne soit qu'un appel — comme je disais — parmi tous les autres, sans privilège, sans avenir ? Il faut se demander, et c'est là une distinction qui ne me semble pas inutile — elle cache peut-être le seul recours — si à l'intuition négative que le poème est *pour tous*, l'invention poétique dans la vie de celui qui œuvre n'ajoute rien que de désirant, d'inapaisable et de vain.

IX

Je voudrais montrer, pour conclure peut-être, qu'il n'en est rien. Et si nous le pensions, que ce serait méconnaître cet univers de l'attente où, venus en ce point de l'invention de parole, nous nous trouvons engagés. Ici, où rien n'est considéré, recherché, aimé que l'acte de la présence, où le seul avenir qui vaille est ce présent absolu où s'évapore le temps, tout le réel est *à être*, et aussi bien son « passé ». Nous concevons que l'événement passé, cette preuve apparente de la mort, n'est qu'un acte ébauché, ou voilé, qui possède son corps de gloire dans un profond avenir. Et qu'il est ainsi notre épreuve. Car son néant n'est définitif que si nous trahissons notre espoir. Par respect je dis sèchement ce qui exalte, dans ces hauts moments de la poésie. Car il est vrai que le passé et la mort, aussi évidents soient-ils et aigument médités, n'accablent plus alors l'amant des choses perdues. Il peut en regarder les vestiges. Et d'eux qui ne sont rien, n'ayant pas sauvé la présence, ne sachant pas réunir, pour notre inerte mémoire, l'essence désagrégée, il comprendra pourquoi si jalousement il les garde, comme la clef préservée d'un avenir inconnu. Il peut rencontrer les mots. Eux aussi sont ce qui demeure de ce qui a disparu. Tenons-les pour une trace du bien et non plus de la quiddité. Et comprenons qu'ils sont, comme le passé, notre épreuve, puisque eu égard à la répétition qui va être ils nous demandent d'agir au lieu simplement de rêver.

Ils nous demandent d'agir. Et d'abord d'imaginer ce

profond, de lever la contradiction de l'éclair et de notre nuit. Logiquement (qu'on me permette ce mot) c'est concevoir un *vrai* lieu. Car, s'il est sûr qu'ici, dans l'horizon quotidien, le seul bien désirable se dissipe, s'il est donc sûr que nous sommes en désordre et divisés d'avec nous, pourquoi ne pas vouloir d'un autre lieu de ce monde qu'il nous rétablisse dans notre loi ? Un autre lieu, au-delà d'autres rencontres, au-delà de la guerre d'être seul. Nous qui avons découvert, maintenant, que le voyage, l'amour, l'architecture, toutes les tentatives de l'homme, ne sont que des cérémonies pour accueillir la présence, nous avons à les ranimer jusque sur le seuil même de ce pays plus profond. Et dans la mutation de son aube, à les accomplir absolus. N'y a-t-il pas quelque part un vrai feu et un vrai visage ? Je vois presque ces pierres avec le jour, et pour une journée de ce monde, une journée sauvée après quoi, si le mot a encore un sens, il n'y aura plus qu'à mourir. Si l'on veut, c'est le bien de la déchirure du lierre enfin accordé et possédé.

Le vrai lieu est un fragment de durée consumé par l'éternel, au vrai lieu le temps se défait en nous. Et je puis écrire aussi bien, je le sais, qu'il n'existe pas, qu'il n'est que le mirage, sur l'horizon temporel, des heures de notre mort, — mais le mot de *réalité* a-t-il un sens maintenant encore, et peut-il nous dégager de l'engagement contracté envers l'objet de mémoire, et qui est de toujours chercher ? Je prétends que rien n'est plus vrai, et plus raisonnable ainsi, que l'errance, car — est-il besoin de le dire ? — il n'est pas de méthode pour revenir au vrai lieu. Il est peut-être infiniment proche. Il est aussi infiniment éloigné. Ainsi l'être, dans notre instant, et l'ironique présence.

Le vrai lieu est donné par le hasard, mais au vrai lieu le hasard perdra son caractère d'énigme.

Déjà, pour celui qui cherche, et même s'il sait bien qu'aucun chemin ne le guide, le monde autour de lui sera une demeure de signes. Le moindre objet, l'être le plus fugitif, par le bien qu'ils feront, réveilleront l'espoir d'un bien absolu. Le feu qui nous réchauffe dit qu'il n'est pas le vrai feu. Sa substance même en est la preuve. Il est ici, il n'est pas ici. Voici à nouveau ces errants du grand espace réel, ces anges d'une promesse, que je disais. Sous les espèces du vrai lieu, des réalités élémentaires découvrent qu'elles débordent lieu et instant ; qu'elles sont moins de la nature de l'être que de celle du langage ; qu'elles peuvent entraîner tout ce qui apparaît auprès d'elles à nous parler à voix basse d'un imprévisible avenir. J'ai retrouvé ce point où, par la grâce de l'avenir, réalité et langage ont rassemblé leurs pouvoirs. Et je dis que le désir du vrai lieu est le serment de la poésie. Elle qui a donné l'énergie de l'entreprendre elle est la ressource du chemin. Les mots venant devant nous dans l'espace de l'attente, les mots n'étant plus que l'attente et le savoir, elle saura dissocier dans nos rencontres majeures la qualité qui se perd et le sens qui veille pour nous. Elle interrogera l'horizon selon le vœu de nos cœurs. Elle questionnera ceux qui passent. Et quand certaines choses se découvriront des *trouées*, des signes consumés par la présence très proche du bien qu'ils ont évoqué, elle se souviendra de ces clefs dans son économie la plus stricte, elle établira le mot *lampe* ou le mot *navire* ou le mot *rive* dans le château cette fois d'une mémoire qui œuvre, entre dispersion et retour. Ces choses sont en effet comme les contreforts du vrai lieu. Et leurs noms s'uniront dans la poésie pour former un intelligible, un *intelligible subjectif* ou nécessaire hypostase avant la désirable unité. Ainsi de notre engagement dans l'obscur possible terrestre, de notre rapport avec ce qui est, la parole est-elle l'intelligence. Et certes, dans le double voyage que nous faisons, c'est vers plus de conscience et non vers un lieu qu'elle a chance de nous conduire. Mais tout l'esprit doit veiller pour le hasard décisif... Le poète est celui qui « brûle ». La vérité de parole est une proximité. Quand les réalités essentielles sont transparentes d'être si clairement le seuil du vrai lieu, et d'autant plus opaques pourtant, d'autant plus étranges qu'elles en dérobent toujours, par le hasard de leur dispersion, le pas prochain mais secret. Un trouble dans la lumière. Quelque chose d'insaisissable, de noir, d'informe dans la pureté du cristal. C'est pourquoi les mots ont offert à l'anxiété poétique, aussi bien leur opacité matérielle, ces lettres arbitraires et fascinantes, que la clarté du concept. Je dis *une fleur*, et le son du mot, sa figure mystérieuse est le rappel de l'énigme. Et si opacité et transparence s'unissent, si un poète sait écrire *Le pâle hortensia s'unit au myrte vert*, ne doutons pas qu'il soit le plus près qu'il se peut des portes qui se dérobent. De celui-là aussi on dira le plus que son œuvre est « hermétique ». Car son seul objet ou seule étoile est au-delà de toute signification dicible, bien que sa recherche requière toute la richesse des mots.

La poésie se poursuit dans l'espace de la parole, mais chaque pas en est vérifiable dans le monde réaffirmé.

Elle opère la transmutation de l'abouti en possible, du souvenir en attente, de l'espace désert en cheminement, en espoir. Et je pourrais dire qu'elle est un *réalisme initiatique* si elle nous donnait, au dénouement, le réel. Mais que répondre à cette question, la première d'ailleurs que j'aie posée ? Voici cette poésie qui aura été notre destin. Car, *entre-temps*, nous aurons vieilli. L'acte de la parole aura eu lieu dans la même durée que nos autres actes. Il nous aura donné telle vie plutôt que telle autre, dans le danger du poème et les contradictions de l'exil. Qu'aurons-nous eu, en vérité, si nous n'atteignons pas le vrai lieu ?

Je pense au poète du plus limpide espoir et de la

plus vive douleur. Au plus secret de ceux qui, dans le XIXe siècle français, ont formé cette sorte de quadrangle où toute pensée se perd, et aussi bien se retrouve, en des réfractions infinies. Purement, comme une incarnation de la poésie, il s'est décorporé dans cet amour sans ressource, celui de l'être mortel. Mais son désir est demeuré le désir, son élan vers la plénitude a maintenu dans l'honnêteté du cœur le sentiment de l'impossédable. J'appelle mélancolie cette union de la lucidité, de l'espoir. Et dans le monde de la Justice, rien ne ressemble plus à la grâce — soit vérité, soit beauté — que cette ardente mélancolie. C'est là au moins le don qu'un vrai poète peut faire. Et dans sa pauvreté, donner demeure son bien.

La poésie a longtemps voulu habiter dans la maison de l'Idée, mais comme il est dit, elle en a été chassée, elle s'en est enfuie *en jetant des cris de douleur.* La poésie moderne est loin de sa demeure possible. La grande salle aux quatre fenêtres lui est toujours refusée. Le repos de la forme dans le poème n'est pas honnêtement acceptable. Mais la chance de la poésie à venir, en tant au moins que bonheur (et je puis bien, maintenant, consentir à ce bonheur), est qu'elle est au point de connaître, dans son durable exil, ce que peut ouvrir la *présence.* Après tant d'heures d'angoisse. Était-ce donc si difficile ? Ne suffisait-il pas d'apercevoir, au flanc de quelque montagne, une vitre au soleil du soir ?

DÉVOTION

I

Aux orties et aux pierres.

Aux « mathématiques sévères ». Aux trains mal éclairés de chaque soir. Aux rues de neige sous l'étoile sans limite.

J'allais, je me perdais. Et les mots trouvaient mal leur voie dans le terrible silence. — Aux mots patients et sauveurs.

II

A la « Madone du soir ». A la grande table de pierre au-dessus des rives heureuses. A des pas qui se sont unis, puis séparés.

A l'hiver oltr'Arno. A la neige et à tant de pas. A la chapelle Brancacci, quand il fait nuit.

III

Aux chapelles des îles.

A Galla Placidia. Les murs étroits portant mesure dans nos ombres. A des statues dans l'herbe ; et, comme moi peut-être, sans visage.

A une porte murée de briques couleur du sang sur ta façade grise, cathédrale de Valladolid. A de grands cercles de pierre. A un *paso* chargé de terre morte noire.

A Sainte-Marthe d'Agliè, dans le Canavese. La brique rouge et qui a vieilli prononçant la joie baroque. A un palais désert et clos parmi les arbres.
(A tous palais de ce monde, pour l'accueil qu'ils font à la nuit.)

A ma demeure à Urbin entre le nombre et la nuit.

A Saint-Yves de la Sagesse.

A Delphes où l'on peut mourir.

A la ville des cerfs-volants et des grandes maisons de verre où se reflète le ciel.

Aux peintres de l'école de Rimini. J'ai voulu être historien par angoisse de votre gloire. Je voudrais effacer l'histoire par souci de votre absolu.

IV

Et toujours à des quais de nuit, à des pubs, à une voix disant *Je suis la lampe, Je suis l'huile.*

A cette voix consumée par une fièvre essentielle. Au tronc gris de l'érable. A une danse. A ces deux salles quelconques, pour le maintien des dieux parmi nous.

QUATRE NOTES

L'ŒUVRE DE FRA ANGELICO

Il y a maintenant un peu plus de cinq cents ans, en février 1455, mourait Fra Giovanni da Fiesole qui est entré dans l'histoire sous le nom de l'Angelico. A Rome et à Florence, cet anniversaire a donné lieu à une exposition importante[1]. Mais à Paris ce n'est pas un moindre événement que la publication du *Fra Angelico* de M. Giulio-Carlo Argan, car ce livre renouvelle entièrement la question des rapports de l'Angelico et de la pensée humaniste, qui reste l'un des points obscurs de l'étude du Quattrocento.

En même temps ce remarquable essai — remarquablement concis, remarquablement simple, mais tout en précision et complexité occultes — jette beaucoup de lumière sur la personnalité même de Fra Giovanni. Il s'en faut, en effet, que celui-ci ait échappé aux méfaits de la légende, et aujourd'hui encore il reste trop souvent l'objet d'une admiration imprécise. On sait qu'il a passé pour « mystique ». Dès après sa mort il fut pour les dominicains de l'Observance et bientôt pour les zélateurs de Savonarole le peintre prêcheur par excellence, et l'on prit garde avant tout à l'inten-

1. Elle a commencé au Vatican, auprès des fresques de la chapelle Niccolina, puis s'est transportée au couvent de Saint-Marc. Le catalogue était préfacé par Mario Salmi.

tion religieuse de son travail et à la dévotion de sa vie. Tel est le point de vue de Leandro Alberti (1517) et celui bientôt de Vasari. A propos de ce dernier, M. Argan, à la suite de L. Venturi, remarque que le chapitre de légende dorée que Vasari a consacré à Fra Giovanni dans la seconde édition des *Vies* est peut-être plus faussement naïf qu'on ne pourrait croire. Il écrivait au moment des premiers éclats de la Contre-Réforme, quand l'Arétin attaquait dans le *Jugement dernier* de la Sixtine l'esprit de la Renaissance, et il sentit peut-être le besoin d'insister sur la sainteté d'un peintre dont l'œuvre ne laissait pas d'être un peu naturaliste. Il se peut que l'intention de Vasari fût polémique. Il reste qu'elle s'est enveloppée d'une légende que les guides florentins et les critiques romantiques ont gardée seule. Angelico fut un saint, il a vécu chastement. Il ne prenait jamais ses pinceaux sans faire d'abord une prière. Il ne retouchait jamais sa peinture, car le premier état témoignait de la volonté de Dieu. Tout cela, de l'ascèse à la révélation, définit assez bien une attitude esthétique. Et c'est ainsi que ce qu'il y a de plus mauvais chez le peintre de Saint-Marc, la volonté de convaincre, une rhétorique que Luigi Lanzi plus perspicace comparait jadis à la manière du Guide, a pu passer pour l'expression spontanée d'une croyance et pour le faire naïf d'un peintre inspiré.

Le plus dangereux de cette image conventionnelle était certes l'idée d'un Fra Giovanni artisan, insoucieux des problèmes de la peinture et en tout cas des recherches de son époque. Pourtant Vasari lui-même avait placé Angelico — dans sa *Vie de Masaccio,* il est vrai — au premier rang de ceux qui étaient venus étudier dans la chapelle Brancacci. C'est Roberto Longhi qui a cherché le premier tout le sens de cette remarque[1]. Il a fait valoir que Fra Giovanni n'est arrivé à Fiesole avec les Observants revenant d'exil qu'en 1418 et qu'avant cette date il est même très improbable qu'il ait pratiqué la peinture[2]. La thèse de R. Longhi est que l'Angelico fut dans les années 1420-1440 le peintre le plus proche de la pensée de Masaccio. Il envisage une « extraordinaire fraternité » des deux peintres, et il reconstitue même un groupe d'œuvres de Fra Giovanni qui prouveraient cette affinité. Ce groupement (où paraissent quelques-unes des plus énigmatiques œuvres en quête d'auteur de la première moitié du Quattrocento) ne saurait guère convaincre. Mais Longhi a rendu plus lisible la peinture d'Angelico. L'influence de Masaccio en est un des éléments essentiels, surtout de 1430 à 1445 et dans les prédelles, celle du Tabernacle des Linaioli, celle du retable de Saint-Marc, celle même du *Couronnement de la Vierge* qui est au Louvre. C'est alors aussi bien que Fra Giovanni se montre le plus un peintre et c'est alors qu'il exerce sur la nouvelle peinture une indéniable influence. En 1439, on le sait, Domenico Veneziano et Piero della Francesca travaillent aux fresques perdues de Sant'Egidio. C'est le moment décisif, et aussi le plus mystérieux de cette première Renaissance. Or, entre eux et l'Angelico, de nombreux liens apparaissent. La prédelle du *Couronnement de la Vierge*, par exemple, que John Pope-Hennessy attribue même à

1. « Fatti di Masolino e di Masaccio , dans *La Critica d'Arte*, 1940.

2. On en vient d'ailleurs à penser que la date de naissance de l'Angelico doit être retardée de 1387 aux premières années du xve siècle. Ce qui atténuerait le mystère des débuts de l'Angelico dont l'œuvre la plus anciennement attestée est une *Annonciation* perdue de 1432. Il semble bien d'autre part que son activité première ait été la miniature. On en a trouvé quelques traces dans l'Illustration d'un *Diurnus Dominicalis* de la Bibliothèque Laurentienne que Mario Salmi accepte à la suite des recherches récentes de dater de 1420 environ. Cf. *Catalogo della mostra delle opere di Fra Angelico*, 1955, p. VII, 4.

Domenico[1]. En supposant que Piero fût l'élève de Fra Giovanni, Mario Salmi[2] a découvert une des formes concrètes de l'influence de celui-ci.

Mais faut-il pour autant abolir toute mémoire de l'homme de religion que fut Fra Angelico ? Le mérite du livre de M. Argan est d'avoir à propos du Fra Angelico de la critique récente approfondi la vieille question de sa personnalité religieuse, en faisant de l'analyse du style telle qu'elle est désormais possible un moyen d'atteindre au secret de sa peinture. Il y a une signification des formes. Et sa recherche appliquée à ce qui si longtemps fut surtout admiré comme de belles images de piété va découvrir que l'Angelico a été un doctrinaire, un propagandiste, un homme d'action en quelque sorte, attaché au service de l'Église. Et d'autre part, et pour autant qu'il fut peintre, elle le montrera engagé en toute conscience, mais, semble-t-il, sans passion, dans une critique de la révolution commencée par Masaccio, dont il récusera la doctrine sans manquer cependant de s'en approprier quelques vertus. Car il sentait le besoin d'un renouveau mesuré, qui eût écarté de l'art religieux quelques routines, et renouvelé au profit des idées anciennes un vocabulaire périmé. A la fois archaïsant et moderniste, artisan (non sans ostentation peut-être) et théologien, Fra Angelico apparaît en somme comme le parfait dominicain, puisqu'il se définit dialectiquement par une discussion et dans son dessein par l'apostolat.

⋆

C'est d'ailleurs la pensée d'un dominicain que M. Argan évoque au début de son analyse, celle du

1. *Fra Angelico*, 1952, p. 10.
2. *Arti figurative*, 1947, pp. 82-83.

bienheureux Giovanni Dominici, le plus brillant des prédicateurs de l'ordre dans les premières années du siècle, et celui justement qui apportera la règle de l'Observance à San-Domenico de Fiesole. Il y a chez Dominici, remarque M. Argan, qui reprend sur ce point les conclusions d'Italo Maione[1], un sentiment « quasi franciscain » de la beauté naturelle. Mais il est clair que ce sentiment n'est pas en lui-même une fin, car Dominici ne pense jamais devant l'imparfaite beauté du monde qu'à la bonté plus haute du Créateur. La nature ne s'éclaire et ne vaut qu'*en passant*, dans la montée d'un amour qui, retournant des effets aux causes, illumine toutes choses mais consume en elles tout l'impur, et ne repose vraiment qu'au sein de Dieu. On voit que ce mouvement est indiscernablement intellectuel et moral. Et que ce sentiment de la beauté naturelle est en somme utilitaire, puisque ce qui est beau n'a qu'une valeur d'exemple et doit servir à convaincre. Dominici d'ailleurs, et c'est là au regard de l'Angelico ce qu'il faut surtout retenir, n'hésita jamais à orner ses sermons d'images brillantes, formes — au sens thomiste — du concept. Cette manière ambiguë, qui revêt le symbolisme profond d'un naturalisme tactique, de quelle importance dut-elle être pour Fra Giovanni après l'intervention de Masaccio ! Car une des habitudes que les fresques du Carmine remettaient le plus cruellement en question, ce fut celle qui régissait la représentation des choses divines. Le temps n'était plus où avec Cennini on pouvait affirmer que la peinture avait pour fonction de représenter l'invisible. Mais d'autre part un chrétien pouvait s'effrayer des conséquences infinies de l'affirmation contraire formulée bientôt par l'Alberti : que le peintre ne peut, et ne doit, représenter que ce

1. « Fra Giovanni Dominici e Beato Angelico », dans *l'Arte*, XVII (1914).

qui se voit. Il s'agissait en somme, pour l'Angelico, au moment où l'écriture du gothique tardif achevait de se séparer de son contenu, de résoudre à nouveau le problème du symbole. Il adopta la solution de Dominici. La nature se prêtera à la représentation de l'idée religieuse, mais pour autant qu'elle sera transposée elle-même en images brillantes, où la perfection profonde, une perfection morale, apparaît.

Il y a donc au début de la peinture d'Angelico une assertion de la chose concrète, unité de couleur, de lumière et de forme, et cela est bien loin de la pensée analytique d'Alberti. Celui-ci, de la notion de la forme séparée de toute matière, faisait découler l'idée de l'espace, et donnait une base néo-platonicienne aux recherches de Brunelleschi et de Masaccio. De la perspective, qui se révèle ainsi le moyen d'une connaissance essentielle, étrangère à toute forme de mythe, l'Angelico ne pouvait accepter l'esprit. Pour lui l'espace est avant tout le lieu de la chose. Et pour donner, selon les mots de M. Argan, un lieu parfait aux choses parfaites, il fera souvent appel à des qualités du nouvel espace, mais sans jamais s'attacher à leur véritable rigueur. Il y a une dualité de la perspective. A la fois une connaissance et un artifice, elle est le moyen d'une élévation qu'on peut dire spirituelle, mais aussi celui du metteur en scène. Angelico, qui voulait constituer une sorte de théâtre, a choisi ce dernier aspect. Et en un sens ce fut bien collaborer à l'invention de la perspective : mais en nuisant à sa vraie grandeur.

Il se peut cependant qu'Angelico ait eu de l'espace une idée plus directe et aussi plus haute. C'est la pensée de M. Argan qu'il fut un des premiers à concevoir l'espace comme un paysage possible, et il est vrai que le *lieu des choses* s'ouvrait naturellement à une investigation *empirique* de la profondeur et de la distance. M. Argan fait même à ce propos une très intéressante remarque sur « l'objection dogmatique » qu'aurait opposée Fra Giovanni au concept brunelleschien de la perspective. De celui-ci, écrit-il, l'interprétation de Masaccio tendait à déduire « un principe de monumentalité, une notion de structure inhérente à la forme qui excluait tout débouché sur le paysage naturaliste[1] ». Et Fra Angelico aurait rappelé que la perspective ne peut être, tout intellectuelle qu'elle soit, qu'un moyen pour voir les choses. Sans rejeter cette idée, peut-être convient-il de lui apporter des atténuations. Il n'est pas sûr, d'une part, que la perspective la plus « rationnelle » n'ait pas sa fin dans un contenu concret, un naturalisme second mais capable de plénitude, une immédiateté retrouvée : dont les arbres, dans le *Tribut de saint Pierre,* sont une indication dès Masaccio. Et d'autre part, que penser des paysages d'Angelico ? Ils ne sont pas la chose réelle, mais dans la *Déposition* par exemple un jeu de surfaces lisses, un véritable décor. Rien de moins spontané, d'ailleurs, qu'un tel paysage. Il est une allégorie du jardin céleste, il a pour fonction de susciter dans l'âme du spectateur une catharsis, et le voici au terme d'opérations abstraites, celles de la pensée symbolique et de l'art tout aussi subtil de persuader... Je me suis arrêté à cette remarque de M. Argan, parce qu'elle est faite à propos du paysage de la *Visitation* de Cortone qui est en vérité une énigme. Rien ne paraît plus éloigné que cette vue du lac Trasimène, ensoleillée et brumeuse, de la manière de Fra Giovanni. Et il serait séduisant d'accepter l'hypothèse de Mario Salmi[2], qui attribue ce détail à Piero della Francesca.

Si Fra Angelico a donné quelque chose à la peinture de la première Renaissance, c'est avant tout une

1. *Fra Angelico,* p. 46.
2. *Arti figurative,* p. 83.

lumière. Sa pensée thomiste, qui postulait l'irréalité de l'espace, tenait la lumière pour réelle, venant de Dieu, et même pour la seule chose ici-bas qui fût pleinement réelle, gardant dans ce monde-ci sa nature divine, et portant chaque créature au plus haut degré de sa perfection. Encore (mais cette fois c'est précisément cette réserve qui est féconde) ne faut-il pas la considérer dans sa *quantité,* comme ferait Alberti, mais sa *qualité.* La lumière ne se propage pas, elle ne transforme pas, en les rendant plus claires, ou moins, la quantité des couleurs, elle modifie leur qualité, faisant d'une couleur une autre couleur. La lumière, dirait-on dans le langage thomiste, porte à l'acte des couleurs qui sont en puissance dans l'objet. Et cette transformation est de nature morale, car elle rétablit l'harmonie du terrestre et du divin, entraînant chaque chose dans cette universelle louange qui semble l'acte même, selon l'Angelico, de la pureté. On voit à quelles fins obéit cette technique. Mais il faut aussi reconnaître quel extraordinaire moyen elle ajoute aux moyens de l'art. « Dans les œuvres de la première période, écrit M. Argan, les couleurs locales sont nettement déterminées, même si chacune atteint au maximum de perfection et de pureté. La lumière, en tant que profusion de brins d'or ou d'arabesques dorées, adhère aux couleurs comme une substance physique, quoique d'une tout autre nature. Dans la seconde période, les deux éléments couleur et lumière tendent à s'intégrer l'un dans l'autre ; la lumière pénètre et transforme la couleur : à la couleur locale pleine de lumière succède la synthèse couleur-lumière, c'est-à-dire le ton. Plus tard, dans les fresques de Saint-Marc, les corps sont dématérialisés tels des symboles et n'offrent plus de surface au contact de la lumière. Celle-ci, renonçant à sa splendeur, rejoindra sa qualité théorique de diaphanéité sans surface, d'essence pure...[1] » Ainsi l'Angelico maintient-il contre ses contemporains que la lumière peut être autre chose qu'un éclairage[2] : sauvegarde qui va permettre bientôt la lumière diurne de Domenico et de Piero.

La métaphysique de la lumière s'oppose donc à la science de l'espace, et c'est le conflit de la Providence et des fins humaines. Sur un autre plan que celui de la technique de l'œuvre, ce conflit se retrouve à propos de l'idée d'action. Il y a chez Alberti cette idée que le fait historique est un absolu, dont on ne peut qu'analyser les composantes, qui sont des volontés et se heurtent dans un drame. Pour Fra Giovanni au contraire, l'histoire n'est, comme l'espace, qu'une ombre, car la Providence a charge de tout. Ainsi s'explique qu'il n'y ait pas de drame dans sa peinture, mais simplement ce théâtre des prédelles. Même les scènes de martyre, remarque M. Argan, ne permettront pas au drame d'apparaître. Car le martyre n'est que l'acte formel par lequel dans un monde où tout est voulu le saint parvient à sa gloire. C'est à peu près comme la couleur que la lumière transforme. Plus radicalement, dans l'*Annonciation* ou le *Christ aux outrages* de Saint-Marc, les figures dépouillées de tout lieu concret et de toute action redeviennent de purs symboles.

Ces fresques sont évidemment, dans un « espace qui n'enferme rien, qui ne situe pas, une lumière qui n'éclaire ni ne modèle », le plus haut de l'effort de l'Angelico et sa plus personnelle pensée. Voici en tout cas ce que les deux négations de l'espace et de l'histoire, et poussées à l'extrême, ont produit. Mais,

1. *Fra Angelico*, p. 21.

2. Encore que le *Della Pittura* d'Alberti contienne sur les accords des tons et « l'amitié des couleurs » des indications qui annoncent elle aussi l'art « matinal » de Domenico Veneziano. Cf. André Chastel, « Piero della Francesca et la pensée d'Henri Focillon », dans *Critique*, n° 59, p. 324.

aussi bien, que reste-t-il dans ces œuvres ascétiques du naturalisme initial ? Presque rien, et pourtant, selon M. Argan, l'essentiel. « Sur les visages et dans les gestes, il y a une empreinte plus douloureuse et plus humaine qui est le signe d'une intense concentration... Ce ne sont que quelques accents : un regard pénétrant, une main tendue, un frémissement léger et quasi imperceptible dc la lumière blanche au contact des corps. » Comme déjà chez Giotto, les signes du pathétique humain s'avèrent les mots les plus propres à exprimer la réalité divine ; et ils suffisent à eux seuls à tenir lieu de nature.

☆

Tels sont quelques-uns des traits du Fra Angelico de M. Argan. Mais arrivé en ce point — et renonçant à suivre tous les chemins de la richesse du livre — je voudrais formuler une réserve sur la valeur de ce naturalisme d'emprunt dont les fresques de Saint-Marc sont l'exemple le plus extrême. Il n'est pas évident qu'un grand dessein suffise à faire un grand peintre. Et que l'élan religieux et l'idée de la pureté suffisent à emporter une œuvre au-delà des contradictions qui la menacent. Il y avait au moins une contradiction dans le dessein de l'Angelico, et elle a ruiné en partie le succès de son effort.

Elle était dans cette « chose parfaite », sur l'évocation de laquelle l'art de Fra Giovanni se fonde, mais dont aucun moyen propre à l'art ne semble pouvoir donner une représentation essentielle. Si la nature de cette chose est morale, comment l'atteindre en effet par la voie des apparences, même transformées et purifiées ? C'est poser une fois de plus le problème de la *chose visible*, pour constater d'abord qu'on n'échappe guère à son cercle, et pour comprendre mieux, dans leur opposition à ce qu'a tenté Fra

Angelico, la signification des idées d'Alberti. Lorsque Piero della Francesca, par exemple, donne pour fond à l'*Invention de la Croix* une façade albertienne, il fait certes allusion à une perfection située au-delà de ce qui existe, et de caractère spirituel, mais cette perfection est faite de nombres et de rapports comme la perspective elle-même, et sa recherche approfondit la peinture sans l'humilier par l'idée d'une séparation radicale. La perfection est l'Idée. Elle ne parvient qu'affaiblie dans l'œuvre, mais au moins y est-elle accueillie dans sa nature propre de forme, et peut-elle y paraître sans avoir tâche de s'affirmer par un acte non formel, par ce coup de force eu égard à la peinture que l'on peut appeler l'expressionnisme. De ce mode de peindre, sinon de ce mode de penser, on trouve chez l'Angelico quelques exemples. Ainsi les trois vases, les *albarelli* qui sont au pied de la Vierge dans le retable de Pérouse. Mais la pureté formelle dans un objet ne suffit pas à donner l'idée de la pureté morale. Et la plus générale pureté du trait, résultat, dit M. Argan, d'un « contrôle rigoureux qui écarte tout excès sensuel ou sensoriel » ne suffit pas davantage à compenser la dissociation chrétienne de l'apparence et de la valeur. Le vrai moyen de l'Angelico fut d'ailleurs la lumière ; réalité ambiguë et médiatrice, mi-physique et mi-spirituelle. Mais il y a plusieurs sortes de lumière, et il se peut bien que celle qui exprimerait le mieux une réalité transcendante soit un éclair éclatant au contact de la ténèbre, à l'occasion d'un objet retenu lui-même dans les ombres. Ce n'est évidemment pas cela qu'aurait osé Fra Giovanni. Sa lumière n'efface pas l'objet, elle cherche en lui les moyens de sa perfection, et le problème de l'apparence reste entier, et la contradiction qu'il recèle.

Or, un art n'est jamais condamné par ses contradictions initiales et c'est même sa vocation de donner corps aux synthèses impossibles. Mais encore faut-il que les contradictions y soient vécues comme telles. La synthèse de l'art n'est jamais qu'un paradoxe. Elle n'a de réalité qu'instable, au sein d'un mouvement d'esprit qui est l'honnêteté même en ceci qu'il n'atténue pas les termes en présence et ne cherche pas à les concilier. Greco donne l'exemple de ce salut par le paradoxe. Placé comme l'Angelico entre un idéalisme et une peinture que M. Argan dirait sensorielle, entre la Crète et Venise, il est allé jusqu'au point où les valeurs les plus troubles s'exhalent et définissent le divin par les aspects les plus équivoques de son absence. Ainsi le paradoxe de l'art reproduit-il la dialectique même de la manifestation du sacré.

Fra Angelico a soigneusement évité le paradoxe. De la perfection morale qu'il se donnait pour objet, et qui n'a pas d'expression directe, qui n'est absolument pas un objet, il a voulu faire son seul objet. Recherche vaine, dès lors. L'objet inaccessible se dérobe et ne laisse saisir que les aspects *négatifs* de sa perfection. J'insiste sur ce mot qui résume, me semble-t-il, tout l'échec de l'Angelico. Fra Giovanni n'a pu atteindre son idéal, et il s'est enfermé dans l'effort négatif d'éliminer de son œuvre ce que cet idéal n'est pas. Mais cela entraîne aussitôt la dégradation de son intuition première. La chose parfaite devient celle qu'on peut dire irréprochable. Ce qui vaut prend l'aspect de ce qui est édifiant. La pureté elle-même perd son caractère de réalité profonde et mystérieuse, pour être confondue avec un difficile et pourtant superficiel effacement de l'impureté. Ainsi cette peinture du bien n'a-t-elle trait qu'à son absence. Cela est sensible sur les visages, où la vertu évanescente semble avoir été désespérément appliquée par l'acte violent mais tout extérieur de l'expressionnisme. Cela est sensible encore dans l'indéniable obsession du mal qui est la contrepartie chez l'Angelico de sa volonté d'obéissance.

ASPECTS NOUVEAUX DE MICHEL-ANGE

Je ne sais pas si Michel-Ange est aimé aujourd'hui comme il mérite de l'être. Au moins le livre de L. Goldscheider le montrera-t-il enfin sous son véritable jour[1]. On connaît le principe des ouvrages de *Phaidon Press,* — excellent, et qui a déjà donné lieu, en matière d'art italien, à d'admirables réussites, dont le *Piero della Francesca* de Kenneth Clark et l'*Uccello* de John Pope-Hennessy : une étude plutôt courte, mais qui ne condescend pas à la vulgarisation, précède le catalogue et la présentation de l'œuvre entier, attributions comprises si même elles sont très discutées. Peu de reproductions en couleurs, mais de très bons clichés reçus par un papier sans défaut. Rien n'est plus agréable que ces grands volumes toilés. Ils font au peintre, comme les petits musées d'Italie, Bardini à Florence ou palais d'Urbin, le don infiniment précieux d'une demeure. Contre les grands musées, imaginaires ou non, et les idées abstraites, ils enseignent qu'une image a besoin d'un sol, d'une matière sensible où se former et paraître.

Le *Michel-Ange* de L. Goldscheider est ainsi. Et il est doublement heureux qu'il soit ce que la Sixtine n'est pas, un lieu enfin accueillant. Sinon dans la chapelle

1. L. Goldscheider, *Michel-Ange. Peinture-Sculpture-Architecture.* Édition complète. Paris, Charles Massin éd., Coll « Phaidon ».

Médicis, Michel-Ange n'a jamais trouvé sa vraie place, ce qu'est pour Giotto Assise ou Tolède pour le Greco, un site qui lui dévoue ses lignes et s'unisse avec lui dans le souvenir. Il en était de même, jusqu'à présent, dans le livre. Au moins à ma connaissance. Rien de plus savant, pour ne parler que des ouvrages les plus récents, mais rien de plus froid que les volumes de C. de Tolnay [1]. Et l'édition résumée de ce grand livre [2], qui était récemment encore notre regard le plus facile sur Michel-Ange, un peu trop noire et trop blanche, durcit les marbres et les dépayse autant qu'à sa manière le Louvre. En outre C. de Tolnay ne reproduit pas toute l'œuvre : deux *Sibylles*, notamment, et deux *Prophètes*, au lieu des douze de la Voûte, ce qui est peu.

Sauf exceptions (ainsi a-t-il négligé les *Putti* des pilastres de la Sixtine, et les nus des triangles, et aussi et surtout, je le regrette, les si beaux vases aux écussons des Médicis qui sont sur les tabernacles de la Chapelle), L. Goldscheider au contraire a réussi à reproduire toute l'œuvre, et dans ses plus heureux détails [3]. Cela n'était certes pas facile. Il y a toujours dans une présentation de ce genre beaucoup de jugements à rectifier, ou d'erreurs, beaucoup d'allusions à glisser, beaucoup de responsabilités à prendre. On sait, par exemple, quel dur jugement portait Stendhal sur le *Bacchus :* « Le visage est rude et sans agrément », écrivait-il, et Shelley : « Il semble ivre, brutal et stupide. Son expression perverse est tout à fait déplaisante. » L. Goldscheider fait comprendre d'abord ces singulières appréciations en nous plaçant

1. Charles de Tolnay, *The Youth of Michelangelo*, Princeton. U.S.A., 1947. — *The Sixtine Ceiling*, 1945. — *The Medici Chapel*, 1948. Deux volumes étaient encore à paraître en 1953.

2. Charles de Tolnay, *Michel-Ange*, Paris, 1951.

3. L'ouvrage, cependant, ne contient pas les dessins. Ils font l'objet d'un recueil particulier : *Michelangelo's drawings*, par L. Goldscheider, The Phaidon Press, Londres, 1951.

comme Stendhal ou Shelley au pied (pl. 7) de la statue du Bargello. Puis (pl. 9) il les anéantit en montrant, sous l'angle convenable, le superbe visage du dieu. Le détail de la tête de la vierge du Vatican (pl. 12) est aussi une réussite. L'essence même de cette *Pietà* s'y exprime. En vérité, tout recueil de photographies est un essai, un discours et doit se lire comme tel. De celui de L. Goldscheider, dont il y a trop à dire, je ne retiendrai que deux points qui touchent au Michel-Ange le plus proche de notre goût.

La photographie de la chapelle Médicis (pl. 145) l'agrandit peut-être et c'est aux dépens de l'impression si forte que ce lieu qui est une tombe produit sur le visiteur. Mais aucune reproduction ne peut rendre le véritable espace d'une salle, et de celle-ci, une des plus savantes et subtiles qui soient, une des plus chargées d'intentions, quel photographe pourra jamais saisir l'esprit ? Déjà, C. de Tolnay a pu remarquer que l'apparition des façades blanches dans l'encadrement, gris-noir, de la *pietra serena,* trouble le visiteur qui doute si elles sont proches ou lointaines, réelles ou fictives : incertitude qui ajoute à l'étrange lumière qui vient d'en haut sa coloration de salut. Michel-Ange, comme E. Panofsky l'a montré [1], a voulu faire de cette chapelle une allégorie et mieux qu'une allégorie platonicienne : un milieu, une place où les idées du platonisme fussent en quelque sorte naturelles. C'est dire que l'essentiel y est impalpable, esprit de l'air, que l'album de *Phaidon* ne retient pas. On y verra cependant, aussi belles que possible, la *Nuit* et l'*Aurore,* dans ce mouvement de leurs têtes penchées que la reproduction conjugue et qui est la grâce même. La planche 159 est d'une beauté divine. Seule

1. Dans l'étude intitulée « The neoplatonic movement and Michelangelo », in *Studies in Iconology,* Oxford University Press, U.S.A., 1939, pp. 171-230.

elle justifierait tout l'album. Ici Michel-Ange apparaît non trahi dans l'extrême de sa grandeur, où le Greco lui-même, et Tintoret, qui ont aimé cette *Nuit,* n'accèdent pas. Je loue L. Goldscheider d'avoir nettement affirmé cette spiritualité qui fait irremplaçable la Chapelle. Il eût été si facile, et si facilement apprécié, de donner aux figures du temps des allures de nageurs... Mais non, et la *Chouette* de *la Nuit* (pl. 160) trouve aisément dans ces pages superbes toute sa signification qui passe l'allégorie. Planche 163, vue de dos dans sa magnifique armure, Julien de Médicis semble s'éloigner dans le noir absolu du fond. « Le Jour et la Nuit parlent et disent : Nous avons dans notre cours emporté conduit à la mort le duc Julien. » C'est Michel-Ange que je cite, à la suite de Panofsky.

Tolnay dit de la chapelle des Médicis qu'elle est l'automne de Michel-Ange. Étrange automne, et suivi de quel rude hiver, d'un homme qui sculptera, vingt et trente ans plus tard, à quatre-vingts ans, ses grandes *Pietà*. Qu'on me permette d'aller droit maintenant aux planches 210 à 215, où l'autre très grand moment du génie de Michel-Ange groupe les trois *Pietà* dites du Dôme de Florence, de Palestrina, et Rondanini : elles sont ici parfaitement reproduites, et dans le grain même de cette pierre traversée d'intentions mais résistante, capable sous le ciseau de Michel-Ange aussi bien de la perfection que de la nuit, épouse du plus grand dessein que l'art eût connu depuis Giovanni Pisano et ses figures du couronnement du Baptistère : sculpter l'empire même de l'informe sur l'être, du mal sur l'âme, du temps sur l'éternel. Certes, je n'oserai prétendre qu'un tel dessein fût absolument conscient. Mais des *Prigioni* de l'Académie, cette négation admirable du vain tombeau de Jules II, aux dernières *Pietà*, la manifestation de l'inachevé se fait si violente et si pure qu'il faut bien lui donner un sens. Et pour profondément que ces *Pietà* soient chrétiennes, c'est tout le platonisme, comme sur la voûte de la Sixtine, mais cette fois haussé du symbolisme au symbole, de l'allusion à l'acte, qu'il faut y retrouver. Je citerai encore Panofsky. « De tous ses contemporains, Michel-Ange fut le seul qui adopta la pensée néo-platonicienne, non en certains de ses aspects, mais dans sa totalité... » Si Michel-Ange, sous l'influence de Vittoria Colonna, a donné tant de ses dernières années à la dévotion, au moins est-il sensible dans ses œuvres d'alors que cette dévotion, comme celle de Jean de la Croix, n'est que le chiffre obscurci d'une spiritualité tout autre, vieille celle-là comme le *Phédon*. C'est le platonisme qui donne à Michel-Ange son seul sujet, celui de l'homme dans les ténèbres ; c'est lui, quand Michel-Ange dégage une figure de la pierre, qui est ténèbre, qui le retient d'achever. Je propose, devant les photographies des *Pietà* où L. Goldscheider, je n'en doute pas, a voulu mettre cette signification en valeur par les fonds noirs et les ombres, je propose qu'on se reporte en esprit à la *Nuit* de Florence, par exception si accomplie. Quel sens, et qu'on n'eût soupçonné qu'à demi devant elle, prend alors cette vie lisse du marbre, cette élégance inclinée qui unit à jamais la tristesse et la perfection : elle est l'unité mystique, le dégagement de la condition mortelle, mais aussi bien ce qui n'a lieu qu'un instant, ce qui peut n'être qu'une fois. Daniele da Volterra rapporte ainsi les derniers jours de Michel-Ange. Il travaillait à une *Pietà*. « Deux jours plus tard, il tombe malade et, bien que fiévreux, erre à travers les rues, disant à son assistant Calcagni qu'il ne peut trouver le repos... » Quel repos pouvait rechercher Michel-Ange, qu'une autre impossible *Nuit* dans l'angoisse de ses *Pietà* ?

Elles furent exécutées entre 1550 et 1564. En 1560, Michel-Ange avait soixante-quinze ans. « Il attaquait son marbre avec tant d'impétuosité et de feu, écrit Blaise de Vigenère qui le vit travailler cette année-là, que l'on s'attendait à voir le bloc voler en morceaux. Il faisait tomber d'un seul coup des éclats de trois ou quatre doigts d'épaisseur et pénétrait jusqu'au point marqué avec tant de précision que, s'il avait entamé un peu plus le marbre, il courait le danger de tout perdre. » La *Pietà* qu'on peut voir aujourd'hui dans une des absides de Santa Maria del Fiore, gâtée par des restaurateurs maladroits après que Michel-Ange lui-même l'eut défigurée à coups de marteau, a encore (cf. surtout la planche 212) des détails admirables. La *Pietà* Rondanini, depuis très peu de temps au Castello Sforzesco, à Milan, n'est pas, comme dit bizarrement Malraux, d'un Bourdelle qui serait Michel-Ange : mais de Michel-Ange seul. La *Pietà* de Palestrina...

Jamais je ne comprendrai quel démon fait et défait les attributions. Déjà, au retour de Londres où je les avais naïvement admirés, ai-je eu bien de la peine à penser que les deux tableaux de la National Gallery (et surtout la *Mise au tombeau,* dansante et courbe, que Fiocco, Longhi, Clark, Toesca donnent d'ailleurs à Michel-Ange) puissent être, comme le veut Tolnay, et L. Goldscheider à sa suite, l'œuvre d'un quelconque Maître de la Madone de Manchester ou « petit maître anonyme », qui travailla chez Michel-Ange. Car il y a dans ces œuvres si florentines, où Botticelli et Léonard apparaissent médités et compris, autre chose qu'une imitation, autre chose qu'une utilisation des cartons de Michel-Ange. L'imitation est toujours morne. Le travail d'atelier manque de cette joie du style qui paraît dans les tableaux de Londres. Faut-il, de crainte de trop donner aux meilleurs artistes, s'interdire d'aimer, et ne plus voir dans les œuvres que le cheminement des techniques, qui vraiment ne signifie rien ? Qu'on pense à ce que donnerait cette méthode appliquée à l'art de notre temps. Et qu'on refuse au moins de la suivre dans l'analyse d'une œuvre comme cette *Pietà* de Palestrina qui est contestée . Voici ce qu'en dit Tolnay, son principal adversaire : « C'est un pastiche de motifs des différentes œuvres de Michel-Ange. Le cadavre du Christ et la Vierge sont des copies de la première version de la *Pietà* Rondanini. La sainte Madeleine est une copie (inversée) de la Madeleine de la *Pietà* du Dôme de Florence... » Quand l'œil se ferme à la grandeur et au style, alors sans doute une œuvre n'apparaît plus que comme un carrefour d'influences ou d'emprunts. Mais qu'on regarde pour elle-même la *Pietà* de Palestrina. Qui dirait, au vu par exemple de la splendide planche 213 du livre de Goldscheider, que cette tête massive de la Vierge, quelle que soit son origine, n'est pas marquée du génie ? En vérité, Michel-Ange a dans cette *Pietà* son bien inaliénable. Mieux vaudrait lui ôter plutôt, si même mille documents le lui donnent — il a d'ailleurs été achevé par Pietro Urbano — le très médiocre *Christ ressuscité* (pl. 136-137) de Santa-Maria-sopra-Minerva. Jamais le contraposto n'a été si inopportun, si gauche. Jamais regard d'un dieu n'a été plus vide. Que reste-t-il de Michel-Ange dans tout cela ?

Son art est précisément l'enseignement que rien ne vaut que l'essentiel. Il attaque le marbre, dégage les grands traits de l'œuvre, mais ne condescend aux détails qu'en des occasions de plus en plus rares, toujours inquiet, semble-t-il, dès que l'œuvre se précise, qui ressemble trop à ce monde dans son visage achevé. C'est au niveau de l'idéal, par conséquent, qu'il faut, soit reconnaître un grand style, soit le nier. Ainsi pour la *Pietà* de Palestrina. Moins dramatique peut-être que la *Pietà* Rondanini, moins proche du goût actuel, elle touche d'une façon plus secrète par le violent débat de ce qui est et de ce qui veut être, contraires éternels que Michel-Ange recourbe, et sait qu'on ne conjoint pas.

[illegible]

DEUX LIVRES SUR CARAVAGE

Le hasard veut qu'aient paru presque en même temps une traduction française du livre de Bernard Berenson sur Caravage, et l'étude qu'André Berne-Joffroy a consacrée à ce peintre, à partir et bien au-delà d'un refus des idées de Berenson. Le livre de ce dernier est, il faut se hâter de le dire, assez médiocre. Jamais la gloire de cet étrange érudit n'est apparue si cruellement en conflit avec la qualité de sa réflexion. Et il y a bien peu d'éléments valables dans sa méthode critique. Ainsi la notion *d'incongruité,* qui y est centrale au point de figurer dans le titre même, est insuffisante et ne peut conduire qu'à des descriptions sans relief. Ce que Berenson appelle *incongruité,* c'est l'importance extraordinaire du cheval dans la *Conversion de saint Paul;* dans l'*Enterrement de sainte Lucie,* que les fossoyeurs aient envahi la plus grande part de la scène; et qu'*Éros endormi* ne soit peint que sous l'apparence d'un « moutard vulgaire et lourdaud ». Caravage, écrit Berenson, prenait plaisir aux incongruités et « s'amusait à ce jeu dans ses tableaux ». Berenson semble croire qu'un vrai peintre peut, pour étonner, pour protester contre le style noble, etc., rechercher de façon délibérée et en quelque sorte extérieure, des *effets.*

En fait, l'incongruité que reproche Berenson à

Caravage comme un procédé et un mode vulgaire d'être, est une fatalité de son art, la tension que ressent le peintre entre le divin et le corporel ; et au lieu de s'étonner sans comprendre, au lieu de se scandaliser, Berenson aurait dû bien plutôt y retrouver cette qualité baroque qu'il s'attache à nier chez Caravage. Le genou du *Narcisse* de Rome, cette pierre ronde et brillante qui « rejette la figure dans l'ombre » est pour lui « typiquement incongru ». Il est en fait le centre de révolution de la réalité et de son image, la conciliation suggérée de la nécessité et du rêve. Le baroque de Caravage est rarement extérieur ou théâtral. Il est comme infus dans l'apparence la plus rugueuse, qui porte avec énergie la responsabilité du divin. Il est vrai que Berenson n'entend rien à la catégorie du baroque, et plus généralement à aucune signification seconde des rythmes ou des formes. Il aborde la critique des œuvres d'une façon obstinée, se plaçant dans une perspective tenue à priori pour la seule qui soit valable, en l'occurence une idée « classique » de la peinture qui lui permet de mieux aimer, je le crains, Pérugin que Raphaël.

En un mot, devant des œuvres, il ne renonce pas à ses goûts. Et il y a là, pourrait-on croire, au moins l'écho de quelque chose de vrai. Toute vraie intelligence nécessite une subjectivité intacte, le semblable seul connaît le semblable, le tort de Berenson n'est-il pas que d'avoir cherché à comprendre ce qui ne lui ressemblait vraiment pas ?

Pourtant on a l'impression que du semblable aussi il n'aurait pas grand-chose de bien passionnant à nous dire. Et qu'entre lui et les œuvres, plutôt qu'une différence d'esthétiques, il y a une différence de niveau. L'idéal aéré, narratif, rythmé, « tactile », humaniste, à tout prendre facile de Berenson a-t-il jamais existé aussi simplement dans l'esprit d'aucun grand peintre ? Cet absolu est moins une vérité de peintre qu'un idéal d'amateur. Et moins l'idéal d'une époque de l'art que celui d'un moment de la culture. En d'autres mots Berenson n'est pas vraiment le semblable de Pérugin ou de Lotto, mais le prisonnier d'une façon de voir qui fut acclamée un moment, plutôt jadis que naguère. Et il n'est pas vraiment subjectif, ce qui est nécessaire pourtant. A celui qui est subjectif, en effet, affirmant hardiment, mais profondément, ses choix, ses solutions, ses problèmes, toutes les époques de l'art pourront s'ouvrir. L'art dans sa liberté et l'aberration subjective se révéleront la même recherche. L'un et l'autre sont semblables (et peuvent donc se connaître) en ceci qu'ils cherchent le même dépassement des contraintes, la même présence d'être. Et peu importe à ce niveau de l'entente s'il y a contradiction entre une œuvre et la conscience qui l'interroge sur le plan toujours secondaire et quelquefois dérisoire des solutions adoptées.

A Berenson il faut donc opposer que la critique doit s'analyser, comprendre et délivrer son désir, briser le cadre où l'enferment le goût et les préjugés de son époque, utiliser le prétendu relativisme de l'histoire à cette approximation d'une conscience absolue. L'excellent livre d'André Berne-Joffroy, s'il en était besoin, le rappelle. A première vue, remarquant qu'il est presque entièrement consacré à l'exposé des conceptions successives que l'on s'est faites de Caravage, on pourrait croire qu'il conclut à une relativité irréductible de la connaissance des œuvres. Mais André Berne-Joffroy *aime* la peinture de Caravage, et cela suffit à lui conférer à ses yeux une réalité en soi qui demande aux différentes approches de préciser toujours plus son unique et profonde vérité. Bien plutôt pense-t-il que la recherche historique, réinventant le langage d'une époque, précisant les conditions techniques et intellectuelles d'une œuvre, dissipant ainsi des mirages, est la démonstration de ce qu'a d'erroné la désinvolture de Berenson.

Caravage se prêtait bien à cette démonstration.

Qu'il y ait eu un mouvement profond de son art, une intuition spécifique dans son œuvre, cela est évident et cela sera précisé au terme de la réinvention qui est en train de se faire. Mais cette idée de Caravage a tout de suite été mal comprise et bientôt elle s'est perdue. Le peintre le plus illustre a été en très peu de temps méconnu et oublié. On ne l'a plus distingué, ni de ses vrais disciples, ni de ses médiocres imitateurs. Ainsi a-t-on longtemps attribué à un « Caravage » abstrait et mythique tous les tableaux d'éclairage violemment contrasté, de corps étalés et vulgaires, toutes les scènes de tricherie dans des cabarets. Période pré-critique ou plutôt de critique passive, subissant sans les révoquer toutes les données du hasard. L'art de Berne-Joffroy est de montrer le passage de cette passivité à un acte, à la volonté d'une révision. Alors que les incongruités — on peut bien généraliser la notion introduite par Berenson à tout ce qui apparaissait dans les tableaux des caravagesques une indéfendable gratuité — étaient encore objet de mépris, sinon de scandale, des critiques ont aperçu dans quelques tableaux des qualités vraiment hautes. Ainsi Kallab en 1906 dans le *Repos en Égypte* ou le *Martyre de saint Matthieu.* Comment pouvaient voisiner dans une œuvre l'exigence et le procédé ? Ne fallait-il pas séparer Caravage des caravagesques, et non plus comme le sous-genre d'un genre, mais comme l'acte d'une personne parmi des travaux plus timides, voire souvent des imitations ou contrefaçons ?

Mais qui était Caravage ? Le séparer ne supposait-il pas cette connaissance qui ne pouvait naître pourtant que de la séparation ? D'autant que certains des caravagesques se révélaient aussi de vrais peintres, dont la recherche réelle, à la fois voisine et distincte de celle de Caravage, était de nature à brouiller toute intellection de son art. Figures demi-distinctes, dont certaines passaient encore pour l'auteur de tableaux du maître, alors qu'on lui donnait en retour telle de leurs œuvres ou telle autre. Gentileschi avait par exemple dans son catalogue la *Sainte Catherine* dite *Barberini* de Caravage, et celui-ci passait pour l'auteur de la *Joueuse de luth Liechtenstein,* qui est l'œuvre de Gentileschi. Faisant l'archéologie de la nouvelle critique, Berne-Joffroy souligne « l'acte fondamental » de Kallab, distinguant Caravage de Valentin. Ensuite, évidemment, il fallait pour débrouiller l'écheveau le bizarre mais vrai génie, retors, généreux, poétique, dialectique de Roberto Longhi — et nous avons avec ce *Dossier Caravage* un des chapitres du *Dossier Longhi* qu'il faudrait écrire pour prendre la mesure de ce grand écrivain et de ce grand historien. Longhi s'est attaché à éclairer indirectement la différence de Caravage en précisant la figure des plus importants caravagesques. Période d'essai et d'erreur dont Berne-Joffroy pense avec raison qu'elle n'est pas oubliable, qu'elle ne se dissout pas dans la vérité acquise, et dont il a fait de façon décidée l'essentiel de son propre livre.

Longhi a redécouvert Sareceni, Caracciolo, Borgianni, Gentileschi et grâce à eux bien des aspects importants de Caravage. Analysant par exemple un tableau de Borgianni, il en montre « le luminisme de frétillements » qui submerge les détails, et oppose ce procédé à « l'austère honnêteté » (comme dit cette fois Berne-Joffroy) de Caravage. Analysant *L'Archange avec Tobie,* sans doute de Gentileschi, mais que Lionello Venturi avait attribué à Caravage, Longhi (en 1916) écrit : « Caravage ne créa jamais une interprétation aussi douce, aussi sensuellement androgyne, d'un mythe religieux ou païen. Que l'on pense au *Narcisse.* Il y a toujours chez Caravage un obstacle, un arrêt, de rudesse et de rugosité, un provincialisme digne et revêche qui ne lui permet pas d'adoucissements moraux ou formels... » Pour mieux comprendre Gentileschi, d'ailleurs, dans son opposition à l'esprit de Caravage, Longhi n'hésite pas à transposer le problème en termes européens, à faire appel à Vermeer, à faire vivre dans ce début du XVIIe siècle romain la notion d'un art des valeurs, à montrer dans Gentileschi un consentement résolu à cet art, dans Caravage un consentement plus furtif, à souligner enfin la personnalité méconnue de « pré-caravagesques » lombards, Foppa, Moretto et Savoldo. D'avoir voulu mieux définir Caravage, la conséquence est le rétablissement, à côté de Venise et de Florence qui ne permettent pas d'en rendre compte, d'une école lombarde pré-hollandaise, pré-impressionniste, et la mise en question des rapports que peut entretenir l'art de Caravage avec ces grandes solutions à venir des problèmes de la lumière.

Il ne saurait être question de résumer le livre de Berne-Joffroy qui va sans une ombre d'imprécision et à qui l'on doit le respect de son propre sens du ténu. Ce livre est maintenant, en français, l'ouvrage essentiel sur Caravage. Il est aussi, comme le veut son auteur, une importante contribution à une psychologie encore obscure, celle du rapport de l'amateur et de l'œuvre.

DEGAS

Le grand ouvrage de P. A. Lemoisne sur Degas, publié naguère par les *Arts et Métiers graphiques*, vient de connaître une réédition abrégée. Le texte de l'étude, qui est une biographie du peintre, et un classement de ses tableaux, a été reproduit intégralement. Mais les notes et le catalogue ont été supprimés et l'illustration, qui regroupait l'œuvre entier, ou presque, a été assez nettement réduite. Un livre qui ne s'adressait qu'à des amateurs, ou des érudits, est proposé désormais au grand public. Le seul regret qu'on ait le droit d'éprouver porte sur le choix des photographies. Elles sont assez nombreuses — et assez bonnes — pour prétendre à donner une idée complète du meilleur de l'art de Degas. Pourquoi faut-il dans ces conditions que quelques peintures très importantes, telles que le portrait de la duchesse de Morbilli, ou celui de Mme Gaujelin, n'y figurent pas ? Une lacune plus fâcheuse encore écarte du recueil un trop grand nombre des tableaux où Degas s'est efforcé de composer un espace : ni le *Pédicure,* ni la *Place de la Concorde,* ni l'*Absinthe,* ni le *Viol* ne sont ici reproduits.

Cette réserve faite, il convient de louer P. A. Lemoisne. Sa biographie a la qualité de discrétion. Elle ne s'attache qu'à cette part de la vie qui a trait à l'œuvre et la vérité gagne toujours à des limitations de ce genre. On sait quel dégoût avait justement Degas de l'effusion, du secret pillé, du public. « La peinture, disait-il, est-ce que c'est fait pour être vu ? Comprenez-vous, on travaille pour deux ou trois amis vivants, pour d'autres qu'on n'a pas connus, ou qui sont morts. » Degas travaillait pour des morts, c'est-à-dire au regard des maîtres et dans l'esprit de les continuer. Il tenait la peinture pour une activité absolue, infiniment séparable de l'anecdote, et même de l'existence. Et peu importe, c'est vrai, quelle fut la vie d'un artiste. Il n'est pas nécessaire de la connaître pour saisir le sens de ce qu'il a fait. D'autant même qu'elle se simplifie dès que l'œuvre a de la grandeur. La vocation de créer n'a que très peu besoin des accidents du destin.

Degas eut une vie simple, marquée par l'étude et le désastre. Il séjourna à Florence, et ceci est essentiel. Comme les Florentins, Degas a cherché dans l'art une souveraineté possible, un empire de l'esprit sur ce qui est. Et comme Michel-Ange il a enveloppé cette ambition la plus haute dans le malheur de l'échec.

Tout se passe en effet comme si la souveraineté véritable est une visée impossible. Au point où la maîtrise va s'accomplir, elle se rompt, par une faille nécessaire. Qui a jamais été aussi proche d'un art parfait que Degas ? La tradition la mieux étudiée et la mieux comprise, toute la science d'Ingres, mais emportée par un sentiment généreux et grave que celui-ci n'a jamais connu, une puissante et cachée force d'invention concourent, vers 1865-1870, à faire de ses grands portraits l'un des moments heureux de l'histoire de la peinture. Mais c'est alors que se produit le désastre. Il prend la forme des troubles de la vue. Dès le milieu de la vie de Degas, ces troubles sont si graves qu'il peut en inférer qu'il sera aveugle. Au moment même où il accède à cette perception exacte qui est l'ambition de tout son art, l'infirmité le sépare de son objet.

Mais il se peut bien que la fin qu'un esprit se donne soit inconsciemment de passer par ces voies de trouble, pour une perfection seconde, pour une plus dure vérité. Degas devenant infirme ne cesse pas de peindre et son art transformé ne cesse pas d'être grand. Simplement une conversion s'opère : la justesse, qui était un des caractères de son dessin, en devient une qualité morale, étant cette volonté qu'il opposera à la nuit. Je rappellerai le récit que fait P. A. Lemoisne des séances de pose chez Degas, vers 1890. Ne pouvant plus guère peindre, il cherchait à modeler, et c'est par le toucher qu'il interrogeait ses modèles. « Mais l'imprécision de ses gestes est telle que, terrorisés, ses modèles habituels, Pauline et Juliette, ne quittent pas des yeux les pointes du grand compas qu'il brandit autour d'elles pour vérifier ses mesures. »

On a hésité à qualifier le réalisme de Degas. On a parlé aussi vainement à son propos d'Ingres que des Goncourt. Mais ses dernières ébauches qui sont le sens de toute son œuvre — le sens est ce qui vient *à la fin* — accusent un caractère qu'il faut dire plutôt baudelairien. La beauté est ce qui vient avec le malheur, dont elle est l'illustre compagne. Elle est un aveuglement, parce que l'objet vrai est au-delà de la vision habituelle, et que celui qui le comprend ne se satisfait plus des connaissances faciles. L'art véritable est de chercher l'intelligible dans un lieu dont il se retire. « Donner à la vérité, écrit Degas, l'apparence de la folie. » Dans les admirables pastels de la vieillesse, on voit le néant en acte dans l'imprécision violente des traits.

Quel fut l'objet de Degas ? Certes pas des chevaux ou des danseuses, ni des femmes à leur toilette.

Bernard Berenson, il y a quelques années [1], définissait l'*arte vera* comme une sorte d'essentialisme. Dans sa forme la plus haute, l'œuvre d'art n'a plus souci de représenter ou de raconter, elle ne cherche plus la vérité psychologique, ni celle du sentiment, elle se borne, sans éloquence ni séduction, à présenter un être dans l'immobilité fascinante de ce qu'il est. Et Bernard Berenson plaçait avec raison les portraits de Degas dans cette ligne de l'art que Piero della Francesca a illustrée. Dans le *Portrait de famille,* la stabilité, le silence font des visages peints une sorte de plénitude précise. L'être semble s'y exprimer dans son mode indicatif. Telle est la ressource des grands portraits : la forme du visage, interrogée, connue, fait participer une essence d'une richesse infinie à l'immédiateté de l'image. Et le regard du modèle y surgit — de son lieu intérieur et mystérieux — comme un consentement de l'être à reposer dans le simulacre. L'art du portrait tend par nature vers cet accord. Il est un des modes heureux de l'ontologie, il donne l'illusion qu'un réalisme souverain est une chose possible.

Il est remarquable que Degas ait abandonné le portrait. De cet abandon, le mal dont il souffrait fut en partie responsable, mais encore faut-il comprendre celui-ci, je l'ai dit, comme une sorte de choix. Degas est allé dans son œuvre du visage au corps, de l'imitation précise d'un être à l'évocation plus brève, plus allusive, d'un geste. Il a fait du geste son seul objet.

Et sans doute il n'a pas été le premier peintre du geste. Souvent celui-ci a été interrogé, soit comme le profil de l'homme sur l'arrière-fond des choses — c'est la recherche humaniste — soit comme exaltation d'une signification sacrée.

Mais le geste selon Degas n'est pas plus l'instrument

1. Dans *Piero della Francesca o dell'arte non eloquente.*

d'une analyse qu'il n'est celui d'une affirmation. Il se tend dans l'exercice de l'acte, il persiste dans le repos comme la trace de l'acte, mais la valeur ou le sens de cet acte est dédaigné. Geste sans portée, sans raison d'être, sans séduction. En vérité, c'est lui-même en tant que tel, dans son mystère de moment bref, de réalité au-delà du sens qui a retenu Degas. Ce signe, de moyen est devenu une fin. Et comme une catégorie de l'esprit qu'on voudrait élucider et réduire, il ne devient chez ce peintre qu'une réalité plus opaque, un silence et une limite.

Ainsi à cette ontologie facile que, sans vrai mensonge d'ailleurs, l'art du portrait nous propose, succède cet art du geste, cet art de peindre le geste où l'être insaisissable, anonyme, n'apparaît plus qu'en un frôlement. L'objet de Degas est cet absolu. Son ressassement, cette absence. Un tel art est voué à des recherches sans fin. Il n'a de lieu que dans l'impossibilité et c'est à peine — en témoignent les derniers pastels — si la notion d'œuvre y préserve un sens. Aussi bien, peu de peintres l'ont pratiqué. Je ne sais guère que Degas qui en ait fait son destin.

UN RÊVE FAIT À MANTOUE

I

BYZANCE

Je pense à la Byzance naïve des rêveries *fin de siècle*. Semblable à une pierre précieuse fausse ou, tout au moins, éteinte d'avoir trop lourdement été sertie dans trop d'or. Tous les signes de l'idéal — plutôt que de l'absolu —, de l'aristocratie — plutôt que de la noblesse —, mais une immobilité pernicieuse, comme d'un cœur qui ne voudrait pas des joies et des souffrances de vivre et se déroberait au réel, quitte à subir l'instinct comme une brusquerie inintelligible et fatale, dans l'attente passive de la mort. Alors l'affirmation du Beau ne se distingua plus d'une haine de l'existence. L'âme essaya de survivre dans une chambre d'objets choisis, mais ce choix ne considérant que des formes, sans rien aimer de leur incarnation dans une durée d'existence, les formes à elles-mêmes livrées ont poussé et fleuri démoniaquement. — Est-il vrai que la Byzance historique ait jamais justifié cette perversité spécieuse ? Ne faut-il pas plutôt, avec Yeats, y reconnaître le lieu où le cœur peut se ressaisir, chanter quand il serait tenté de se plaindre, réinventer une joie ? Encore Yeats situait-il ce pôle de sa passion dans une région lointaine, hors d'une vie qu'il abandonnait aux brillantes mais fugitives pariades, et il opposait à l'oiseau réel éphémère l'automate d'or et de gemmes qui signifie le règne autonome de l'art.

Je ne crois pas que l'art puisse, sans se trahir, être seulement ce refuge. Et pourtant je salue Byzance à mon tour, reconnaissant en mon cœur — comme bien d'autres sans doute, de notre temps — que son appel retentit toujours. Mais, en fait, a-t-il prononcé le même mot ? Indistinct, écouté aux confins de pays encore inconnus, encore mal entendu dans ses inflexions trop subtiles, j'y ai déchiffré pour ma part, non plus Théodora dans son or, mais Mistra en ruines, non plus le paon mais la pierre — et je l'ai d'emblée associé à un désir en moi qui recherchait sa patrie, celui d'affronter notre monde en ses aspects les plus fugitifs, apparemment les moins chargés d'être, pour les sacrer et que je sois sauvé avec eux. C'est vrai, chaque fois qu'un chant d'oiseau a retenti dans quelque forêt, hors de moi, chaque fois que je suis venu au seuil d'un cirque de pierre où c'est mon absence qui règne, chaque fois que l'ici limité et mortel m'a demandé ainsi de briser le sceau du refus moderne de l'être, c'est l'irradiation de Byzance que par pressentiment, dès que j'ai su le nom de la ville des images, j'ai cru toucher en cela. Et il s'agissait bien d'éternité cette fois encore, la note majeure de Byzance, perçue à toutes époques, n'avait pas cessé de vibrer. Mais cette éternité ne se donnait plus pour la négation du pays sensible, elle venait brûler dans ses arbres, il fallait la puiser au profond de cette dispersion où nous sommes, parce qu'elle en était la substance même et le corps de gloire, soudain. Toutes les formes de consumation et, par excellence, le voyage. Qu'un bateau quitte un port, de nuit, et c'était la Byzance spirituelle qui brillait déjà comme une autre rive. A l'immanence, au danger, aux ruines, aux villes aperçues, aux labours, à tout ce qui est sans nom j'ai aimé conférer ce nom. Ai-je eu tort ? Mais j'ai aussi rencontré des lieux où une voix presque pure, dans la diversité des signaux de la Byzance historique, a paru me donner raison. Je me souviens de Torcello ; de quelques églises grecques, murs au soleil et peintures ; et du Sauveur de Sopoćani.

Sopoćani ! Je ne sais rien de plus accompli que cette chapelle dans la montagne. Et dans ce tableau que je tente, du vrai pays, je veux lui reconnaître les caractères d'un seuil.

Déjà les proches vallées ressemblent, sous des rayons incolores, à la métropole rêvée là-bas. Les montagnes de la Serbie sont une élucidation rigoureuse. L'esprit de divertissement s'y dissipe vite, la nature elle-même paraît y franchir sa propre cime, et, de tous ses ravins muets, de ses torrents, de son humanité furtive, ses routes noires, se perdre comme une flamme dans le ciel. Les monastères sont de grands cercles de pierres, à l'image encore du ciel. Dans ces enclos où vieillit une ou deux églises, où l'horizon tumultueux se découvre immense, on voit de beaux paons bleus marcher gravement sur la terre brune.

Et déjà, dans l'église même, à l'intrados du grand arc, sous le chapiteau, à gauche, et intact dans ce champ de tant de ruines comme un don, comme une grâce, il y a l'ange qui prononce les mots d'accueil. Mais rien ne peut remplacer la plus majestueuse des peintures. Et quand on se retourne vers elle, dans la lumière d'octobre, c'est bien la vraie parole, longtemps cherchée, qui brusquement retentit. Comme il est proche de nous, l'homme-dieu proposé dans cette salle désormais vide ! Et combien purement il identifie, selon le plus profond de nos vœux, les deux intuitions discordantes de la pensée d'Occident, ce qui est périssable — et destin — et ce qui est éternel ! Beau visage pensif, grave et comme blessé dans la lumière du nimbe, mais tout autour de lui est déployée son armée de conquérant de ce monde — armes, nuées, pouvoirs explicités de l'humain —, et voici effacées les simplifications abusives où si souvent a failli se perdre l'ambition dialectique de l'esprit. Le dieu de Sopoćani ne mutile pas. Il n'est pas cet Apollon du VIe siècle hellénique qui dans tout l'éclat de sa force reste semblable au tronc poussé droit d'un arbre, à une plante pure et aveugle, tant la Grèce a voulu ramener l'humanité à la vie, à ses espèces impersonnelles et à ses nombres, ignorante de l'autre règne qu'est l'existence finie de la personne humaine avertie de soi. Mais il n'est pas davantage, robuste comme il demeure et d'une élégance nerveuse, le dieu chrétien qui ne réaffirma la personne que pour la séparer de ses virtualités de nature, et changer en faute sa finitude, comme si la douleur enfin reconnue dans l'essence double de l'homme dût devenir une fin. S'il ne méconnaît pas le prix de cette douleur, lui qui tient sa tête inclinée comme Jésus sur la croix, le jeune dieu de l'église serbe n'oublie pas qu'il est le sacré, dans l'essence duquel reposent vigueur et gloire. Et il nous donne aussi bien le secret de la délivrance. Le Christ de Sopoćani est le fils mémorieux de la *Dormition* qui revient par amour vers la condition mortelle. Devant lui est allongée la dépouille de la vieille femme grande et noire, le réel qui semble voué à l'achèvement, à la mort. Mais l'ayant aimé, il le transfigure, il élève en ses mains l'enfant nouveau-né de son indomptable attention. En vérité, il est notre plus intime avenir, ce que nous pourrons être si nous savons décider que la mort n'est pas, si nous savons voir et aimer. Jamais archétype divin n'a été si semblable au plus haut moment de l'ambition subjective, si aisément intériorisable par celui qui s'essaye à la condition de poète, et si proche dans sa nature de la poésie d'aujourd'hui.

L'art byzantin, le premier peut-être dans l'histoire, a parlé au nom de l'individu obstiné dans sa condition singulière, anxieux pourtant de faire retour à la demeure de l'être. C'est bien, d'ailleurs, parce qu'il fut cet art subjectif que l'esprit de « décadence » et plus tard Yeats l'ont aimé, mais il n'a pas accepté l'exil, il a cherché, les expérimentant dans le champ hypothétique des formes, les conditions d'une vie revenue au sein du sacré. Son impersonnalité, que si pauvrement on lui reproche : elle rêve pour nous, — très loin, bien sûr, comme une cime neigeuse, — que notre différence sans se renier puisse se découvrir l'absolu.

Et de cet art fondateur il faudra essayer de faire l'histoire — contradictions, oublis, reniements — en termes de désir, de paradoxe et de grâce, montrant d'abord que la forme est une écriture qui, dans sa simplification, sa recherche des symétries, peut suggérer une connivence de l'universel et de l'être, où s'efface notre présence —, puis découvrant que ses gauchissements, ses flexions, ses élongations dans le canon de Byzance sont autant de refus de cette rêverie dangereuse. C'est là sa démesure, parfois inavouée, frémissement d'une voix, parfois explicitée comme un rite. Un certain faste peut célébrer la transcendance d'un lieu. De même un dénuement conscient de soi peut rappeler la forme à sa charge terrestre, la substance, — le contour circulaire d'une coupe, par exemple, révélant à soi seul la profondeur de l'étain. Et à mi-chemin de ce dénuement et de grands rituels, il faudra définir l'élégance, qui est une des filles de la douleur et, de Ravenne à Mozart, de Botticelli à Tiepolo, hante toutes les œuvres anxieuses de l'Occident. C'est Byzance qui la première a enseigné cette ascèse, qui demande au luxe l'éveil à tous les pouvoirs de nos sens, mais ne vit en ceux-ci que pour y méditer une absence. L'art byzantin, qui a désigné l'absolu, en sait aussi la distance. Il n'est pas, comme parfois Venise et souvent Rubens, l'assez vain déploiement d'une illusion de triomphe.

Mais je me bornerai aujourd'hui à évoquer de grands plats d'argent, luisants et sombres, sans ornement qu'une croix niellée ou le mince tracé de quelque rinceau. Tout leur art se résume dans le rapport de quelques circonférences, parfois deux seulement, l'une le rebord extérieur, l'autre la couronne toujours un peu inégale qui délimite le fond. Et ce rapport n'essaye pas d'être le *rapport parfait* auquel aspirait l'art grec, il ne prétend pas révéler dans une lumière sans ombre l'essence numérale de ce qui est, il réalise plus simplement l'équilibre d'un instant entre la mesure et la démesure, l'accord d'une âme avec elle-même, et je le dirai le *rapport heureux*, par la vertu duquel on peut vivre. Quand l'expérience de l'être est honnêtement conduite, dans son reflux ou, si l'on veut, son échec, une lumière encore se donne. Savoir, avoir éprouvé sa propre limite, est, au plus près du grand manquement, une liberté et un bien. Au meilleur de l'art byzantin, la forme est l'acte même de l'existence tentée, et quand elle ne permet pas ce qui ressortit au miracle, elle demeure ce qui délie des mauvais attachements, ce qui donne la liberté d'échanger Possession à jamais contre Savoir et Désir. A nous, consciences infiniment personnelles, refusées aux magies du sommeil dans l'universel, qu'il faut tenir pour la mort, Byzance tend une coupe. Nous pouvons y toucher un instant des lèvres l'eau invisible — finitude faite présence — qui coule au profond de tout.

SUR LA PEINTURE ET LE LIEU

Il n'y a pas de livre que je voudrais davantage écrire qu'un récit des musées du monde. Livre dont l'essentiel serait consacré aux galeries de peinture, et le chapitre le plus partisan, le plus injuste, elliptique d'ailleurs, allusif, presque muet, aux petits musées italiens. Musée de Spolète, une salle de mairie avec des croix peintes et l'étoilement d'une œuvre de l'école de Rimini. Musée de Pistoia, visité un matin de pluies, un jour noir, dans les combles de la Questure. Musée Bardini à Florence, pour les premières admirations naïves, pour une ignorance perdue, pour les premiers jours florentins. Et vous, anciens palais ou couvents, Pise, Ravenne, Ferrare, avec l'odeur instauratrice du plâtre. Bien que vous ne soyez que hasard, comme on dit, quand les œuvres sont absolues, je revendique le droit de vous aimer avec elles ; de ne pas vous en séparer ; et de vous affirmer et de vous emporter aujourd'hui, en mer, dans cette inquiétude du voyage que l'art comprend et qu'il justifie. Oui, il faut s'attacher aux lieux quand on se soucie des œuvres ; il faut se souvenir d'une lumière et de quelques salles réelles quand on veut vraiment penser, par exemple, à ce soleil et à cette nuit de la peinture, la *Flagellation*, de Piero, et la *Profanation de l'hostie :* car elles sont aussi, lumière et salles d'Urbin, le mariage du nombre et de l'unité.

Et c'est vrai qu'il existe, ici ou là, entre les œuvres et leur logis d'à présent, des connivences profondes. Un dialogue de l'invention et des enseignements séculaires, de l'ambition de l'esprit et de l'évidence sensible, de l'espoir et de la limite, voilà ce que Piero della Francesca à Borgo, Vecchietta à Sienne, Tintoret à l'École de Saint-Roch ne cessent pas de sauver pour nous, dans leurs pierres comme natales, en dépit du temps qui les obscurcit. Mais ce n'est pas ce premier degré de l'accord qui aujourd'hui m'intéresse ; ni ces musées de haut privilège dont je voudrais dans mon sentiment de ce soir faire le secret de mon livre ; aujourd'hui, m'approchant lentement d'autres rivages, où tous les musées sont neufs, où la peinture italienne survit sous des péristyles néo-grecs, je sais que j'aime (qu'on me pardonne) retrouver Véronèse à Londres, ou tel Botticelli infiniment vif, tout vibrant, derrière la brique rouge et les colonnes de bois si belles, peintes en blanc, de la Nouvelle-Angleterre, et Piero della Francesca toujours dans un grand mausolée de marbre aux confins du Massachusetts et du Vermont. Entre l'œuvre et le lieu j'aime que les liens se distendent. Et ce n'est pas par attrait de l'insolite — ce mot ne signifie rien —, mais par mémoire du mode d'être essentiel de cette peinture italienne immédiatement et toujours métaphysique, par intuition ou mirage de son inaliénable unité. L'art italien est toujours la même demande. Toujours il veut compromettre dans ce lieu-ci, notre monde, l'Idée qu'il sent trop lointaine. Et c'est évidemment la peinture qui exprime le mieux, fût-ce dans son échec, ce difficile désir, elle dont l'ambiguïté est de présenter l'objet réel dans l'espace plan, ce qui lui vaut à la fois le droit de simplement évoquer, de rejoindre aisément l'horizon de la plénitude la plus heureuse, et l'entrave de ne saisir de la chose que l'apparence, et d'être ainsi séparée du cœur de cette richesse qu'elle a trouvée dans sa liberté. La surface du tableau, en Italie au moins, n'est pas le moyen d'une analyse, mais une catégorie de l'absence. La rigueur de la perspective, au Quattrocento, n'a pas été de définir avec plus de précision les figures, mais d'aggraver de toutes les ressources du nombre l'essentiel manquement de l'être dans les images. Il en va autrement, certes, dans l'architecture ou la sculpture, qui coïncident avec l'espace et peuvent donc mieux signifier la présence. Pour qu'elles soient des arts de l'exil, comme c'est le cas avec Michel-Ange, il faut à celui qui œuvre un second degré de conscience, et cette intellectualité résolue qui est si souvent l'avenir intime de la douleur.

Mais je ne veux me remémorer pour l'instant que la tâche propre de la peinture, qui dans sa technique même médite donc le rapport de l'absolu et du monde, et cherche entre les deux les points de passage, avec chez les plus grands peintres la rêverie d'une solution entrevue. Unique entreprise, qui fait que l'art de l'Idée — la peinture italienne, mais aussi Greco et Poussin, Manet peut-être — n'est sous le déploiement historique qu'une éternelle dispute à la porte close du temple, un errement, car il n'y a pas de logique des approches, une parole emportée, trop pure pour rester avertie de soi, une nuit, — si bien que la diaspora moderne des œuvres, et c'est à cela que je voulais en venir, n'est selon moi que la conséquence de cette insuffisance foncière, et son explicitation et son nécessaire aboutissement. N'appartient-il pas au lieu, en effet, à ce *multiple* si hautement contesté par les arts épris de l'Intelligible, de s'affirmer devant eux ; d'opposer à leur thèse si incertaine de l'Un la réalité de hasard dans son évidence sans faille ; et de créer ainsi, entre l'œuvre et sa demeure d'exil, une tension qui aggravera notre conscience de l'Être? Peut-être la seule vraie liturgie dont notre temps soit capable est-elle de rapprocher, jusqu'à des points de rupture, ces deux pôles de l'intuition. Dans les tableaux, en tout cas, un savoir refusé ou refoulé s'en éclaire; et leur grande exigence toujours frustrée vient consumer dans le nouvel horizon les valeurs et les fins de notre modernité distraite, et rendre d'autres objets ou d'autres images à leur parole possible. Qui sait jusqu'à quel point des rencontres de cette sorte peuvent bouleverser des cultures, et notre vie? Les quêtes n'ont d'autre espoir que de conduire un esprit à ce moment de naissance. Semblablement j'aperçois dans la dispersion matérielle des peintures, dans cette mise en question de leur intuition incomplète, comme le labyrinthe à parcourir jusqu'à une situation absolue, à Bénévent, Aberdeen, Seattle, que sais-je, où la porte dernière s'ouvrirait. Et au moins je veux dégager une idée et la donner à entendre : celle du tableau perdu, oublié dans une réserve, sali, troué, plusieurs fois repeint par endroits au cours des siècles, mais nécessaire comme une étape sur la longue route qu'il faut. C'est seulement devant lui, comme témoin de sa solitude, que Dieu mériterait d'exister.

Une fois en tout cas, il y a longtemps, au musée de l'Œuvre de Santa-Croce, à Florence, devant une *Annonciation* dépeinte, posée à même le sol — devant le vase admirable, d'un bleu et d'une forme qui ne toléraient plus l'univers —, j'ai bien compris quel secours on pouvait trouver sur la voie. Et j'ai toujours chéri les « attributions », l'absurde tentative de reconstituer l'œuvre de peintres presque inconnus, le souci des œuvres les plus oubliées et même les plus médiocres des campagnes des Marches ou de la Toscane, comme une des rares vraies sciences, c'est-à-dire métaphysique, réinventant le sacré. Savoir où se trouvent les tableaux, cela vaut bien d'y consacrer une vie. Je l'aurais fait, quant à moi, plus volontiers que bien d'autres choses, et que cette connaissance m'échappe est un des regrets que j'éprouve. Au moins puis-je lui proposer d'assumer les pouvoirs que par modestie elle refuse. Je demande à quelques savants de comprendre l'instinct qui leur fait aimer les catalogues. C'est un des plus anciens et des plus profonds : l'espoir qu'au bout du temps — mais à un instant quelconque de la recherche — le hasard saura se faire le coup de dés.

Je me souviens d'un ancien départ, le premier vers la grande terre de l'Occident, patrie sinon des morts, du moins des hommes les plus voisins des grands déserts qui menacent. Le navire appareilla aux dernières minutes du jour. Déjà l'on ne distinguait plus des quais de ciment gris que leurs lumières pauvres et contestées, phares de voitures, grues qui se retiraient en éteignant leurs feux de couleur. Et si l'on parlait encore sur cette rive, si l'on criait des paroles à ceux du bord, déjà ceux-là ne savaient plus rien des quelques parleurs obscurs. Moi cependant, étranger certes, absent de ces soucis et de ces travaux, mais présent à l'odeur de cette mer, aux nuages encore rouges qui s'amassaient, au glissement du navire, — j'imaginais une Madone *dal collo lungo,* non du Parmesan mais de son école, aux mains écaillées sur la toile bleue, une œuvre de qualité incertaine, d'ambition douteuse, reflet d'un reflet : mais portée à notre suite, aussi loin qu'il le pourrait sur la mer, par un des remorqueurs de ce port. Le tableau roulé dans une caisse ou cloué sur le pont près d'une lampe. Bouche-à-bouche d'un absolu d'évidence et d'un absolu de désir, houille et parole, eau et nuit.

Je crois deux choses : une œuvre de « troisième ordre », une copie de copie, un travail d'école anonyme — et parce qu'il est anonyme, parce que le flot de quelque inconnu a pénétré dans la forme — peut être plus près que les œuvres les plus conscientes du centre inaccessible vers lequel se tourne tout art. D'autre part, les œuvres sont cryptiques. Elles ont besoin d'une grille — le hasard, notre lieu à nous, notre existence — pour être lues. Me refusera-t-on ces deux principes, les tiendra-t-on pour imaginaires ? Alors je rappellerai qu'en géométrie par deux points « imaginaires » peuvent toujours passer les figures les plus réelles, et j'avouerai que je me sens incapable de définir autrement que par ces mirages une peinture réelle, celle de la Toscane et de l'Italie du Nord et de Rome, entre 1300 et Guardi.

LA SECONDE SIMPLICITÉ

Je ne veux pas désavouer l'extravagance baroque. Je l'aime, et jusqu'aux confins du mauvais goût, parce que je l'entends comme un héroïsme, la réaffirmation de l'être sensible au cœur même, et combien vibrant, du vouloir propre des formes. Ainsi, dans les hauteurs du transparent de Tolède, ces corps en proie à l'espace, comme s'il fallait faire la preuve d'un autre règne — de l'obscure gravitation charnelle — dans le monde pur de la loi. Le baroque est un réalisme passionnel. Le désir emporté, déraisonnable, aveuglé, que l'existence terrestre accède aux droits du divin, et ce n'est pas un hasard, sûrement, si cet art a grandi quand on a commencé à douter de la présence réelle, quand on n'a plus compris ce pain et ce vin qui sacralisaient toutes choses, et d'abord le lieu où nous sommes et notre instant. Le baroque aime ce qui passe, ce qui est limité, ce qui meurt. Quand les églises gothiques, dans les campagnes, ont l'air d'avoir été égarées là, oubliées par quelque vaste entreprise de propagande, les édifices baroques, retrouvant la plus grave pensée romane, réunissent tout l'être épars dans les champs ou sur les collines pour le dresser au centre du lieu comme sa flamme soudain plus vive. De même, et profondément, on a dit d'une des églises que le Bernin a données à Rome : elle ressemble à un cœur qui bat.

J'aime donc que l'espace soit substance. Que les frontons brisés signifient « la joie imparfaite de la terre » ; que les marbres polychromes, si tôt noircis, les colonnes torses, les stucs dépeints ou tombés dévoilent dans la dépense impétueuse des fêtes le tragique manque secret. — Et pourtant j'aime surtout l'art baroque pour une qualité où il semble se contredire. C'est quand, dans des églises de village ou de petites communautés, ou plus encore sans doute dans les œuvres les plus savantes, les plus conscientes, d'architectes un peu vieillis, cesse l'inquiétude des formes, s'apaisent les conflits de l'ornement et du nombre : une *simplicité seconde* s'établissant dans l'agitation consumée. Qu'est-ce que ces grands cercles de pierre grise sur les façades, et ce matériau plus rugueux, comme une intuition du silence ? Est-ce, ainsi qu'on a pu le dire de tel ou tel édifice, le recommencement de l'abstrait, un goût classique qui se reforme dans l'épuisement de la danse ? Est-ce aussi bien la trahison d'une cause, la dissociation, une fois de plus dans l'histoire humaine, du souci de construire et du sentiment de la mort ?

Il me semble vraiment que non. Et que, de tous les arts qui ont cherché à courber l'Idée à cette présence absolue, sans répit, que nous aimons dans la pierre, c'est ce baroque plus simple qui s'approche le plus, par lucidité ou sagesse, de l'impossible unité. Que l'on se souvienne de l'art dorique ! Le nombre et le marbre clair y sont tous deux soutenus avec une admirable franchise, mais le premier cherche à guérir l'autre, à l'entraîner dans sa loi, à suggérer qu'étant immobile il a accès à l'intemporel, — quitte, sur les terrasses dallées, à dénoncer nos ombres qui bougent comme une énigme, un scandale. Le baroque, lui, le baroque « tardif », le dénué, ne conteste pas nos ombres. En lui les deux contraires, sans se renier, ont consenti l'un à l'autre, dans un repos désillusionné mais joyeux que l'on peut dire une grâce. La loi veut habiter la précarité temporelle. L'herbe pousse sur les volutes et les formes préparent l'herbe, l'écaillement, la rupture, en ranimant dans leur économie sinueuse le geste tremblé de ce qui vit.

Je pense au campanile de Saint-Yves-de-la-Sagesse. Je pense — beaucoup, depuis quelque temps — à la touchante église d'Aglié dans le Canavese, où l'art le plus musical, le plus accompli a voulu le gauchissement de la brique rouge. Je pense à des meubles peints, de couleurs claires. C'est eux que l'on devrait dire *de campagne,* puisqu'ils ont des animaux et des plantes aussi bien la vivacité heureuse que l'inquiète ignorance de la mort. Ils sont toute l'allégresse dont le regard de l'homme est capable et les égaux, enfin, de la lumière qui vient à eux.

Et grâce à eux, et à l'idée de quelque coffre un peu rouge, et d'une fenêtre où il s'encadre, avec l'été ; grâce à cet éclat entrevu d'un âge d'or au-delà du christianisme, mais qui en garderait la mémoire, tenant de lui sa mélancolie à la fois guérie et non guérie, je trouve la comparaison qui exprime à peu près la pensée que je voudrais dire : la *répétition* selon Kierkegaard est ce qu'il y a de plus semblable en désir, qui se révèle parfois substance, à cette seconde simplicité.

L'HUMOUR, LES OMBRES PORTÉES

I

Je regarde les grands chapeaux que Piero della Francesca invente, à Saint-François d'Arezzo, dans les plus concertées de ses peintures. Dans le *Retour de la Croix à Jérusalem* surtout ce sont de vrais édifices, qui continuent d'abord, cylindriquement, la forme du crâne, puis s'élargissent très haut comme une sorte de vase et se referment enfin, et soudain, par une surface plane, à deux empans à peu près au-dessus de la chevelure. Ils tiennent, ces chapeaux, de l'église à plan central mais aussi de la montgolfière. Forme précise, parfaitement définie, ils s'apparentent à ces corps réguliers, cristaux de proportions et de symétries, que le plus grand des peintres du nombre a voulu reconnaître en toutes choses ou presque. Et c'est au point que de cet homme barbu à droite, qui porte rêveusement la main à sa merveilleuse coiffure, on pourrait croire un instant qu'il dit ainsi de la Croix qu'elle n'est qu'une épiphanie nouvelle de l'universelle harmonie. Pourtant, quelque chose de l'absolu manque évidemment à son geste, et autant à ces couvre-chefs. Un esprit pythagoricien ne pourra que s'inquiéter d'eux, il aura l'impression d'un sacrilège. C'est que Piero della Francesca nous a lui-même habitués à associer nombre et pierre, immobilité et géométrie : si bien que ces hauts volumes qui bougent, changent brusquement de profil, se mettent de travers dans les perspectives, ces échafaudements que nous savons creux, une charpente légère, tendue d'étoffe, ne semblent exalter la vertu de l'Intelligible que pour un peu s'en moquer. Il n'est pas bon non plus que les corps parfaits que Platon a considérés dans le *Timée,* et Piero lui-même étudiés dans un de ses livres de pratique, viennent trop près — fût-ce sous cette forme moins pure — de ces sourcils broussailleux, de ces cheveux en désordre, de ce poil que le *Parménide* donnait, et non sans raisons, pour un des éléments les plus obstinés de la spécificité du sensible. C'est comme un risque trop grand que l'on fait courir à l'Idée — et une inquiétude nous prend. Est-il possible que Piero se soit laissé égarer, cette fois, par trop de confiance dans les formes ; qu'il n'ait pas su définir avec assez de justesse la ligne mystérieuse qui sépare sacré et monde profane, et suffisamment protéger son hypothèse géométrique de la proximité brisante du quotidien ? Il reste, heureusement, que ces chapeaux sont placés au centre même de l'œuvre. Irrésistiblement, celui qui regarde la peinture, c'est moins la croix qui l'attire que les chapeaux. Et de la part d'un peintre que nous savons si rompu aux disciplines du *self-control,* cela doit bien signifier une intention, elle aussi centrale, au plus difficile de sa pensée.

Je crois en cette intention et la définirai, en demandant pardon d'introduire un deuxième concept anglais à propos d'un peintre de la Toscane — mais Piero a de surprenantes ressources —, comme une sorte d'*humour.* Rien de burlesque, en effet, dans cette bizarrerie furtive, rien de tragique non plus, rien qui disqualifie une foi. Et si ironie il y a ce n'est nullement aux dépens des formes mais avec elles, comme pour les faire mieux vivre, dans une adhésion qui demeure intacte à ce qu'elles ont d'absolu. Il y a humour quand les valeurs sont examinées sans être pour autant dévastées ; quand il s'agit avant tout d'éprouver une résolution, un courage ; et c'est ici ce que fait Piero. Il ne veut pas, en amenant au contact l'une de l'autre l'affirmation de la forme et l'évidence de la matière, faire s'écrouler cette vaste demeure rationnelle qu'il a si fortement édifiée. Mais comme Platon dans le *Parménide* il veut en bien marquer les limites, ou plus exactement le mystère, et d'autres petits indices disséminés dans son œuvre témoignent de cet esprit. Je vois, toujours dans ce *Retour de la Croix*, entre le magnifique château paisible et le chapeau du premier plan qui l'offusque, venir au loin un vieil homme. Il porte une de ces longues barbes bifides, à la fois comiques et substantielles, que Piero aime, nous commençons à savoir pourquoi. Et s'il est en retard à la cérémonie qui a lieu, c'est parce que, souriant à soi-même, tranquillement, les yeux à demi clos dans l'excès de son opulence corporelle, il signifie pour Piero dans ce déploiement de l'Idée la résistance de la matière, l'inguérissable lenteur de l'élément le plus bas.

N'est-il pas un peu, ce vieillard, à sa façon à lui, débonnaire, compréhensive, cet étranger du *Sophiste* qui est venu rappeler aux esprits de spéculation les apories de leur doctrine de l'être — et la vérité de la vie ?

Il y a partout dans Piero ce qui maintient celle-ci, ce qui reconnaît sans en prendre peur la présence en elle du non-être : les plans obliques dans la tranquille récession des horizons parallèles, mille infimes gauchissements dont s'anime et s'approfondit la régularité apparente. Il y a enfin, au cimetière de Monterchi, la *Madonna del Parto*. Sur le fond de parfaite symétrie des anges et des rideaux, dans un espace sans profondeur, dans ce lieu plan où l'intemporel n'a cessé de hanter les peintres, elle désigne avec une étonnante ironie, presque imperceptible et pourtant, si j'ose dire, cosmique, un peu — cette fois — chinoise, la croissance de cette vie certes sacrée dans son ventre. Nulle impudeur dans cette suggestion si exactement transcrite en termes de pur espace, mais rien non plus d'idéalisé. Je reconnais et salue ici cette attention sans détour aux contradictions de ce qui est, vie ou nombre, accident ou loi, ténèbres ou lointains de rassurante lumière, qui est la vocation de la plus haute conscience et le principe du plus grand art.

II

Et pour les mieux replacer dans les perspectives d'un tel regard, je définirai les grands chapeaux d'Arezzo, ou le vieillard qui approche, ou l'icône paradoxale de Monterchi comme des métaphores plastiques, puisque le peintre y a fait appel à des aspects de l'objet terrestre pour signifier une intuition de l'esprit, en l'occurrence ce grand refus des prétentions de l'Intelligible. Métaphore plastique — permise seulement par la Forme, mais en conflit avec elle — est encore, dans le *Baptême du Christ*, ce reflet du ciel matinal dans l'eau trouble qui indique que Dieu rend son amour à la terre, mais tout autant qu'elle demeure elle-même, de toute son argile où les morts se perdent, dans la lumière du jour nouveau. On peut d'ailleurs remarquer qu'il y a déjà dans l'emploi de ces métaphores par les peintres bien plus qu'une réminiscence par l'intellect de l'existence d'une matière, d'un ultime élément de dénégation de l'Idée, tant il est vrai qu'elles supposent la réflexion empirique, et donc la prescience la plus active d'une expérience « rugueuse », aux vérités sans a priori. Et, réciproquement, c'est la richesse et la liberté de cette expérience concrète, évidemment personnelle, qui permet à de grands artistes d'amplifier de tout un poids d'existence la mise en question que j'évoque. Quel surcroît, non seulement de lucidité métaphysique, mais de présence du peintre, quand la corne du bœuf, dans la *Nativité,* est placée en prolongement de la guitare d'un ange ! Il est vrai que Piero lui fait porter cette fois son optimisme, mais c'est toujours sa même pensée si dialectique, en suggérant que musique et matière à la fois s'opposent et collaborent, dans cette tension qu'en définitive il identifie au réel.

On notera d'ailleurs que cette double intuition peut prendre beaucoup d'aspects, d'un esprit à l'autre, et qu'ainsi elle peut se faire, soit une affirmation décidée, soit, involontaire, le jeu de forces obscures, sous le ciel incertain du ressouvenir. Ainsi la métaphore dira la disposition de celui qui peint, son courage ou son scepticisme, son désir de témoigner pour la vérité ou de s'enfermer au contraire dans une revendication passionnelle que Piero même, dans sa sérénité où paraît toutefois comme un soupçon de tristesse, semble nous inciter à définir.

Quel est le contraire des grands chapeaux de Piero della Francesca, quel est chez d'autres peintres le signe aux résonances analogiques qui exprimera, non plus une ataraxie superbement vérifiée, mais les heurts plus ou moins durement soufferts de l'espérance et du désespoir ?

Je ne doute pas que ce soit l'ombre portée. Chez Georges de Chirico, à l'horizon des admirables tableaux de sa première manière, n'y a-t-il pas les palais, les terrasses et les arcades qui, sinon réalisent, du moins évoquent cette architecture des proportions harmonieuses en quoi l'affirmation de l'Intelligible s'est toujours engagée et toujours perdue ? Mais dans l'immobilité de ces lieux une petite fille qui court, des hommes qui, loin, très loin, se sont rencontrés et se parlent, une roulotte ouverte et qui semble vide, jettent sur le sol de grandes ombres. Lesquelles sont, c'est ce qu'il faut remarquer d'abord, concevables et même fatales dans un art « absolu » dérivé de la pratique des nombres : étant mesurables par ces équerres et ces compas que Chirico a représentés, avec solennité, mais de *l'extérieur*, comme des instruments mystérieux, aux fins oubliées, tant l'ambition de salut qu'avait associée à leur emploi l'art classique est devenue incompréhensible. Tout l'art de Chirico est ce passage de l'intériorité d'un projet ancien à la contemplation méditative de ses épaves, et des catégories ambiguës qui l'auront démembré autant que permis : perspectives qui disent le nombre latent des choses, mais accusent aussi la relativité de l'observateur ; gestes pétrifiés qu'avait déjà aimés au XVe siècle toscan cette hérésie, les prédelles, et qui réintroduisent l'instant dans l'essai de fixer l'intemporel ; et vous, ombres des corps qui, dans la loi de géométrie et l'unité qu'elle assure, êtes le témoignage d'une opacité résistante. Née du hasard de la conjonction des foyers de lumière et des volumes, l'ombre portée maintient sur les échafaudages du nombre l'irréductible hasard. On voit qu'elle y fait vivre avec lui le temps, l'être de ce moment furtif que de sa longueur et de son orientation elle marque, comme on lui demandait de le faire encore sur tous les cadrans solaires du classicisme en déclin. Et ce n'est pas sans raison que Chirico a également représenté des pendules, et ces trains qui peuvent indiquer l'heure dès que le lieu où ils passent est exactement défini. Profondément ce que l'ombre portée désigne, comme l'aiguille sur un cadran, c'est *tel lieu à tel instant*, et au-delà l'impénétrable substance de ce pôle métaphysique de notre esprit, la réalité de rencontre, qui n'a pas de nom dans l'Idée. En un mot, c'est la finitude. C'est le mystère de la présence d'un être et notre mélancolie de le voir forclos de la cohérence des nombres. Comme un démon du plein jour, l'imperfection ontologique de l'être humain hante dans l'œuvre de Chirico la catégorie de l'espace. Et il n'est que logique, en vérité, que le soleil qui détermine ces ombres, désormais lourdes de tant de sens, soit électivement le soleil du soir, celui qui se retire comme l'Intelligible semble le faire de ce monde où par le compas et l'équerre sa vanité a été prouvée. Au petit matin de Piero, où les ombres sont douces et transparentes, et l'Idée supposée de seconde en seconde plus forte, au midi un peu vide et décoloré de l'art classique, cette lumière sans foyer qui semble coïncider avec l'enveloppe des choses, et consumer leur matière, succède la gloire occidentale d'une intuition du néant.

Une dernière fois dans l'histoire, avec Chirico, l'entreprise platonicienne, si tôt émigrée dans l'art qui, dans son double souci de l'essence et de l'apparence, lui proposait son élan et lui assurait un langage, déploie tous ses niveaux, mais pour avouer son renoncement. La voie est désormais embroussaillée et sans doute close. C'est ailleurs, loin des séductions et des pièges d'une pensée de l'essence, c'est dans l'affirmation de l'être de ce qui passe qu'il va falloir reporter l'ambition sotériologique de l'esprit. Aimer l'ombre portée, bien sûr, et même n'aimer plus qu'elle, mais en ne pensant plus qu'elle dépende d'un astre. Oublier le mirage intelligible et avec lui la *forme* des ombres, qui est fille de la mesure. Le nouvel hic et nunc n'apparaît pas dans le prisme d'une métaphysique du nombre, mais dans l'immédiateté d'une adhésion affective. Et Chirico, qui ne tente pas comme Piero della Francesca ou Raphaël la construction de l'essence sur sa toile, qui se borne à la suggérer comme un horizon de ville déserte, peut-être n'a-t-il tant de pouvoir sur notre conscience moderne que parce qu'il s'attache aussi à un gant, un mannequin ou un fruit, objets bruts, où s'efface à jamais le reflet de l'alignement des arcades.

Mais quelle force, d'invention et de poésie, aura représentée dans l'histoire de l'Occident ce platonisme tenace, s'il est vrai que c'est de son corps, d'une ombre soudain devenue présence, d'une forme qui a vibré, d'une « mélancolie » changée en résolution et ivresse, que l'intention nouvelle a surgi ! Le platonisme, qui a entretenu l'illusion, a aussi maintenu l'espoir. Il a emprisonné celui-ci, mais il lui a donné de s'approfondir et de chercher son avenir libre dans mille situations troubles, exténuées mais riches d'un grand possible — comme les crises d'une existence —, et qui s'affirment de plus en plus, entre le grand art renaissant ou classique de la conscience et l'art romantique de la passion, le seuil qui fut nécessaire des temps nouveaux. Pontormo, Parmigianino, Greco, écume fondatrice sur le rivage. Et l'art néo-classique, encore si peu connu dans son unité pourtant forte, qui est d'exil et de méditation sur l'exil. C'est lui que Chirico a résumé à grands traits, par un acte intuitif de sympathie œdipienne, et il a pu le faire à bon droit, sans anachronisme ni mensonge, parce que la nostalgie que portait en soi cette sensibilité tardive est plus véridiquement perpétuable que l'héroïque illusion de ce qu'on appelle une haute époque.

J'imagine un cabinet d'architecte, à Bergame peut-être, vers 1780. Il y a des plâtres posés à même le sol, qui est un pavement précis et usé de pierre grise. Il y a des rouleaux de plans et d'épures sous les tables. C'est à six heures de l'après-midi vers la fin de l'été et la salle est vide. Ailleurs, sans doute, on mange des glaces sous des arcades. La musique de Cimarosa lutte comme elle peut contre des nappes d'ombre en sa profondeur. Et je pense aussi au premier *Hypérion,* de Hölderlin, où la Grèce elle-même, l'étincelante, est aimée dans l'heure du soir, et à Gérard de Nerval encore, essayant d'arracher ses yeux, sur les pentes du Pausilippe, à l'ineffaçable *soleil noir.* Le néo-classicisme a été beaucoup plus qu'un accident de l'histoire, et il n'est pas le fléchissement ou l'académisme que l'on croit, puisqu'il est l'aboutissement de l'éternelle ambition de faire coïncider notre réel et la forme et qu'il a su exprimer, dans cette illusion enfin dégrisée, le mouvement de l'âme qui en est encore captive. A l'intérieur de l'art le plus objectif une subjectivité se déclare. Des hommes se convertissent à la mémoire. L'astre double, le soleil levant de l'Intelligible, occidental de l'homme réel, a passé de son orient à sa chute et dans sa lumière plus rouge découvert cette face aux yeux demi-clos et entourée de rayons, la conscience en proie à la finitude, qui a tant obsédé l'imagerie alchimique... Heureux les hommes du soleil levant s'ils savent comme Piero s'établir dans une sagesse, mais plus vrais sans doute ceux de l'ombre. Ils aperçoivent un autre règne, réel, illuminé au loin dans leur nuit, et le contraire des grands chapeaux de Piero della Francesca est peut-être avant tout ce moment presque absolu dans le *Don Juan* de Mozart, lorsque les masques s'avancent sur le seuil obscur de la fête : *O belle maschere, cosa chiedete ?* Un art, non plus de la construction impraticable de l'être, mais de l'existence et du destin.

UN RÊVE FAIT À MANTOUE

Au début de l'été 1961, Jackson et Marthiel Mathews arrivèrent à Paris. Ils allaient en Égypte, puis en Grèce et Sylvia Beach avait décidé de faire avec eux ce voyage. Un soir, Jackson me dit : « Ne pourrait-on se retrouver à Athènes ? » Je découvris que j'étais libre de partir, et heureux de l'idée de les rejoindre.

Sylvia en Grèce fut infatigable, mais nous pensions quelquefois qu'elle était moins en deçà qu'au-delà — désormais — de la fatigue. Elle allait, toujours la première, silencieuse, elle se juchait sur les pierres, regardait, grimpait encore, au soleil, en noir, avec une attention qui ne cillait pas. Tôt disparue le soir, mais si tôt partie le matin ! À Nauplie une fois, je contemplais de ma fenêtre l'éveil du port. Parmi les pêcheurs encore muets dans les nappes d'ombre encore bleues, rapide, enjambant les rouleaux de corde, passa bientôt une Sylvia chapeautée, silhouette menue, petit pied qui ne pesait pas, qui n'était plus que subtilité intrépide.

Et je revois aussi une grande salle sombre, celle d'un restaurant de Delphes, et cette fois encore de très bonne heure. Pas même de nescafé. Peu de secours à attendre de quelques serveurs au loin, indistincts, bientôt invisibles. « Qu'à cela ne tienne », dit Sylvia.

Elle a avisé sur une étagère une boîte de fer qui contient en effet du café moulu, Dieu sait quand ! et, dans l'eau tiède du thé, elle met un peu de la poudre, elle remue, elle boit. « It's not so bad », conclut-elle sans illusion, mais avec cette résolution inflexible qui est l'aspect le plus discret de l'humour.

En vérité je n'ai jamais vu voyageur si désépris de soi, si allégrement stoïque, et j'ai vraiment admiré — me demandant parfois dans quel besoin profond elle puisait ses ressources — cette fragilité si confiante. Qu'attendait Sylvia de la Grèce, qui vint si tard dans sa vie ? Je me souviens qu'à Mycènes elle a voulu descendre dans le grand puits, dont on gagne le fond, une mince flamme à la main, par les degrés sans fin d'un escalier en spirale. Les marches sont glissantes, les parois proches, l'eau à venir n'aura qu'une étroite rive silencieuse, mais Sylvia qui avançait devant moi, je la sentais courageuse, un peu étonnée mais très attentive et je pouvais reconnaître en elle, décolorée mais intacte, sœur de cette eau qui se perd, la jeune fille éternelle un peu anglaise qui, pour un moment délivré, s'en va un sac sur le dos, dort sous la tente, prend des notes dans les musées (elle pourtant ne le faisait plus, parfois elle écrivait un mot sur une vieille enveloppe), passe tôt le matin dans les petites rues du village. Sylvia Beach fut l'ingénuité, qui est l'intelligence des êtres libres. Elle est venue de l'enfance aux travaux et à la vieillesse sans consentir de voir le relief morne des choses. Comme les Korés qu'elle estimait tant, et qui regardent tout bien en face, sans pruderie mais intactes, comme l'art à la fois robuste et mélancolique du combat qui fut décisif, au fronton d'Olympie, elle a voulu soumettre à ses idéaux inflexibles les pentes, les gravats, les broussailles tristes de la vie.

Et peut-être notre chauffeur avait-il compris que Sylvia était de la race non magique, celle qui refuse le labyrinthe, celle qui remonte vers la lumière, puisqu'il lui apportait chaque matin un bouquet, tout brillant de rosée, du lourd jasmin de septembre ? Moi, je me disais, de façon à peu près semblable, qu'elle ressemblait vraiment peu, au moins par le choix moral, à ce Joyce dont elle cherchait partout, sur la terre d'Ulysse, le souvenir. Un matin — Sylvia décidément appartint au soleil levant — j'errais au Musée national, et je la vis de loin qui venait vers moi. J'avais un appareil de photographie. « Yves, me dit-elle, regardez, c'est tout à fait Joyce. Pourriez-vous le photographier ? » La stèle qu'elle me désignait, funéraire, avait préservé l'apparence d'un guerrier du VIe siècle, casqué, nu, imperturbable, musclé, et pourtant — pourquoi diable, et par quelle ressource de la conscience mythique Sylvia l'avait-elle vu ? — c'est vrai que Joyce était là, avec même ce front courbé par la myopie.

Bien entendu, Sylvia nourrissait l'idée d'aller à Ithaque, et ce lui fut une grande déception, dans la dernière semaine, d'avoir à constater que l'île est aujourd'hui encore peu accessible, et qu'elle avait laissé partir le bateau qui lui eût permis d'y venir. Il fallait remettre à une autre année l'ultime visite. Sylvia prit ce hasard avec brusquerie. Elle hâta son retour en France. Le temps soudain manquait, il n'a plus cessé de manquer à Sylvia Beach.

☆

Quelques jours plus tard, je quittai moi aussi la Grèce, par le bateau pour Venise. J'avais formé le projet de m'arrêter à Mantoue, pour visiter l'exposition Mantegna, et j'y fus bientôt, venant par un *accelerato* une nuit. Je voulais loger auprès de la gare, mais les hôtels voisins n'avaient plus de chambres. Je me confiai à un taxi, et ce fut pour découvrir que les autres hôtels, et même les pensions, étaient complets eux aussi, ce qui m'étonna, puisque nous étions en octobre. « Pourquoi tant de voyageurs dans Mantoue ? », demandai-je à mon conducteur. — « Mais à cause de la grande Mostra », me dit-il. Cette réponse m'apporta un contentement extraordinaire. Il me parut que c'était moi-même à l'infini, venu visiter Mantegna, qui habitais les chambres de cette ville. Cependant, nous descendions de degré en degré, toujours en vain. Il ne restait plus dans Mantoue qu'une petite *locanda* que mon guide hésitait à me proposer.

Or, il y eut pour moi une vaste chambre, atteinte dans l'obscurité par des marches de pierre sous des arbres, à la locanda *Al giardino.* De grands meubles opaques de l'Ottocento y luisaient dans une lumière pauvre, sous des chromos illustrant des scènes de l'*Otello* de Verdi. Je me hâtai d'aller voir les deux églises d'Alberti. Puis je m'endormis et je fis un de ces beaux rêves qui se détachent parfois, avec une netteté de poème, des griffonnages aveugles de l'inconscient.

Voici la fin de ce rêve. C'était le printemps ou les premiers jours de l'été, j'entrai dans une maison blanche assez basse cachée au fond d'un jardin, et là je pris un escalier qui descendait en larges spirales, mais sans rien perdre du grand éclat de la matinée finissante, où se mêlaient le vert des feuillages et les taches mouvantes de l'orangé des fruits mûrs. A peine si une salle, où je fus soudain, se révéla moins brillante. Elle donnait, par une porte-fenêtre, sur le même jardin, dans ce qui paraissait ses assises les plus profondes, et c'était, cette salle assez exiguë, une cuisine, meublée comme autrefois de bois ciré et de cuivre. Plusieurs petites filles s'y pressaient en riant auprès de vastes fourneaux. Et une odeur délicieuse d'huile fraîche montait des poêles noires où des œufs cuisaient doucement. Je regardai ces minimes soleils grésiller dans les parfums et les ombres. Et je vis que de temps en temps une des jeunes filles en prenait un dans une écumoire, pour le jeter dans des baquets sur le sol, où beaucoup d'autres gisaient, végétant ou près de s'éteindre. Je m'étonnai de cette bizarrerie. « Mais qu'en faire, en vérité, me dit-on. Nous sommes les fées, qui n'avons pas de besoins. Nous cuisinons pour notre plaisir. C'est ici la maison d'immortalité. » Et de rire toujours, visages pleins et mobiles de l'enfance qui va finir.

Après cela, je fus dans une rue populeuse, ou plutôt c'était un chemin dont les parois étaient creusées de boutiques, aux arcades de pierre grise. Et devant l'une d'elles, entourée de passants, il y avait Sylvia Beach. Elle tenait un livre, ou une revue. On expliquait qu'elle avait souffert de l'ingratitude d'un éditeur. Je la vis pâle, infiniment vieille, menacée. Et je lui dis alors qu'il fallait qu'elle quittât ce lieu, qu'elle vînt. Je la pris même par la main et l'entraînai, par la rue qui tournait et peu à peu descendait, vers la demeure des jeunes filles. Oui, je savais qu'il suffisait qu'elle y pénétrât pour échapper à la mort. Mais il m'était évident aussi, et de façon à chaque instant plus pressante, qu'il fallait que nous fissions vite. Un nouveau réel mystérieux — le jour, la finitude, l'éveil ? — venait de toutes parts dans les arbres, les effaçant et cette rue avec eux, et tout ce lieu de l'espoir. Nous courûmes, et la porte fut devant nous, et je luttai de toute mon âme pour que ces apparences demeurent, une minute au moins dans la blancheur grandissante, et au moment où tout s'abîmait, la pierre du seuil fut sous notre pas. Ai-je réussi à faire entrer Sylvia Beach dans la maison d'immortalité ? En me réveillant *al giardino*, une matinée de soleil, dans le chant touffu des oiseaux, j'étais bien près de le croire.

*

Mais voici qu'une année plus tard, un matin de brume froide et de pluies, je descendis avec les amis de Sylvia, vers un jardin délabré, les marches du Colombarium du Père-Lachaise. Ce jour-là, tout le réel était blanc et noir, avec des reflets jaunes peut-être, comme sur les vieilles photographies. Et c'est alors que quelqu'un qui a bien connu James Joyce dans ses années parisiennes me dit avec effarement en me montrant soudain un vieil homme maigre et voûté, au front haut, aux yeux mal recouverts par d'énormes verres étroits comme j'aurais pensé que l'on n'en fait plus ; un homme qui se tenait à l'écart, et comme sans couleur entre notre groupe et les arbres : « C'est extraordinaire, voyez ! On jurerait que c'est lui. » De fait, moi qui n'y pensais pas, je le reconnus aussitôt.

Ce n'était pas James Joyce. Mais l'avoir aperçu dans cet homme qui s'éloignait me parut riche de sens. Cela signifiait, bien sûr, que son souvenir, au moins pour quelques-uns d'entre nous, était obsédant dans cette heure triste. Mais plus profondément et surtout, qu'il était facile, ce matin-là, d'accepter de passer dans le monde fluide du rêve, d'oublier l'ancre cachée qui garde au port notre monde, de croire au fond de soi — pensée certes coupable — qu'il n'y a pas de raison pour soustraire aux assauts de symboles venus d'ailleurs le domaine étroit du vécu. Quand on conduit à néant un être cher, et qui a été comme Sylvia Beach si présent à soi-même, et si naturellement un foyer pour les plus vrais travaux d'une époque, on est bien près de consentir que la réalité n'est qu'un songe. N'était-ce pas notre existence déjà que mon rêve d'Italie avait voulu signifier dans son essence illusoire, par la disparition à la fin de toutes les apparences ? Une phrase variable, aux ratures mouvantes, aux horizons sans réel, une brume comme aujourd'hui, avec rien que le battement d'une petite cloche delphique. Et le monde vrai au-delà dans cet inaccessible éveil que le mien de Mantoue, vers le souci poétique, ne pourrait jamais qu'imiter.

Et je pensais encore à quelques photographies que j'avais prises de Sylvia Beach, à Delphes, à Mycènes, en Arcadie, comprenant mieux désormais pourquoi elles allaient devenir, comme toutes celles d'un autre temps, cette épiphanie silencieuse, corrodant les objets qui en constituent l'horizon ou, simplement peut-être, le décor. L'humanité en nous, notre antique vouloir d'être une personne, ne connaît que *de l'intérieur,* dans la foi qui l'emporte vers l'unité, la plénitude de l'Être. Vue par les yeux d'autrui, dans le passé incessant, quelle immobilité bientôt dans le geste, quel mystère : elle s'avance vers l'appareil de photographie comme un démon de l'heure du soir. Oui, ce qui creuse parmi les choses les grandes avenues du concept, notre intérêt pour leur apparence, toujours à vif, c'est aussi cela qui les rend à nos propres yeux insolites, par l'autre creux, l'autre glissement, cette fois au centre même, et qui est le vide de notre nom. Je prends une photographie, j'éternise un instant de Sylvia Beach et les arbres changent, comme si en suivant quelque procession dans l'été, et levant soudain haut les yeux, je les revoyais dans et par le mouvement incertain, comme d'une barque remuée par une houle sans bruit, de cette statue noire, souriante, un peu délabrée, que nous portons au loin sous leurs branches.

NOTES SUR HERCULE SEGHERS

La forme de l'être humain, du chemin qu'il prend, de la maison où il vit, c'est là ce que Seghers met en jeu, et c'est pourquoi il nous touche. Ces figures — notre sécurité d'esprit, mais aussi bien notre aveuglement, notre exil — les voici contestées, amenuisées, perdues presque par un effort extrême de *l'attention* de l'artiste, cependant qu'à travers s'aggrave, poussée immense sur les derniers fragments de la forme reconnaissable, un au-delà mystérieux.

Et cette mise en question est apparemment sans recours, car la couleur, cette harmonie possible, elle aussi ce rêve, a été refusée d'avance, tandis que le contour naturel — ce rocher, par exemple, à la figure pourtant si facilement perceptible, point d'appui instinctif de l'intuition religieuse, débouché des dieux sur la terre — est lui-même biffé, troué, scindé de l'une à l'autre de ces gravures par quelque chose de blanc et d'immatériel. Ce *fond*, vers quoi Seghers nous conduit, est-ce l'informe, l'annulation du projet humain ? On pense aux coups de gomme de Giacometti qui, plus que sur le détail d'un aspect, portent sur l'apparaître lui-même, cherchant à le délivrer des catégories de notre pratique. Seghers et Giacometti brûlent nos vaisseaux, le célébrable n'est vrai pour eux qu'au-delà de la parole qui le prononce et qu'aussitôt un reflux rature, il s'apparente à la nuit.

Mais au terme de cette consumation chez Seghers, au moment où le regard engagé dans ces confins hantés de forces incontrôlables a presque désespéré des pouvoirs de l'homme, la forme certes *revient*. Quel mimétisme de l'immédiat l'a sauvée, qui la brouille encore ? Est-ce bien l'homme et ses travaux et son lieu, ce fourmillement qui soudain se montre partout, dans les failles encore mouvantes de la matière ? Oui, c'est eux et tout l'avenir à nouveau, car cet infiniment fragile est désormais à l'épreuve de l'extériorité qui aliène, de la rationalisation qui enchante mais qui perd. Et c'est par cette présence pauvre, au ras du sol, au plus bas degré du visible, que le vrai chemin se dessine, d'une terre qui enveloppe, « poétiquement habitée ».

☆

Poelenburgh ou Breenberg, à Rome, dans les années 20, se plaisent à dessiner les crevasses d'un mur, le descellement de ses pierres par la racine d'un arbre, l'évidence de leur retour à la terre de l'origine. Mais cela se passe au soleil, celui d'un horizon dont la beauté rationnelle suffit à maintenir l'illusion d'un être en soi de la Forme ; et si la fragilité humaine est ainsi comme voluptueusement consentie, c'est en donnant valeur et substance à l'Intelligible qui la dénie... Seghers n'a aucun regard pour cette tradition romanesque, ni pour le formalisme qu'elle nuance, mais continue. Et, en retour, qu'il semble isolé dans cette époque de Vermeer qui absolutise les apparences, ou même de Rembrandt qui s'en distrait, mais demeure occupée à de complexes recherches de psychologie spirituelle ! Seul Elsheimer, dans ses admirables dessins récemment montrés, nous laisse l'impression qu'il avait *vu*, comme Rimbaud pourrait dire ; contemplé face à face cette blancheur dans la montagne ou dans l'arbre — celle qui rend fou ou qui sauve.

Mais après eux ! A partir du moment où Galilée a regardé grandir dans ses verres nouveaux le sol crevassé de la lune, ce qui fait que bientôt on a commencé à comprendre que la forme n'est pas ce qu'elle semblait à Dante ou à Raphaël, la réalité dernière de l'être, mais simplement, en somme, notre écriture, c'est-à-dire notre avenir, nos rues inachevées, notre vent : pourra-t-on se complaire encore à la reconnaître dans ce qui est sans la mettre en tant que telle en question, sans se donner d'abord, par une plongée au-delà, le droit *vérifié* d'y prétendre ?

Bientôt Poussin, lui qui a étudié avec passion la musique antique du nombre, ramasse une poignée de terre et dit : Voici la Rome perdue.

Et c'est cette « terre » qui monte dans ses dernières peintures — le *Polyphème*, l'*Orion aveugle*, l'*Apollon épris de Daphné* — pour un affrontement comparable à celui que Seghers a soutenu pauvre et seul dans les fastes du « siècle d'or ». Une certaine musique, de supposé droit divin, qui triomphait dans le *Concert* de Giorgione, mais s'assombrissait chez Léonard de Vinci, se guindait dans le maniérisme, se tendait et se rompait presque dans les dissonances de Michel-Ange, toutefois reprenant toujours, notre seule demeure, notre navire — a cessé. Et c'est à partir du silence que désormais la vérité de l'art prendra corps.

☆

On comprend mieux sous le signe de Seghers les arbres insensés, aux cimes croulantes comme des neiges, de Fragonard ; les visages hantés, secoués, que peint Géricault ; et Goya.

Et on comprend la folie, dont l'ambiguïté se profile dans le mouvement de cette œuvre. Quand la raison n'est plus que formulation satisfaite, langue figée, le souci du vrai et du bien peut se glisser dans la « maladie » pour se porter au contact de la limite invisible où les signes changent de sens. Il y a des moments où le *symptôme* peut être la forme en creux de cette venue que disait positivement, aux temps archaïques, le *symbole.*

J'ajoutais à ces notes dans *L'Ephémère* cette phrase de Claude de Saint-Martin :

Les mots sont devenus dans les langues humaines ce que la pensée est devenue dans l'esprit des hommes. Ces mots sont devenus comme autant de morts qui enterrent des morts, et qui souvent même enterrent des vivants, ou ceux qui auraient le désir de l'être. Ainsi l'homme s'enterre-t-il lui-même journellement avec ses propres mots altérés qui ont perdu tous leurs sens. Ainsi enterre-t-il journellement et continuellement la parole.

L'ARCHITECTURE BAROQUE ET LA PENSÉE DU DESTIN

I

On connaissait Pierre Charpentrat, comme historien du baroque, par les quelques superbes pages qu'il lui a consacrées, il y a quatre ans, dans la *Nouvelle Revue française*[1]. C'est aujourd'hui tout un livre qu'il fait paraître, et cet ouvrage ne trahit pas les promesses de la première approche plus synthétique et autoritaire, par moments presque poème : il s'agit là d'une des meilleures études où cet art longtemps méconnu et si souvent mal compris, ce vrai Protée des manuels, aura été retrouvé.

Évidemment, on en regrettera d'autant plus que Pierre Charpentrat ait dû laisser en dehors du champ de sa réflexion le baroque espagnol ou celui de l'Amérique latine. Bien que ceux-ci aient évolué selon des lois bien à eux, ils ne sont pas plus aisément dissociables de la commune souche romaine que les églises viennoises ou les couvents de Bavière, que ce volume retient. Mais ce sont là les fatalités des collections, dont un auteur n'est pas responsable. Dans ses limites, celles donc de la péninsule et de

1. « Structure du baroque », *N.R.F.*, août 1961, pp. 217-230.

l'Europe centrale — la Bohême y est comprise, pas la Pologne —, Pierre Charpentrat a été complet, et cela d'une manière nouvelle, en analysant les milieux sociaux et surtout les fonctions requises de l'édifice au moins autant que les grandes œuvres dans leur succession historique : et en s'aidant constamment de plans et de vues axonométriques. Il ne faut pas oublier — c'est pourtant quelquefois facile, devant de séduisantes images — que la photographie, qui trahit à peu près toujours l'architecture, malmène le baroque plus qu'aucun autre style. Déformées, dénouées sont les ellipses qui, dans l'église, enveloppent le visiteur ; étouffées sont les voix des reflets rougeoyants dans l'ombre, rompue est l'unité qui devrait avoir tout saisi. Dans combien de livres Protée, si c'est de lui qu'il s'agit, ne laissait de toute façon que sa dépouille ! Autant dès lors interroger ces schémas qui furent l'âme d'une entreprise, qui ont changé en cours de recherche, qui offrent en vraie grandeur au moins une des dimensions de la pensée du baroque.

C'est donc à partir des problèmes techniques et du point de vue du maître d'œuvre que Pierre Charpentrat, grammairien autant que stylisticien, a ordonné son étude. Dès le second chapitre, il analyse les partis adoptés par les architectes, pendant un siècle et demi, pour leurs salles et leurs façades, puis, dans le troisième chapitre, qui est certainement le plus attachant, il approfondit le problème des tensions internes de cet espace, de son organisation expressive, et décrit remarquablement cette volonté de tout unifier sous le signe de la Présence où il a reconnu à son tour l'intention spécifique du baroque. Il y a par exemple, dans ce chapitre, quelques pages irréprochables sur la « destruction des parois ». « Il suffit à l'espace de Brunelleschi d'être enclos pour être défini, pour être consacré », note d'abord Pierre Charpentrat, puis il indique comment le XVIe siècle, avec Corrège à Parme ou Mantegna à Mantoue, a le premier ruiné la fonction de délimitation des parois en multipliant les fresques aux profondeurs feintes infinies. Mais la génération de 1630 (Bernin, Pierre de Cortone, Borromini) va poser le problème en termes de pure architecture, en utilisant la colonne « inutile » qu'avait introduite Michel-Ange dans l'inquiétant vestibule de la Laurentienne, à Florence. « Expression de la rigueur antique, pièce essentielle d'une irrécusable géométrie, mesure de toute chose, la colonne devient, dans le système baroque, facteur de trouble. Sous ses " pas ineffables " naissent les questions sans réponse, les hésitations entre deux convictions également tentantes, l'erreur pressentie et caressée. Ce n'est plus sa rectitude qui compte, mais le vide qu'elle crée dans la masse architecturale, l'hiatus qui la sépare de sa voisine, et qu'elle livre à notre imagination. Les colonnades cessent d'être des cloisons et deviennent écran. » Après avoir remémoré ce principe Pierre Charpentrat analyse les décisions de Pierre de Cortone à Saints-Luc-et-Martine, de Borromini à Saint-Charles-aux-Quatre-Fontaines, de Rainaldi à Santa-Maria-in-Campitelli — pour alors leur opposer le Bernin qui, plutôt que d'inquiéter, de dissoudre l'enveloppe de son espace, contredit violemment les murs, dans Saint-Pierre, avec les quatre colonnes torses du Baldaquin. De quoi découle que ce qui fut décor devient en soi monument. Un renversement se produit, par lequel colonnes, chaires, retables et les multiples statues émettent désormais, répandent par émanation ou rayonnement, les indications spatiales auxquelles, dans l'art renaissant par exemple, il leur eût fallu se plier. Pourquoi ce changement de signe, qui substitue à l'autorité de la *forme pure,* autant que possible parfaite, celle du *pôle,* de l'origine ?

Mais voilà, aussi bien, comment la considération d'un problème apparemment tout technique peut aider à faire apparaître la vérité d'une époque. « La dédicace de la " Monadologie " au plus fastueux seigneur de l'Empire, au premier client de Fischer von Erlach et de Hildebrandt est sans doute plus qu'un hommage politique. Car cet espace qui n'est jamais donné « a priori », que les architectes, et les sculpteurs d'Europe centrale commencent à tisser inlassablement, en accumulant les objets et les rapports, n'est-ce pas une image de « l'ordre des coexistants » opposé par Leibniz aux cartésiens ? « Il n'y a rien d'inculte, de stérile, de mort, dans l'univers. » Mieux, l'espace « n'est rien du tout sans les corps » ; « les corps sont partout » : jusque dans les tubes de Torricelli et les sphères de Guericke. » — Ainsi Pierre Charpentrat a-t-il accepté d'établir un lien entre l'art et les formes intellectuelles de la conscience d'un siècle. « Ce tumulte, conclut-il, c'est une première riposte à la dissolution de la Substance. Cette agitation, un effort pour redonner une armature au monde privé d'absolu... » Indications d'ailleurs très rapides, car Pierre Charpentrat n'a pas voulu entreprendre dans cet ouvrage trop bref la philosophie du baroque dont il est certes capable.

II

Mais le souci de cette analyse affleure, me semble-t-il, bien souvent, et c'est au point qu'on se prend à en rechercher ou en devancer les principes, quitte à mettre en question, et peut-être avec imprudence, certaines vues que l'auteur n'a pas vraiment exposées encore. Ainsi, à ce rapprochement entre Leibniz et les intérieurs d'église baroque, Charpentrat ne s'interdit pas d'ajouter celui que Giedion avait déjà aperçu entre le calcul intégral, « la mathématique baroque » de Leibniz, et le dessin des voûtes chez Guarini ; et, bien sûr, il n'oublie pas de citer Desargues à propos de l'œuvre « mentale » du théâtin. Cependant, lorsque dans l'Introduction de son livre, Pierre Charpentrat examine l'idée, courante aujourd'hui, d'une civilisation baroque, il se demande plutôt s'il est légitime de reconnaître une unité véritable aux composantes des moments ou lieux de culture où l'architecture baroque a tenu un rôle. Il ne veut pas oublier que les Cantates de Bach « sont nées dans une des plus austères citadelles de l'Allemagne anti-baroque ». Certes, il y a ces analogies que des historiens, de Wölfflin à Jean Rousset et Marcel Raymond, ont remarquées entre des œuvres d'architecture et de peinture, puis de poésie, de musique : et on pourrait en conclure à l'existence d'un « homme baroque », habitant d'une bonne part de l'Europe au XVIIe siècle et au XVIIIe. Mais même si l'on peut dire baroque une certaine peinture à Rome — celle de Pierre de Cortone, puis du frère Pozzo, de Bacciccia, de Gherardi — il serait bien sûr insensé de définir de cette façon l'art tout aussi florissant qui avait fait prospérer chez Dominiquin ou Guerchin, et maintenait chez Sacchi, l'héritage de l'Académie bolonaise.

Évidemment, et c'est là ce que Charpentrat veut marquer, les peintres que l'on peut dire baroques furent, aussi, ceux qui travaillaient à fresque dans les églises : « ceux dont l'activité est directement liée à l'architecture » ; tandis que dans les milieux où l'on peignait à son chevalet, pour l'amateur, un autre esprit se manifestait — en fait le plus profond chez Poussin, le plus séduisant avec Claude. « La cohérence du monde baroque, écrit Charpentrat, dans la mesure où elle n'est pas illusoire, est moins esthétique que fonctionnelle ; elle n'est pas faite de jaillissements révélant à la même heure l'existence d'une même nappe profonde, elle résulte d'une hiérarchisation consciente, d'une organisation », — elle ne signifie, en somme, que la primauté de l'architecture. Soit, mais il demeure probable que s'il y a eu dans plusieurs pays ce règne que reconnaît Charpentrat — cette tyrannie, qu'il avoue — de l'architecture, c'est qu'il y avait aussi bien dans beaucoup d'esprits, et ne serait-ce que par instants, une sorte de schème imaginatif et sensible, aux suggestions immuables, qui, résultant d'une intuition ou image fondamentale — celle du « change », ou de l'attraction magnétique — et se prêtant par analogie aux besoins secrets d'une société, a pu s'imposer à d'autres pensées encore, diverses et parfois même rétives, par le truchement de premiers chefs-d'œuvre qui en incorporaient le vouloir. Or, ne doit-on pas reconnaître — dans ce schème même, dans la *vision* qui le fonde — une vraie « nappe profonde » ? Et plutôt que de concevoir l'artisan baroque ou l'artiste comme celui qui s'affaire sur les chantiers de l'architecture, ne faut-il pas, tout à rebours, supposer que cette intuition primordiale a simplement pour fatalité de soumettre tout le sensible à une structure d'édifice : afin que se découvre s'il y a une maison pour l'écume, un temple, ne serait-il que de plume molle, comme disait Du Perron — mais cette ductilité n'est pas encore le vrai baroque — pour accueillir le « change » éternel ?

On devrait donc parler, s'il en est ainsi, non pas exactement d'une civilisation baroque, historiquement situable, mais d'un *schème* de civilisation, proposé à l'esprit avec une relative insistance pendant toute une époque de son histoire, et par moments et pour certains groupes sociaux devenu presque un mode d'être effectif. Pierre Charpentrat, d'ailleurs, semble reconnaître assez volontiers, sur le plan compromettant de la métaphore, l'existence d'un type d'homme déterminé par les valeurs et les choix d'une sensibilité unitaire, puisqu'il emploie l'image, qui est très juste, d'*empire* pour définir son sujet. « Lorsque vers 1770, écrit-il (et on pense au début fameux de *La Chartreuse de Parme*), précédant d'une quarantaine d'années les armées napoléoniennes, et semant sur son passage les fausses ruines, le flot dévastateur de l'art néo-classique submergea l'Europe, un empire baroque relativement homogène s'étendait de la Sicile à la Lithuanie... » Un empire, un Saint Empire, d'abord romain avant de devenir germanique — et dans lequel il faut reconnaître un des avatars de l'inapaisable regret de ce centre manifesté, de cette unité dans la gloire : Rome, telle qu'elle s'était affirmée au siècle d'Auguste pour sembler s'accomplir, comme signification et valeur, à l'époque de Constantin.

Posant une fois de plus la vieille question, Pierre Charpentrat ne veut pas identifier l'autorité du style baroque aux victoires de la Contre-Réforme : après tout, elles n'ont pas été si nombreuses. Il préfère avancer que le baroque est d'abord « l'art d'une Rome en paix au milieu d'une Europe bouleversée » et, de par cet isolement, d'autant plus fermement consciente de sa vérité éternelle. Avec les papes Barberini et Chigi, c'est une seconde Renaissance qui a lieu, et elle est beaucoup plus romaine que la première. Le « baroque » — on vient aujourd'hui à ce mot — du Panthéon d'Hadrien ou de la Domus Aurea, l'art tardif si fortement synthétique de la Ville unitaire, illusionniste, infinie, semble se ranimer, en effet, et peu à peu trouver sa forme comme épurée dans quelques grandes façades. — Oui, mais que signifie, en profondeur, en universel, cette composante romaine dans ces autres temps et souvent ces autres lieux ? Ne faut-il pas se le demander quand précisément il s'agit d'esquisser un panorama de « l'Empire » ? Car, s'il est vrai que le baroque est aisément abordable à partir de l'idée de Rome, il se peut qu'il recèle aussi des éléments qui en sont distincts ou même qui s'y refusent — et dont il faut pourtant intégrer le sens.

III

Ce que je reprocherai, en d'autres mots, au livre de Pierre Charpentrat, c'est de n'avoir abordé que par allusions assez brèves[1] le problème d'ailleurs rarement posé, sinon par les intéressés eux-mêmes, qui surent bien le porter jusqu'aux formulations essentielles, de l'opposition de Bernin et Borromini. Évidemment, la définition de la collection où a paru cet ouvrage est peut-être, en ce point encore, la vraie coupable, puisque l'architecture allemande, qu'elle y retient presque seule auprès des pages sur Rome, a su marier à des éléments décidément berniniens l'influence déterminante des héritiers de Borromini. Mais les frères Asam ont été, comme Charpentrat le souligne, les continuateurs plus résolus du Bernin ; leur œuvre le manifeste d'autant plus fort quand on l'oppose à d'autres, contemporaines, ainsi celle si remarquable de Cuvilliès à Amalienburg, et il se pourrait bien qu'un schisme, une hétérodoxie plus ou moins consciente ait accompagné jusqu'au bout dans ses campagnes rapides le mystérieux *miles barrochus*. — Pour ma part, en tout cas, je crois qu'il faut, si l'on veut comprendre le baroque dans ses tensions et

1. En particulier p. 50, où Bernin apparaît comme un conciliateur du baroque et du classicisme, tandis que Borromini, en ceci donc le vrai baroque, est présenté comme le révolutionnaire qui « compromettra sans remède » l'art nouveau, avec la complicité, il est vrai, de « Bernin sculpteur ». Vue qui a le désavantage de séparer Bernin de lui-même.

ambiguïtés, et par là peut-être dans son essence, analyser ce qui fut dès sa première époque romaine la primordiale tension : et ce sera d'ailleurs rencontrer encore la grande question que j'évoquais tout à l'heure, celle du « sens » de l'antique Rome, car c'est bien celui-ci qui nous permettra de saisir ce qui a opposé — dès les travaux du Palais Barberini, dès 1630 environ — le futur maître de la Sapience et l'architecte déjà illustre du Baldaquin.

Et tout d'abord, pour Bernin, pour le rénovateur de la majesté de la Ville, il ne faut pas douter qu'il en ressentit le prestige dans ce qu'il eut de plus immédiat, de plus sensuel : mais qui, et en cela même, est avant tout religieux. Rome, ce ne fut pas seulement la grandeur civile, c'est ce soleil impérial qui, au-dessus de l'antique *mundus* du Palatin, semble — illusion, sans doute, mais archétype où se complaît la conscience — s'être levé brusquement pour sécher les lieux infernaux. Rome, c'était la société rassemblée, par une loi devenue un rite, et quand le catholicisme tridentin et post-tridentin s'attachera à sauver les médiations, à justifier le visible, c'est à bon droit qu'il pourra se tourner vers elle, ranimant les thèmes solaires qui s'étaient maintenus si fort dans le premier christianisme, et ainsi échappant au piège où la conscience artistique de la Renaissance pourtant chrétienne s'était laissé attirer. Je pense aux séductions de la statuaire antique imitée des Grecs, dont la « découverte » au XVe siècle avait ravivé le leurre du *nombre*, de la *proportion* enfouie dans chaque chose réelle, et de la perfection « absolue » dont cette harmonie est capable. Ce sacré reconnu sur des voies tout de même bien sensorielles, cette réserve d'être soudain cherchée dans ce qui, pour un christianisme plus conséquent, en tout cas plus augustinien, n'est que du créé où le néant rode, cela certes se prêtait mal à la pensée de la Grâce, comme l'ont démontré les contradictions durement souffertes par Botticelli, puis Michel-Ange, et moins encore aux nécessités de la lutte contre les hommes de la Réforme. Ce qu'il fallait au catholicisme en combat, c'est un principe d'art qui ne condamnât point le sensible, mais l'assumât comme d'un au-delà par l'irruption d'une force, et dans l'assentiment collectif — et pourquoi ne pas revivre dès lors l'image de la Cité vers quoi convergent toutes les routes, où certains temples sont circulaires, où l'empereur est enveloppé comme une chrysalide mystérieuse — comme l'homme à naître lui-même — dans les plis bariolés de sa liturgie ?

Mais, peut-être, il fallait aussi que Rome ne fût plus « dans Rome », autrement dit que la grande ville fût disloquée et ensauvagée, herbeuse, éteinte dans ses couleurs, laissée comme en pointillés par endroits dans cette éloquente étendue, pour que sa qualité d'archétype pût acquérir toute sa valeur spirituelle, et qu'un Bernin pût paraître pour signifier celle-ci. De Bernin, en tout cas, qu'est-ce que l'ambition, sinon le rassemblement de tout ce qui est sous l'influence violente d'un *imperium?* Les images qui s'offrent, quand il s'agit de décrire ses statues ou ses bâtiments, c'est d'un aimant et de son champ magnétique, ou d'un soleil dans l'orbite duquel des corps tournoient, selon précisément ces ellipses qu'avait presque récemment découvertes la spéculation de Képler. Même la *Vérité*[1], l'admirable statue du tombeau d'Alexandre VII, évoque — anticipation cette fois — une gravitation qui s'unirait aux forces désordonnées de l'existence pour soumettre à la résultante, irrégulière et fougueuse, chaque parcelle de marbre et chaque aspect du réel. Cette force enveloppe un centre à la fois proche et inaccessible. Le sens dernier, c'est donc de

1. Il importe peu si plusieurs mains y ont travaillé. C'est un des chefs-d'œuvre de la sculpture — et de Bernin .

manifester cette présence d'un *pôle* — cette *présence,* tout simplement — ici dans la statue ou là sur l'autel, et il s'ensuit que l'objet, du point de vue de la représentation, pourra être laissé à son apparence ordinaire, à ses mille aspects non réduits aux besoins spécieux de l'Idée, — parce qu'il importe d'abord d'exprimer la tension qui fait l'unité du monde, la grande forme spirale qui et rassemble et transcende les mille formes ouvertes qui sont tournées vers la mort. Oui — et voilà bien son apport, sa révolution — Bernin subordonna la forme figurative, laissée par lui au niveau de vérité fugitive et d'imperfection harmonique de l'existence particulière, à une forme-force qui fût, en fait, d'un seul coup, manifestation de la Présence divine. Et ainsi dépasse-t-il d'un seul coup aussi les contradictions dans lesquelles le *disegno* de la Renaissance et du maniérisme s'était perdu. Car voici qu'il n'est plus question, comme pour Michel-Ange il le fut toujours, d'obéir comme fasciné aux appels de la proportion idéale, tout en sachant que sa vraie beauté est au-delà du visible. Avec Bernin se produit, entre absolu et néant, le niveau d'une forme aussi fugace que l'homme mais aussi vraie, chiffre instable qui a reçu l'effusion de l'Un et s'en emplit puis éclate, bulle où l'être trouble remonte dans l'écume des apparences. Bientôt ce même soleil profond, qui fait exister et dissipe, bougera, frémira de son insoutenable richesse aux voûtes du Gesù, de Saint-Pantaléon et de Saint-Ignace. On est comme au-delà du Jugement dernier, dans l'accueil d'une cité sainte, dans une fusion chorale où la Providence, ayant dissous le hasard, emporte l'être de finitude dans un réel rédimé.

Et personne, je crois, ne voudrait refuser à l'essence du baroque ce rythme augural de fête dans une ville absolue qu'expriment avec bonheur, infimes et d'autant plus signifiants, les angelots que Bernin a placés, accrochant partout des guirlandes, dans la coupole de son église, Saint-André-sur-le-Quirinal. — Cependant, que l'on regarde avec quelque peu d'attention les travaux de Borromini, que l'on s'arrête, par exemple, à la découpure fantastique de la lanterne à Saint-Yves ou à la fameuse fenêtre du Palais Barberini, et l'on n'y verra rien qui rappelle ce mouvement de confiance. Car ce qui est là devant nous, ou qui plutôt se montre soudain (et cela vaut d'être souligné : c'est apparu comme par magie, dans le saisissement d'un instant) semble déjà s'être reclos, profondément, sur soi-même, tel un hérisson en danger, et résiste, *faisant profil*, et affirme, avec une énergie saturnienne, les caractères propres d'une existence à jamais particulière, les signes paradoxalement restés extérieurs d'une irréductible intériorité. A quoi s'ajoute aussitôt que cette autonomie si marquée prend visage avec tant de bizarrerie, hérissée d'angles imprévisibles et creusée d'ombres, qu'on y respire un je ne sais quoi de fantastique ou d'ensorcelé : oui, dans l'esprit des contes de fées qui vont fleurir à la fin du siècle, nous pensons, fugitivement aussi, à quelque prince enchanté, retenu sous l'aspect d'un paon aux improbables ocelles — et quelle aigrette à Saint-Yves ! — parmi les ronces d'un monde obscur. Un instant, un instant encore, où nous avons conçu un étrange espoir, et — gnostiques que nous voici devenus — nous portons le regard ici ou là de par l'édifice dans le désir d'une issue où le *vrai* réel, qui fut donc métamorphosé, serait rendu à son être : mais, cette fois, c'est pour constater que le premier motif, bien que reclos sur soi-même, s'est raccordé à bien d'autres par tout un système de rythmes, lesquels, sans l'arracher à son « en-soi » plein de rêves, ont pourtant déployé une part de son apparence, ont suspendu « un instant » ce qu'il avait d'insensé, d'incompatible avec la nature, — mais pour y consentir à nouveau dans une musique instable et fuyante, qui ne fait qu'agrandir aux proportions de toute l'église ce détail du début, toujours intérieur et séparé.

Un *ebanista fantastico,* a dit de Borromini le néoclassique Milizia — un ébéniste du rêve, c'est-à-dire le créateur minutieux d'objets ininsérables dans l'univers, sans rapport d'échelle avec le réel, et cela parce qu'ils sont entièrement sur le plan de l'existence mentale, où un moi aussi souverain que captif poursuit indéfiniment ses chimères. Après avoir dit ce refus du monde, d'ailleurs, il me faut témoigner pour l'incomparable élégance et même le bonheur, dans l'espace onirique qu'il a fait sien, de ce prince que la peur du hasard et de son néant paralyse, de ce Hamlet par la pierre. Il y a autant d'unité chez Borromini que chez Bernin, mais c'est celle, cette fois-ci, de la personne obstinée dans sa différence et qui ne peut rêver d'un salut qu'en se multipliant comme par reflets, à l'infini. Si bien que cette admirable musique est la répétition lyrique mais désolée du moi pur, la décantation mais nocturne de son rapport d'énigme et d'espoir meurtri à soi-même — rien de la participation baroque que j'ai cru pouvoir définir. Bernin le disait bien, avec sa clairvoyance sans hargne : « il prend modèle sur la chimère ». Lui étudiant les corps les plus fougueusement de ce monde comme chiffre d'unité diurne, comme raison solaire — Apollinaire dira : « ardente » — où se consume le Tout.

On peut dire (on a dit) Borromini nordique, gothique, « luthérien ». Peut-être faut-il surtout, c'est en tout cas mon désir, retrouver en lui le gnostique, pour lequel le monde et le corps ne sont que prison et déguisement de l'âme : quoiqu'il en soit cette ville que ses façades suggèrent, nouvelle et plus « hystérique » Sforzinda, Jérusalem romanesque, c'est l'échafaudement (et le labyrinthe) de l'imagination désirante, ce n'est pas la métropole de l'Absolu sur la terre, voilà le point qu'il faut bien marquer. En bref, je dirais que Borromini, dans la grande synthèse tentée à Rome, et en Rome, par le Bernin, a été ce qui dissipe, décristallise. A l'unité rétablie du lieu humain et de la Présence, il a substitué une subjectivité qui se sépare et qui se préfère, quitte à ne plus chercher la participation toujours désirée qu'aux « cimes indéterminées » entre le rêve et la vie. C'est la voie certes d'une Grâce, incertaine, paradoxale. C'est celle, pratiquement, de l'orgueil, de l'angoisse et du remords, sous le regard d'un Dieu parfaitement transcendant.

Et comme cette attitude n'est pas nouvelle ; comme c'est celle qui provoquait déjà les enchevêtrements de l'art gothique tardif, l'inquiétude de Botticelli ou de Cosmé Tura, les pulsions violentes de Michel-Ange, l'élégance tragique de Pontormo et de tout le haut maniérisme ; comme, d'autre part, le Bernin semble bien amplifier la confiance encore timide que cherchait à mieux assurer la première Renaissance, on peut se demander si le concept de baroque, que l'on applique également à Bernin et Borromini, n'obscurcit pas plus qu'il n'illumine, et s'il ne faudrait pas plutôt distinguer par des vocables nouveaux deux traditions pendant longtemps récurrentes. Un langage commun aux deux architectes, certainement, un petit nombre d'éléments qui se retrouvent chez tous les deux, tel l'intérêt pour le bizarre, le fugitif, qui sont des métaphores de l'évanescence de ce qui est. Mais quelle différence dans l'accueil qu'en profondeur ils leur font ! L'un s'attache aux apparences les plus furtives et même les accentue, avec une amère complaisance, pour ce qu'il y découvre de décevant, de menteur, l'autre pour lire en elles la parole même de l'être. L'un aime la bizarrerie parce qu'elle met en question la prétendue rationalité de ce que perçoivent les sens, l'autre se plongera hardiment dans l'irrégularité de ce qui existe comme dans les éclaboussures de la Venue. Le premier de ces arts, celui de Borromini, aimera les techniques — cette précision, cette variété — parce qu'elles permettent au moi de se bâtir son propre univers, c'est un art, disons, de l'Esprit. Et l'autre y reconnaîtra la réalité concrète dans sa « rugueuse » mais pénétrable épaisseur. N'est-ce pas là deux modes d'être presque en tout point opposés ? Véritablement le Jour et la Nuit ? Est-ce, Borromini, le christianisme et Bernin, malgré tout, le « paganisme éternel » ? Mais plus rien alors, dans le premier cas, de la religion de saint François, comme plus rien chez Bernin de l'horreur platonicienne de la matière Plutôt les deux grandes forces, d'incarnation et d'excarnation, de rapport immanent au monde et d'intériorité transcendante, qui se retrouvent en œuvre, des hypothèses contradictoires du *Parménide* au catholicisme jésuite, dans l'élaboration ambiguë de la sensibilité d'Occident.

IV

Et c'est avec cette vue, ou en tout cas cette hypothèse et cette question, que je reviendrai à l'ouvrage de Pierre Charpentrat, dont un des caractères marquants est sa façon de parler du « rococo ». Car s'il décrit — et certes fort bien, et en employant ce vocable sans réticence — ce que l'on s'est enhardi de nos jours à baptiser de ce nom, quelques grandes églises de la Bavière ou la Souabe, il semble aussi ne tenir le rococo que pour un développement tout intérieur du baroque, et de ce fait justiciable, avec le baroque lui-même, de l'unité que j'ai contestée. Pourtant, que de nouveautés, dont peut-être la dualité aperçue permettrait de mieux rendre compte ! Celle-ci est présente et active dans ces régions aussi bien qu'à Rome, me semble-t-il, — sauf qu'il apparaît vite que ses tensions ont changé de signe. Car ce n'est plus, en Bavière, l'influx violent de Bernin qui enveloppe et domine.

On peut dire, en effet, que le rococo allemand est d'origine française : il n'en reste pas moins, en dépit d'un propos souvent répété de Stendhal[1], qu'il a été profondément innervé par la sensibilité — la pensée — de « l'ébéniste » nocturne. Des deux maîtres « français » du rococo allemand, l'un, le piémontais Meissonnier, fut même critiqué en son temps pour s'être laissé séduire par le goût de Borromini, tenu pour désordonné et bizarre ; et le second, le flamand Oppenord, étudia durant son séjour à Rome l'architecte de la Sapience plus que tout autre, multipliant dans ses carnets de dessins — et ceci vaut aussi d'être signalé — les études sur les *profils,* cette trace laissée par la Chimère. L'influence a été en fait plus pressante encore par le truchement si intellectuel de Guarini, que Pierre Charpentrat rappelle à plusieurs reprises... Et la rythmique trouble du grand Tessinois de Rome est en tout cas singulièrement active dans les sinuosités délicates de l'art décoratif, dit innocemment « pittoresque », du rococo. Sous l'apparente adhésion à des grâces toutes physiques, c'est encore une fois le monde mental ; et le végétal si intimement inscrit dans ces fugaces textures, c'est surtout, comme dans le gothique flamboyant ou le modern-style — ces marées hautes de l'onirisme — le chiffre même de la germination des forces psychiques, à leur niveau le plus libre, le plus obscur. En vérité, qu'il soit laïque ou d'église, le rococo a baigné dans une atmosphère de rêve : et d'autant plus insinuante et captivante parfois

1. « Bernin fut le père de ce mauvais goût désigné dans les ateliers sous le nom un peu vulgaire de rococo ».

que ses suggestions sont plus diluées. Ainsi ces belles salles aux boiseries claires, aux couleurs tendres, peuvent-elles sembler en continuité avec la nature : mais c'est pour retenir celle-ci, de leur propre espace enchanté, dans le gris lumineux des limbes. Quand elles donnent sur un jardin, c'est déjà celui d'*Aurélia* où Gérard de Nerval rencontre les jeunes dames mystérieuses, qui sont les fées, et où l'on entend résonner, écho lointain du « Grand Pan est mort », ces paroles où se résument tant d'aspects si variés du siècle dit « des Lumières » : « L'Univers est dans la Nuit ! » — Et c'est au point que, si l'on songe à Füssli, au Romantisme allemand, aux Illuminés, aux romans « gothiques » — à tant de fleuves ou ruisseaux qui portent ici ou là, aux approches de la Révolution, leurs eaux diaprées ou sombres, on peut se demander si ce n'est pas dans ce végétal, apparemment policé, mais secrètement « irrégulier » que se cache la nappe d'où ils s'épandent. De même le surréalisme resurgira de la végétation modern-style. — Que s'est-il donc passé ? Une société de plus en plus irréelle — nobles et moines, aux confins d'un monde nouveau du travail — ne peut plus que *rêver* sa présence au monde. Et que le rêve soit beau n'en libère pas moins les forces irrationnelles que la vie pratique réfrène, et la rocaille alors prolifère, insaisissable comme une larve des eaux obscures, dans la belle église aux tons clairs.

C'est, en effet, dans quelques églises — à Zwiefalten par exemple, ou à Vierzenheiligen — que la vie propre de l'« ornement » a multiplié ses incitations, ses méandres, à tel point qu'à les reconnaître du regard, et s'y perdre, écrasé par la luxuriance des racines épaisses et des ronces, et de ces sortes de tentacules qui se jettent aveuglément et avidement dans l'espace, on se croirait dans les profondeurs de l'inconscient même, l'inconscient moderne où nul grand mythe d'intégration n'assure plus le rayonnement de l'évidence du monde. Sans doute parce que, dans la proximité du sacré, toute l'intériorité se réveille, on dirait qu'on assiste à l'élémentaire théâtre d'un *Je* envahi par les pulsions les plus brutes, doué par elles d'une énergie, mais n'y cherchant que vainement sa figure. Et ne doit-on alors, errant dans cette forêt de l'âme, elle-même perdue dans la forêt germanique, et pensant à Borromini, considérer que l'homme qu'il signifia, pour avoir sacrifié au désir d'exister par soi, comme maître de ses tendances, comme souverain de sa propre forme — quitte à en ressentir l'exil dans un univers où la finitude la ruine — n'a pu que se laisser envahir, et briser, par ses instincts dissociés désormais de l'économie du réel ? En dépit de sa prétention angélique et de son intellectualité si intense, Borromini n'a pu les retenir sous le signe de ce qui était à Saint-Yves encore, et malgré l'insatisfaction, une forme de l'humanisme : et voilà d'ailleurs pourquoi le maître romain a satisfait par avance aux aspirations parfois inconscientes de ses héritiers allemands. Une « réalité » nouvelle, — celle de l'individu contempteur du mythe divin, avide d'autonomie, mais d'autant plus informe au profond de soi qu'il s'est détourné de son vrai psychisme pour se vouer à une raison abstraite — a grandi au siècle philosophique, et trouve dans les fantasmes borrominiens les figures possibles de son être-au-monde aliéné, envahi de ronces, habité d'une vie ensauvagée. Si la Présence est d'abord un ordre, une transparence des forces, une évidence du moi, comme on est loin dans le rococo de cette raison dynamique où avait trouvé sa puissance le baroque selon Bernin !

Toutefois — et nous voici au point où, dans l'épaisseur d'un style, l'unité sinon se reforme, du moins se fait entendre à nouveau, demandant au devenir de reprendre, à l'art de changer de plan — il reste, et je ne l'ai pas oublié, que ceux qui ont voulu ces églises voulaient aussi la Présence, et l'ont signifiée autant qu'ils l'ont pu, et même avec une ardeur jusqu'à ce moment inconnue. A prendre ces espaces par l'autre bout, je veux dire par les murs clairs, la position des retables et leur structure, et pour peu que la lumière, par une décision ou hasard du ciel, s'y fasse soudain de beau soleil, d'ombres douces, eh bien, ce n'est certes plus l'inconscient qui *semble* (confions-nous encore à ce mot) avoir remporté le combat. Dans l'église rococo, comme Charpentrat l'a montré, les retables forment un tout, une sorte d'arc spirituel dont le maître-autel est la clef de voûte ; leurs statues se répondent, par des gestes jetés vers d'autres menant les yeux vers la Gloire — et ainsi se tisse un réseau par lequel se répand jusque sur le seuil de l'église « la vibration du sacré ». Est-ce donc que saint Georges a renouvelé sa promesse ? Mais le rococo n'est pas l'art triomphant des frères Asam à Waltenburg, et contre Charpentrat je dirai que dans ces églises de pèlerinage qui à si bon droit lui sont chères je ne perçois la Venue qu'à travers les ailes toujours battantes du grand dragon. C'est vrai que la Présence y est déployée, soigneusement, jusqu'au seuil ; mais c'est le beau tableau, c'est le rêve de la Présence — non l'acte fondateur qui chez Bernin se répercutait dans l'intuition intérieure de *toute* forme. Une « tornade » peut-être, qui soulève un instant toutes nos habitudes sensibles : mais de la nature déjà de l'émotion romantique, avec torrents de larmes qui se dissipent bientôt et retombées où se décante le *spleen* — le dragon au corps de rocaille, aux replis de séparation, de ténèbres, est toujours le maître du lieu. Pour qui regarde le maître-autel du point de vue de « l'ornement » fantastique, qu'est-ce que cette couleur immatérielle au-delà, et ce nuage clair au-dessus de nous, et ces bergeries dans le ciel, sinon une rêverie qui nous enveloppe, qui nous enivre — qui vient de nous —

mais qui ne se fixe pas, qui se perd ? En somme, ces églises peuvent se vivre de deux façons, qui ont l'*acedia* et la nostalgie pour limites, mais d'aucune des deux on ne pourra déboucher sur un acte vraiment réel.

V

Et j'en conclurai que dans ce rococo allemand il y a double critique, double dénonciation, délimitation réciproque de la transascendance de l'être et de la transdescendance de la personne — *double postulation* comme on peut le dire pour Baudelaire, ligne de partage mouvante où une conscience nouvelle va se former. Du sein de cette dualité, en effet, les deux ordres n'apparaissent chacun que comme un produit de notre vouloir, mais dès lors ce qui se révèle l'essentiel, c'est notre pouvoir de les faire vivre, c'est notre liberté de choisir entre l'un ou l'autre : c'est donc ce que l'histoire, en son cours, va favoriser, la conscience individuelle en tant que seule maîtresse du sens à donner au monde et des valeurs qui fondent la destinée. Et l'on comprend que le grand débat de Bernin et Borromini — affirmant, l'un, la réalité d'un ordre sacré montant à travers le monde, l'autre un espace mental où se réfugie et s'exalte la personne —, n'a pour avenir désormais, pour l'individu comme pour le groupe, que les décisions subjectives, privées de preuves, de mythes, qui se mûrissent au fond d'un cœur. L'équivoque, en somme, de l'architecture du Bernin, c'était, par l'accent mis sur les aspects civiques de l'édifice, de donner à penser que l'ordre vivant est un donné collectif, un fait, qu'il suffirait de rejoindre, alors que ce créateur, ce poète, l'a conçu autant que reçu. Son grand art ne nous montre pas que la société la plus religieuse n'offre à la foi qu'un langage. Mais au siècle suivant, quand l'orthodoxie s'affaiblit, quand le cosmos se délabre, l'art nouveau met en évidence, comme il se doit, le soubassement de liberté, certes entravée mais réelle — de libre-arbitre, en un mot — sur lequel seulement peut s'édifier la Présence ; et, montrant les deux directions, il a pour essence de dire ces aspirations qui se heurtent, il donne en somme à choisir. Baroque encore, ces dernières églises de l'Occident ? Si l'on veut, par le désir d'unité qu'elles manifestent : mais sans saisie accomplie, baroque *virtuel* ou encore *baroque ineffectué,* en ce sens qu'il est demandé à chacun de chercher dans le devenir de sa propre vie un terrain plus sûr — pour les achever, pour les clarifier — que celui des exaltations collectives.

Baroque ? Mais on voit bien que, sans que l'expérience centrale ait en fait changé de nature, le mot s'est pourtant usé : car les héritiers désormais de cette vocation d'unité, c'est Novalis, Hölderlin, Nerval, c'est un certain Romantisme du Jour à naître au fond de la Nuit. Et déjà, les glissements, les changements à vue dans la projection artistique de la conscience, commencent à s'accomplir. Il vaut de marquer le sens de certains des aspects de l'église rococo. Pierre Charpentrat les pressent, qui remarque le caractère « intime » de l'édifice (un « boudoir », dira Baudelaire). Annulant sa fonction de rassemblement d'une collectivité unie par un mythe, l'église se recentre sur la personne, se recourbe vers elle, se détruit comme lieu pour se reformer comme possible, espace essentiellement *privé* comme la chapelle qu'ont voulu bâtir pour eux seuls les frères Asam à Munich — et c'est là, d'une certaine façon, la fin de l'architecture. Charpentrat constate, avec quel regret, que la richesse de vie de l'art rococo a disparu sous le « flot dévastateur » de l'architecture néo-classique. Mais, considérant celle-ci, non centrée, abstraite, comme une réaction de l'esprit purement civique, non religieux (il y aura, bien sûr, quelques bizarreries en retard), ne doit-on pas plutôt supposer que c'est la tradition religieuse elle-même qui s'est renoncée comme architecture, au profit d'un art plus sensible peut-être à la finitude de l'homme, — la musique, seul lieu maintenant possible pour l'émergence de l'Un ? Ce qui me frappe le plus, finalement, dans la Wies, c'est que la couleur claire où se signifie la Présence a aussi le sens d'un dépassement de la forme spatiale, d'un passage dans l'invisible.

Et des coïncidences sont à noter. C'est vers 1670, au déclin de la grande architecture romaine, qu'apparaît le concerto, où la voix solitaire d'un instrument se détache de la communauté musicale. Et si la Wies est de 1746, si Thumb et Zimmermann meurent en 1776, eh bien, c'est alors que Haydn et Mozart semblent se préparer à assurer la relève, bâtisseurs d'un temple dans l'âme. Rot an der Rot, la dernière église rococo, « hallucinante nécropole de formes et de partis baroques », est de 1784. *La Flûte enchantée,* de 1791. Si l'expérience centrale est de convertir le destin en être, il faut bien, oui, rencontrer pour cela la dimension la plus radicale de la finitude, le temps ouvert, où nos actes se perdent ou se rasemblent. Et c'est alors la musique qui peut le mieux, se vivant comme immédiateté, le saisir, et s'en effrayer quelquefois, en y percevant toute l'énergie des forces instinctives désordonnées (le *Don Giovanni,* rocaille dans la durée), mais aussi s'y jeter, pour le retrouver dans son fond comme divin. Il y a des moments dans les derniers quatuors de Haydn, de Mozart, de Beethoven, où l'unité vécue par Bernin est véritablement reconquise. Il y a dans la *Messe de Lord Nelson* comme un dernier grand redéploiement « baroque » de l'univers. La plus haute musique de l'Occident va régner un moment dans le silence des autres arts, sauf que la poésie, par son silence à elle, qui est sa vie, la prolonge dans la parole. Et alors que l'architecture ne va plus que chercher vainement son âme dans la satisfaction des besoins civils ; et que la peinture, après Delacroix, ne va retrouver son énergie que dans l'interrogation apparemment désintéressée de l'apparence des choses — c'est la musique qui va se faire, comme Baudelaire aussi bien que Mallarmé en témoignent, et même le Rimbaud de la « musique savante », la directrice invisible de tous les soucis du destin.

II

DANS LA LUMIÈRE D'OCTOBRE

Je lis la traduction, si bienvenue en français, de ces admirables poèmes, et mon esprit se détache d'elle un instant et se reporte vers Londres, qui est toute une mer, aux mouvements inlassables. Quand j'y passais, dans ces récentes années, c'était mon grand plaisir de savoir qu'il y avait près de Marble Arch cette belle maison très calme où je retrouverais Georges et Maro Séféris. Je m'y rendais de préférence à pied, à la nuit tombante, comme pour rassembler tant de lointains de grisaille, souvent de froid et de pluie, et les dédier à cette lumière qu'une déchirure bientôt des apparences urbaines allait sans doute me découvrir, affleurante au-dessus des eaux. Georges Séféris dans ses salles peu éclairées, mais dans la pénombre des lampes si intensément présent, si gravement tendu, si obstinément attaché à une pensée unique en dépit des soucis du jour qui se marquaient encore sur son visage, c'était pour moi en effet — je le dis sans désir de magnifier, mais pour définir une âme, par le jeu des analogies qui nous unissent aux choses — une exigence si pure, un son si juste dans le discord d'aujourd'hui, qu'il fallait bien que l'astre de l'être, tout enfoui qu'il pût être au-dessous de nos horizons, n'eût pas cessé d'exister. Un grand poète est un homme suffisant. Jamais comme auprès de Séféris, je n'avais éprouvé le désir de seulement être là, pour vérifier, dans la preuve qui ne ment pas des conversations familières, qu'il ne faut qu'un exemple de loyauté — à quoi ? il se peut que cela n'importe guère — pour que l'écueil, l'écume et l'étoile ne soient plus le décor absurde de notre mort. Jamais non plus, comme par la grâce de ce poète, je ne m'étais senti si hautement favorisé du droit simple d'être moi-même, si décidément libéré des précautions et des protocoles qui foisonnent dans le destin.

Et pourtant, quelque bien que sa présence pût faire, je pressentais que Georges Séféris était lui-même en attente, lui aussi habité d'un doute, et attristé d'un exil plus essentiel et plus dur que celui qu'il avait choisi de vivre dans un autre pays que le sien et dans le second métier. Solaire, oui, par la certitude dans la morale pratique, l'équilibre d'une sagesse, l'appréciation sereine de l'événement et des hommes. Mais il y a en lui, tout autant, quelque chose d'ocre et de désertique, il m'a fait quelquefois songer, par le silence soudain, à cet être chargé d'un obscur fardeau que l'on voit de profil, la nuit, sur le sol poreux de la lune et, pour le mieux évoquer, me rappelant ces livres du moyen âge où le Crucifié est représenté entre le soleil et la lune, comme s'il eût dissous sa souffrance d'homme dans sa confiance cosmique, j'aurais pu suggérer la superposition de ces deux principes, diurne et nocturne, dans un signe tout à la fois de courage et de mutations. Mais ce signe ambigu existe, bien autrement qu'en esprit, c'est la lumière d'octobre, telle que la Méditerranée la voit vivre, et que Séféris l'a connue. Quand je l'ai revu il y a deux ans dans sa maison nouvelle d'Athènes, sur la terrasse, et justement en octobre, il semblait ne faire qu'un avec elle, révélant, si besoin était, qu'elle est en même temps notre transparence et une irréductible noirceur. Et c'est alors, aussi bien, que j'ai le mieux compris sa modernité, — de porteuse de fruits, mais qu'elle va déchirer. Il y a un point de l'année, entre maturation et néant, où la vie se révèle d'un seul élan une gloire et la finitude. Elle nous dit un conflit, mais aussi une identité, et comment la faire grandir dans le profond de nos cœurs. Cette lumière d'octobre, je l'avais bien aimée, ici ou là sur ces rives. Lisant plus tard les poèmes de Séféris, je l'ai retrouvée méditée, et fidèlement obéie.

*

Il me semble, en effet, que pour caractériser ces poèmes, c'est à la tension qui les porte, les mine, les épuise, les recommence, c'est à cette contradiction intime, évidemment douloureuse, au plus haut point signifiante, entre présence et absence, entre plénitude et désert, qu'il faut résolument s'attacher. Je reviens à ce recueil d'aujourd'hui, et voici que s'offrent à moi tous les objets, toutes les sensations, tous les signes de ce qui serait la *vraie vie.* Le sol grec et ses rives, les voici reconnus dans leur pouvoir de combler nos sens et, sinon d'apaiser nos cœurs, du moins d'outrepasser, par leur évidence sans faille, les critiques inquiètes de notre esprit. C'est selon ses jeux d'ombre et de clarté les plus riches que la barque vient au rivage. C'est dans son plus vrai accueil de vrai lieu que la maison de l'enfance persiste dans la mémoire, et tous les « beaux noms » de la Grèce, ici pratiqués sans pittoresque, s'accordent purement avec ceux, adjectifs, de la myrrhe ou du citronnier, pour former ces incomparables phrases mi-verbales, mi-musicales, où l'heureuse suffocation des jours d'été sur la terre semble venir s'apaiser dans une eau qui rejoint la nuit. Mais toujours, toujours, c'est *au loin* que cette plénitude dessine ses frondaisons et ses fruits. Elle est bien avec nous, ici, car la seule distance vraie est méconnaissance, amertume et de ces vices d'esprit Séféris est bien incapable : toutefois, au cœur même de sa présence physique — et comme, marchant dans quelque ville immédiate, toute de sensations et de cris, on peut soudain se ressentir autre, une nuit pour cette lumière, une autre clarté peut-être, — son bonheur nous est refusé. Les poèmes de Georges Séféris sont écrits dans la vraie couleur, mais enveloppés d'une brume. Il y a en eux des vaisseaux, aussi irradiants que dans la peinture de Claude, mais ils partent, et c'est vainement qu'on en attendrait le retour. Ou s'il y a des retours parfois, ce ne seront que des haltes, avec rien au port pour prolonger tant soit peu le rêve qui s'est formé sur la mer. Poèmes qui bruissent d'hommes, d'êtres passionnés et sincères, mais les statues sont trop proches, images de ces morts qui, du haut de secrets perdus, les intimident : ces hommes d'aujourd'hui, mangés de passé — ici, le sel qui corrode tout — n'ont pas de destin, pas de voix, ne sont rien les uns pour les autres. Tout l'espace égéen, ionien, lieu d'accomplissements entre la mer et le ciel, mais vécu dans l'insatisfaction du périple de port en port, et de mythe en mythe, comme si cette antique voie de travaux, d'échanges, brusquement convertie en chiffre du déliement, dût être fatalement la vague par quoi l'évidence se creuse devant le rêve, qui n'a que l'ombre à ouvrir. Et il y a enfin, et omniprésente, la pierre, mais elle parle de sécheresse, et la citerne — le signe par excellence, pour Séféris, où la suffisance et le manque se signifient admirablement l'un par l'autre — n'offre dans le secret de son recueil de la vie qu'une surface dormante, faite pour le reflet d'un regard beaucoup plus, désormais, que pour l'apaisement d'une soif. « Sonore » citerne, où le meilleur de Valéry rejoint la vérité du poète grec, voici bien l'adhésion que tant de splendeurs désolées permettent : qui s'émeut de voir le peu de fraîcheur d'une époque frappée de malédiction être rassemblé peu à peu, et veut totaliser elle aussi tous ses moments de bonheur pour une foi qui délivrerait l'instant de la mémoire, la possession du regret. Mais qu'est-ce que cette eau, sinon, désormais, l'inconscient : cette richesse scellée, cet ailleurs qui concourt lui aussi, de ses moires silencieuses, à nous séparer de nous-mêmes ?

Cher Georges Séféris, si proche du plus malaisé — du plus vrai — de chacun de nous, que signifie cet *impossible* dont vous parlez dans votre poésie vigilante, à quelle contradiction ultime emprunte-t-il son malheur ? A votre histoire sans doute, pour une part, et il serait facile de reconnaître dans les hasards qui ont déterminé votre vie les éléments comme rassemblés à dessein d'un théâtre de la dissociation du réel. Il n'est pas indifférent qu'un enfant ait vécu à Clazomène l'été, entre des pêcheurs et la vigne, et à Smyrne, grand port « retentissant » où l'Europe et l'Asie, l'intemporel et le siècle, les rituels et les marchandises se mariaient richement pour la conscience charmée ; puis, que l'exode de tout un peuple, dans le sang et les larmes du désespoir, l'ait séparé à jamais de l'heureuse terre natale :

Tout ce que j'ai aimé a disparu avec les maisons
Neuves l'autre été
Qui ont croulé sous le vent d'automne,

a écrit Séféris, et ce n'est pas là qu'une image. Mais tout aussi décisif fut que la nouvelle patrie, à la fois la même et si différente, l'Attique au passé trop présent, au présent trop grevé d'absurdités et de drames, n'ait guère eu à offrir au jeune homme qui lui venait que sa tristesse d'alors : que la « souffrance », dirent tant de voix, d'être grec. Et encore la guerre, et toutes sortes d'exils. Georges Séféris a passé une grande part de sa vie à être grec — à servir la Grèce — dans les pays étrangers, et il a bien été ce voyageur empêché de rentrer au port qu'il évoque dans ses poèmes.

Mais, en vérité, tout cela n'est rien. Les conditions d'existence les plus tragiques ne deviennent matière de poésie que si une conscience avertie leur fait signifier, au-delà de leur occurrence, notre condition la plus radicale. Et être grec n'est sans doute une souffrance plénière que pour celui qui sait partager d'emblée toute la peine des hommes. Les poèmes de Georges Séféris, en tout cas, ne sont des poèmes grecs, attachés aux images et à l'histoire des Grecs, que parce qu'il nous parle de nous aussi. Et voici, à mon sens, ce que ces mots peuvent dire. Il y a eu tout d'abord, dans cette nature parfaite et cet archaïsme sans peur, aux temples riches de nombres, aux corps harmonieux non troublés, la promesse d'une existence au nombre des Dieux, en paix avec l'être autant qu'avec sa propre nature, capable de ce qui est par la grâce de mythes simples où l'Un peut se raccorder au divers dans « l'éternité d'une olive ». Et cette présence qui n'a pas d'ombre est restée, bien sûr, la hantise de la conscience grecque moderne, mais elle ne survit aujourd'hui que dans d'éloquents vestiges impraticables, et quand Séféris alla au Péloponnèse rechercher le « Roi d'Asiné », oublié de tous, et dont le masque funèbre a une résonance de jarre vide dans la lumière — *et résonance pareille dans l'eau de la mer sous nos rames*, le lieu sensible s'est fait vacant comme lui —, cet homme d'un âge d'or ne put se signifier ce jour-là que sous la forme crépusculaire d'une furtive chauve-souris. C'est qu'il n'avait cette immédiateté qui nous tente qu'au prix d'être *l'homme* et non pas *un homme*. Que cette société de mythes clos se disloque, où il pouvait exister rituellement comme essence, et vite la conscience particulière prend mesure de sa solitude, de son néant, et s'angoisse. « Nous sommes perdus ! » crient déjà les épitaphes recueillies dans l'*Anthologie*. La personne, obsédée de sa finitude, est apparue dans le monde, pour se vouer bientôt à ce Christ qui fait de sa précarité l'être même, et lui rend donc un espoir, — mais au prix de sa foi dans les biens simples du monde. Désormais, et toujours dans cet espace hellénique où saint Jean a peur à Patmos, où saint Paul, lui aussi, vient à Athènes d'une autre rive, toujours dans cette histoire-symbole qui va prendre nom byzantin, l'âme va être clivée entre l'attachement à son être propre et l'amour de l'être du monde. Elle prendra et ne prendra pas. Elle s'angoissera d'être simple, — nous sommes, en vérité, sous le regard du Dieu non charnel, *de la haute mer* comme les marins de *Monsieur Stratis Thalassinos*, et non plus de ces beaux rivages. La mer dans sa violence déserte, puisque l'absolu ne se médiatise plus par nos sens : voilà bien l'errance grecque moderne investie d'un sens essentiel ; et Séféris le Grec, entre Dionysos et le Christ, le voici enrichi des pouvoirs derniers de sa langue, pour peu qu'il l'interroge avec ce surcroît d'intuition qu'est un destin déchiré.

Et je dirai maintenant que je ne doute pas qu'il ait voulu ce déchirement, se donnant à l'exil parce que l'exil signifie, et aimant Londres aussi bien, et si tôt dans son existence, parce que cette ville — je le rappelais tout d'abord en pensant à lui, et par lui — est l'eau immense où se heurtent, doublés de leurs reflets qui se défont dans l'écume, tout ce que l'univers a de brut et l'humanité d'anonyme. Il faut sans doute aujourd'hui aller *au plus loin*, dans les villes frontières, dans les quartiers suburbains que les vents d'usines saturent, dans les chambres d'hôtel une ou deux fois de hasard pour accomplir le sens — loin, oui, dans cette aventure dernière, des oubliables prémisses cristallisées dans la Grèce — de notre condition divisée. Et, qui sait, pour achever un retour. Il y a peut-être encore un seuil, en effet, qui ne serait plus la beauté sensible, mais la mort — j'entends par là quoi que ce soit que l'on aimera pour soi-même, certes, dans sa différence physique, mais par les yeux de cette personne si étroitement finie que nous sommes et pour cet absolu qu'il est comme nous d'être mortel. Reconquête, privée, d'un réel qui ne s'ouvrirait plus à l'emportement aveugle de la dépense, mais se ramassera dans la vigilance jalouse de la passion. Nouveau regard et nouvel amour. Et nouveau savoir, en tout cas, si le miracle n'a pas eu lieu, nouvel étagement de ce qui est en direction de cette lumière, dans une sagesse fondée sur l'impossible qui est le bien. C'est dans cet octobre déjà d'une poésie qui soit moins une formule qu'un acte, moins quelque bien qu'un désir, que Séféris a trouvé sa grandeur propre. Je n'en veux pour preuve que sa voix quand il lit, si magnifiquement, ses poèmes : voix sourde, retirée au profond de soi, monotone ; voix qui consume l'objet pour y délivrer la présence ; voix non possessive à jamais, comme la navigation d'île en île, comme le chant grégorien.

Je salue avec grande affection et respect Georges Séféris, en cet heureux moment où sa poésie, tout atténuée qu'elle soit par la disparité de nos langues, est offerte en volume au lecteur français. Puisse-t-il, ce lecteur trop sollicité, impatient, entendre au loin cette voix : il n'en est pas de plus pure. Puisse-t-il se tourner avec ce poète de notre temps vers le pays qu'il désigne : il n'en est pas en nous de plus dérobé, certes, parmi les îles réelles ; mais il n'en est aucun qui suffise mieux quand, au petit jour dans l'écume, il advient qu'il emplisse, à l'infini, l'horizon.

LA POÉSIE FRANÇAISE ET LE PRINCIPE D'IDENTITÉ

I

Que vaut la langue française pour l'expérience de poésie ? On sait que Baudelaire et Rimbaud, parmi tant d'autres témoins, ont eu des mouvements de colère qui semblent bien près de la mettre en cause. Ainsi : « Je m'ennuie en France parce que tout le monde y ressemble à Voltaire. » A Ancelle, dans une lettre des derniers mois de sa vie consciente, en vérité son testament spirituel, Baudelaire a écrit encore : « Et vous avez été assez ENFANT pour oublier que *la France a* HORREUR de la poésie, de la *vraie* poésie ; qu'elle n'aime que les saligauds, comme Béranger ou de Musset. » Rimbaud, quelques années plus tard, retrouve spontanément des mots semblables : « Français, c'est-à-dire haïssable... Encore une œuvre de cet odieux génie qui a inspiré Rabelais, Voltaire, Jean La Fontaine commenté par M. Taine !... On savourera longtemps la poésie française, mais en France. » — Ces injures, je le vois bien, vont à la société plus directement qu'à la langue. Mais peut-on vraiment distinguer entre la civilisation et l'idiome ? L'un n'est-il pas, au moins, l'une des causes de l'autre, et des difficultés de sa poésie ?

Mais écoutons comme Baudelaire, et aussi Rimbaud, se reprennent. « Français, pas Parisien ! » s'exclame le second, toujours à propos de « l'odieux génie ». Et Baudelaire, dans son projet de préface aux *Fleurs du mal,* livre dédié, d'ailleurs, à un « parfait magicien ès lettres françaises » : « Que la poésie française possède une prosodie mystérieuse et méconnue, comme les langues latine et anglaise. » Il y a donc une ville poétique dans le pays de la prose ; un rythme dans notre langue, dont la vertu n'est pas gaspillée par tant de « bourgeois » qui n'en savent rien. En vérité, c'est un ésotérisme que Baudelaire et Rimbaud laissent pressentir, bien plutôt qu'une carence. La poésie française existerait, mais se cache ou en tout cas se sépare. Ce qu'elle déteste le plus, c'est ce qu'on appelle la poésie.

Il y a là, de toute façon, un problème. Si notre langue est capable de poésie, pourquoi ne la rejoint-elle que dans ces malentendus, ces mépris évidemment réciproques ? Est-ce le fait de toute culture, depuis peut-être le Romantisme ? Ou un trait particulier du français ?

II

Je crois que c'est plutôt cela, mais pour en donner les raisons, il faudra d'abord que je définisse ce qui me semble un des mouvements initiaux de l'intuition poétique. C'est aussi son premier contact avec la langue : sa réaction à la donnée la plus simple, celle du mot.

Il m'importe, en effet, de bien marquer que cette approche diffère, et de façon radicale, de ce qui passe ordinairement pour la seule saisie du signe qu'il soit possible de concevoir. En fait, cette différence est si décisive, et si constamment méconnue, que va peut-être apparaître un de ces persistants noyaux de dangereuse évidence qui font à tant d'auteurs si obscure la *raison* de la poésie.

Si peu, d'ailleurs, de progrès, de ce point de vue, dans la critique récente ! Saussure et ceux qui l'ont suivi ont montré que le signe est déterminé par une structure, ainsi ont-ils ajouté une dimension nouvelle à la signification et, partant, à la connaissance des œuvres. Mais la fonction qu'ils reconnaissent au mot est toujours de simplement signifier, et leur richesse même devient dès lors un danger pour la réflexion sur la poésie.

III

Pour tous les linguistes, semble-t-il, ce que le mot *cheval* représente, c'est ce qui n'est, disons, ni l'âne ni la licorne. Il a pour contenu une quiddité, rien d'autre, et ainsi n'est-il nullement dans sa fatalité d'évoquer, comme peut le faire un nom propre quand on le crie, l'existence effective, ici, devant moi, du « cheval ».

Et cela semble évident. Que serait-ce que « le cheval », sinon un concept ? *Un* cheval, oui, devant moi, et « le cheval » comme sa notion, quelle que soit la façon dont cette notion se détermine. — J'admets que ce point de vue permet de décrire correctement la façon dont la langue est disponible pour la plupart des usages. Mais justement la poésie n'est pas un « emploi » de la langue. Peut-être une folie *dans* la langue. Mais qu'on ne peut comprendre en ce cas que par ses yeux de folie — que par sa façon à elle d'entendre et prendre les mots.

Voici ce qui, je crois, commence la poésie. Que je dise « le feu » (oui, je change d'exemple, et cela déjà signifie) et, poétiquement, ce que ce mot évoque pour moi, ce n'est pas seulement le feu dans sa nature de feu — ce que, du feu, peut proposer son concept : c'est la *présence* du feu, dans l'horizon de ma vie, et non certes comme un objet, analysable et utilisable (et, par conséquent, fini, remplaçable), mais comme un dieu, actif, doué de pouvoirs.

Mais je crains d'être obscur, et je vais prendre un exemple.

IV

Et j'imaginerai, ou me rappellerai — on verra peut-être plus tard que les deux notions s'équivalent — que j'entre un jour d'été dans une maison en ruine et vois soudain, sur le mur, une salamandre. Elle a été surprise, elle s'est effrayée et s'immobilise. Et moi aussi, arraché à ma rêverie, je suis prêt à me laisser retenir. Je regarde la salamandre, je reconnais ses traits distinctifs, comme l'on dit, — je vois aussi ce cou étroit, cette face grise, ce cœur qui bat doucement.

Eh bien, plusieurs chemins se sont ouverts devant moi. Je puis analyser ce que m'apporte ma perception, et ainsi, profitant de l'expérience des autres êtres, séparer en esprit cette petite vie des autres données du monde, et la classer, comme ferait le mot de la prose, et me dire : « *Une* salamandre », puis poursuivre ma promenade, toujours distrait, demeuré comme à la surface de la rencontre. Mais d'autres mouvements, plus en profondeur, sont possibles. Car, par exemple, je puis garder les yeux sur la salamandre, m'attacher aux détails qui m'avaient suffi pour la reconnaître, croire continuer l'analyse qui en fait de plus en plus *une* salamandre, c'est-à-dire un objet de science, une réalité structurée par ma raison et pénétrée de langage — mais tout cela, bientôt, pour ne plus rien percevoir, dans ces aspects brusquement comme dissociés l'un de l'autre, dans ce contour d'une patte absolu, irréfutable, désert, qu'un faisceau effrayant d'énigmes. Ces choses ont un nom, mais se sont faites d'un coup comme étrangères au nom. Et ces concepts, ces définitions, ces aspects, tout cela ne m'est plus qu'une cohérence vide, sans réponse à nulle question. *Qu'est-ce* qu'une salamandre ? *Pourquoi* cette salamandre plutôt que l'âtre ou l'hirondelle ou les crevasses du mur ? *D'où* ce qui est là, devant moi ? Mais je viens en somme de découvrir l'angoissante tautologie des langues, dont les mots ne disent qu'eux-mêmes, sans prise vraie sur les choses — qui peuvent donc se détacher d'eux, s'absenter. J'appellerai *mauvaise présence* ce mutisme latent du monde. Et je suis même tenté de l'appeler le démon, car il y a un pouvoir, un étrange appel, tapi au fond de ce vide. C'est comme si le néant mimait nos réalités les plus familières pour pénétrer de sa nuit la forme close de l'être. Je subis l'idée de la mort. Je suis fasciné, comme certes par un serpent. Mais, heureusement, c'est alors que je trouve en moi cette liberté qui le nie.

Car voici la troisième voie : et que, par un acte toujours soudain, ce réel qui se dissociait, s'extériorisait, se *rassemble*, et cette fois dans une surabondance où je suis pris et sauvé. C'est comme si j'avais accepté, *vécu*, cette salamandre, et désormais, loin d'avoir à être expliquée par d'autres aspects du réel, c'est elle, présente ici comme le cœur doucement battant de la terre, qui se fait l'origine de ce qui est. Disons — bien que cette expérience soit peu dicible — qu'elle s'est dévoilée, devenue ou redevenue *la* salamandre — ainsi dit-on *la* fée — dans un acte pur d'exister où son

« essence » est comprise. Disons — car il faut sauver aussi la parole, et du désir fatal de tout définir — que son essence s'est répandue dans l'essence des autres êtres, comme le flux d'une analogie par laquelle je perçois tout dans la continuité et la suffisance d'un *lieu*, et dans la transparence de l'*unité*. Le mur est justifié, et l'âtre, et l'olivier dehors et la terre. Et moi, redevenu tout cela, réveillé à ma profonde saveur — car cet espace se voûte en moi comme l'intérieur de mon existence —, je suis passé de la perception maudite à l'amour, qui est prescience de l'invisible.

Comment dire le vrai réel par un autre mot, en effet ? Cet *invisible*, ce n'est pas un nouvel aspect qui va se révéler sous d'autres insuffisants ; c'est plutôt que tous les aspects, coagulations du visible, se sont dissous en tant que figures particulières, sont tombés comme les écailles d'une mue dans la connaissance, *ont découvert le corps de l'indissociable*. La salamandre s'est dégagée de ce monde d'objets qu'avait produit la raison qui analyse, qui prend le risque de demeurer extérieure. Et devant moi, en moi, elle n'est plus que *visage*, bien que ses traits restent matériels. Elle est *l'ange*, qui a chassé les démons, et l'ange qui est unique, car c'est l'Un la grande révélation de cet instant sans limites, où tout se donne à moi pour que je comprenne et je lie.

« Mien le soleil », écrit saint Jean de la Croix, parlant si loin en avant sur ce chemin qui s'ébauche, « miennes la lune et les étoiles, mienne la mère de Dieu. »

V

J'appellerai cette unité rétablie, ou tout au moins qui affleure, la *présence.* Et maintenant je puis revenir aux mots, et en mieux définir l'appel pour la conscience de poésie.

Ce que j'ai essayé de montrer, en bref, c'est que dans l'unité, ou en tout cas sous son signe, il n'y a plus *une* salamandre par opposition à cet âtre ou une ou cent hirondelles, mais *la* salamandre, présente au cœur des autres présences. L'idée d'un être, sur cette voie — illusoire ou non, peu importe — implique son existence, et cela vainc le concept, qui doit abolir celle-ci pour que ses formules prospèrent. Dans l'espérance de la présence, on ne « signifie » pas, on laisse une lumière se désenchevêtrer des significations qui l'occultent.

Mais ce n'est pas pour autant se détourner du langage. Car celui-ci, et c'est là l'autre point qu'il me fallait souligner, est en continuité naturelle avec l'expérience que j'ai décrite — et dans l'un comme l'autre de ses aspects. D'une part, la dissociation, c'est quand les mots deviennent concepts. Il y a certes dans la langue, qui analyse, cette virtualité de mutisme, contre quoi se dressent le sentiment, le désir, l'humour — commencements de la poésie. Mais puisque la langue est une structure, elle peut tout autant, avant qu'aucune formule n'ait commencé son travail de mort, se faire *chiffre* de l'unité que porte en soi toute forme, et donc remonter avec moi, dans cet instant où tout se décide, à la rencontre de l'être. La langue — et c'est pourquoi on a parlé de *logos,* de « Verbe » — semble promettre au-delà de son moment conceptuel la même unité que celle que propose la vie au-delà des aspects qui ont fragmenté sa présence. Elle semble nous inviter à porter dans sa profondeur la parole qui fera être ce qu'elle nomme — et le mot dès lors me suggérera, miroitement d'unité, non plus de résorber ce qui est dans une formule, mais la formule, au contraire, dans ma participation au réel. Toute langue est ainsi le champ pour l'élaboration d'une sorte d'ordre; pour la fondation d'un sacré dans le destin de celui qui parle; pour les efforts, au moins, d'une poésie.

Car voici maintenant que je puis définir ce que j'entends par la poésie. Nullement, comme pourtant on le dit si constamment aujourd'hui encore, la fabrication d'un objet où des significations se structurent, que ce soit pour prendre au piège la rêverie, ou pour la décevante beauté d'avoir fondu dans leur masse, parcelles de « vérité » fugitives, des aspects de ce que je suis. Cet objet existe, bien sûr, mais il est la dépouille et non l'âme ni le dessein du poème; ne s'attacher qu'à lui, c'est rester dans le monde de la dissociation, des objets — de l'objet que je suis aussi et ne veux pas demeurer; et plus on en voudra analyser les finesses, les ambiguïtés expressives, plus on risquera d'oublier une intention de salut, qui est le seul souci du poème. Celui-ci ne prétend, en effet, qu'à intérioriser le réel. Il recherche les liens qui unissent *en moi* les choses. Il doit me permettre de me vivre dans la justice, et parfois ses plus hauts moments sont des notations d'évidence pure, où le visible semble être au point de se consumer en visage, où la partie, sans même une métaphore, a parlé au nom du tout, — où ce qui se taisait au loin bruit à nouveau et respire dans l'ouvert ou blancheur de l'être. L'invisible, il faut le dire à nouveau de ce point de vue de la parole, ce n'est pas la disparition, mais la délivrance du visible.

L'espace et le temps tombés pour que se redresse la flamme où l'arbre et le vent deviennent destin.

VI

Il reste que les voies, vers cette libération, seront en fait très diverses, je le sais bien. La langue n'est pas le verbe. La plus sérieuse parole, étant à chaque instant engagée dans ce qui analyse et qui dissocie, ne peut que partager cette aliénation, et ainsi se grever, indéfiniment peut-être, de tâches préliminaires, au risque de se tarir. Le danger le plus évident qu'encourt alors le poème est de se laisser retenir par la vision extérieure, où peut subsister beaucoup d' « art ». Mais en voici un autre, bien plus intime. Me souvenant de la « mauvaise » présence, je crois que j'ai le droit de craindre une imagination spécieuse qui, retenue par l'aspect, et pourtant effrayée du néant qui l'habite ici, près de nous, va se complaire à lui prêter « ailleurs » une autre vie, une raison d'être, une plénitude, — mais toujours avec ses traits d'extériorité, d'autant plus séduisants, maintenant, qu'ils sont comme marqués d'une énigme. Surgissent alors, *ici*, comme les puissances magiques qui empêchent l'aspect de se fondre dans la présence : le hasard, l'espace, le multiple. Le bien, toujours rêvé, n'est supposé qu'au-delà de ce rideau de matière. Et cette rêverie, puisqu'elle est éprise de l'être, paraîtra donc « poétique ». Mais, obligée d'imaginer l'intérieur avec l'extérieur — que ce soit par l'idée de quelque perfection illusoire de la forme mesurable, ou de la dame lointaine de l'imaginaire du moyen âge, ou d'un épuisement faustien du possible ; et manquant donc le seuil unique de l'absolu qui est la chose quelconque, vraiment aimée comme telle, elle est plutôt le *mal* inhérent à l'intuition poétique, la forme ardente, « luciférienne », mais d'autant plus pernicieuse, de son intime et peut-être fatale faute.

Celle-ci, peut-être alors faudrait-il la nommer le symbolisme, à cause de la naïve confiance dans le « lac dur » du visible, dans les ors et les perles qu'on y rencontre, dans la beauté d'apparence, ce vain marbre, qu'a eue toute une part de la poésie « fin de siècle », en sa surface si chatoyante, en son essence si narcissique et stérile.

J'aurai à revenir, du point de vue du français, sur cette aberration de l'intuition poétique. Pour l'instant, il me suffira de marquer quel changement, et combien significatif, elle introduit dans le rapport au langage. Dans la forme de poésie que je tiens pour la seule vraie, les mots profonds — ils varient certes avec chacun d'entre nous — portent la promesse de l'être, ils préservent l'idée d'un verbe, où va s'élucider un ordre qui « authentifiera » — dirait Mallarmé — notre vie. Mais dans le même instant le caractère intérieur de cette expérience de l'ordre, du sacré, consume tout sentiment que ce verbe, imminent dans la substance des mots, puisse s'organiser en formules. Les phrases les plus intenses disent notre proximité de la transparence, et comme sa saveur — ainsi le fruit se dissipe —, mais rien de plus. Elles évoquent l'ordre mais sans en dégager la structure, et cela parce que l'expérience vraie, ne cherchant l'absolu que par le seuil de la finitude, n'est de toute façon que notre conscience nécessairement relative vécue jusqu'en son fond comme telle. Au contraire, celui qui a rêvé d'un « ailleurs » où certains des aspects d'ici peuvent resignifier à son gré selon un autre ordre, en soi plus « vrai », plus « réel », — celui-là fera élection de mots rares ou de sensations plus rares encore, et cherchera la formule par quoi cet ordre secret peut se dévoiler à l'esprit. Sa prescience du verbe, c'est qu'il pourra se condenser dans une parole à la fois proférable et définitive, plus forte que le hasard qui régit le triste ici-bas. On connaît ces projets de *Livres.* Ils ne sont qu'une des façons de rechercher la présence par le truchement de l'aspect, qui est pourtant le sel qui la dissocie.

Mais peu importe, du point de vue que je tarde tant à rejoindre. En résumé je dirai que ce que la conscience poétique a espéré dans les mots — au moins dans quelques mots — c'est que de l'unité, du divin y brille, c'est une présence réelle. Et cela doit suffire pour entrevoir certaines des relations de la poésie et des langues, en particulier du français.

VII

Une première remarque semblera peut-être évidente : c'est que tous les mots d'une langue ne se prêtent pas au même degré à l'intention poétique.

Le vent, la pierre, le feu, ou les « mazagrans » de Rimbaud, les « wagons » et le « gaz » de Baudelaire et n'importe quel nom des réalités les plus quotidiennes peuvent s'emplir de lumière : il aura suffi que nous ayons tant soit peu vécu avec ces réalités notre attachement à la terre. Mais de ce fait même il découle que l'appel se fera entendre de façon d'autant plus intense que les mots diront plus évidemment des « essences » et par là j'entends simplement ces choses ou créatures qui semblent exister par soi pour notre conscience naïve dans notre existence ordinaire. Ainsi *brique,* déjà, parle à l'esprit de poésie de façon moins évidente que *pierre,* parce que le rappel du procédé de fabrication l'emporte, dans la donnée de ce mot — et d'autant plus qu'il s'oppose à *pierre,* dans la structure verbale — sur son être propre de « brique ». Encore n'est-ce qu'une nuance. Mais *silicate* a moins d'appel que *silex.* Et *grimacer, ricaner* se prêteront bien moins que *crier* ou *rire* à l'opération de la poésie, en ceci que ces mots prennent trop clairement par le dehors l'acte humain, ne font que le décrire, n'ont pour signifié qu'un *aspect,* difficilement perpétuable dans l'intériorisation que la poésie se donne pour tâche d'effectuer.

Bien entendu, de nombreux mots qui semblent dire l'aspect pourront être repris, rachetés par le souci poétique : on aura découvert qu'ils peuvent nommer quelque chose qui « est », au-delà de cette enveloppe. Du « grimacer » Laforgue aurait pu faire une des composantes fondamentales, *irréductibles,* de son être au monde ambigu, entre ironie et désir. Mais enfin, si je veux sauver le mot *siroter,* par exemple, j'aurai à peiner longtemps sous le vent de l'extériorité : tandis que *boire,* qui exprime un acte essentiel, ne pourra que garder, au plus désabusé d'une vie, sa capacité d'absolu. Rimbaud, malgré ces caricatures qui le présentent comme prostré devant le verre d'absinthe — et qu'il provoque, et qu'il veut —, Rimbaud *boira,* non *sirotera,* parce qu'étant poète il demeure dans la gravité du destin. — La poésie veut des mots qu'on puisse prendre dans son destin.

Mais, s'il en est ainsi, on voit se préciser un des points par lesquels l'intention de la poésie s'articule avec le fait de la langue. Dans leur confrontation va paraître si la langue est riche en mots qui disent l'aspect ou en d'autres qui nomment les essences. De la proportion relative de la part d'extériorité en somme imposée par une langue et de l'intériorité que, malgré l'emploi déchu habituel, cette dernière consent, on pourra dégager une sorte de *coefficient poétique* qui a influencé sûrement d'une façon signifiante le devenir de la poésie.

VIII

Et si l'on doute d'abord de l'intérêt de ce point de vue, que l'on m'accorde, pour montrer l'écart qu'il révèle entre deux sortes de poésie, de m'arrêter un instant à la langue anglaise.

En anglais, ce qui me frappe le plus, c'est la grande aptitude à la notation des aspects, qu'ils soient du geste humain ou des choses. Une nuée d'expressions permettent de saisir avec autant de précision que de promptitude la façon dont l'événement — tout devient événement — se propose à la conscience immédiate. Et comme un très grand nombre de mots disent aussi des « réalités » qui ne diffèrent d'autres, apparemment, que par de minimes nuances — pour nous, ce ne serait qu'aspects divers de la même essence — on a vite le sentiment que l'anglais veut décrire ce que perçoit la conscience, en se gardant de tout préjugé sur l'être dernier de ces référents. S'il est vrai que les langues sont des structures, c'est d'ailleurs si peu sensible en anglais ! Les mots sont là si nombreux, si peu classables, si difficiles à définir et si fuyants dans l'emploi. Souvent aussi voisins par la forme qu'ils le sont déjà par le sens, sans visible dérivation, sans étymologie qu'on pourra juger signifiante, ils se pressent l'un contre l'autre en continuité opaque, comme les cristallisations d'une superbe matière — en fait, comme des éclats d'intelligibilité arrachés d'un réel délibérément abordé d'une manière empirique. Le pouvoir de photographier, si je puis dire, est extrême, mais la capacité hyperbolique moins apparente —

non sans pourtant que quelques grandes essences, la mer, l'oiseau, le printemps, qui sont du fond universel de notre rapport au monde, ne soient là pour manifester, et à elles seules garder intact, le rayonnement de l'épiphanie.

Eh bien, c'est très probablement de cette tension que la poésie anglaise a puisé sa remarquable énergie. Que la conscience de l'Un y soit vivante, d'abord, c'est ce que l'œuvre de Blake prouve, avec une violence et une clarté d'intention qui n'ont pas d'égales dans notre langue. Et c'est tout aussi bien Coleridge qui a donné du Beau la définition la plus poétique, disant que la Beauté est ce par quoi le multiple devient l'Un, bien que toujours saisi en tant que multiple[1]. De Marvell à Wordsworth, à Hopkins, cette prescience est constante. Yeats ne s'y oppose qu'avec fureur, accablé en fait de son évidence. Mais si l'intention poétique est la même en anglais que partout ailleurs, il lui faudra pour s'élaborer passer par des voies dont on voit bien maintenant qu'elles ne seront que les siennes — quitte à provoquer au détour d'un siècle l'incompréhension de Voltaire. Les métaphores contradictoires, les images ébauchées et abandonnées, les vers interrompus, les obscurités, tout ce chaos de l'auteur « irrégulier » du *Roi Lear*, que signifient-ils ? Simplement que Shakespeare est à la fois désireux d'intérioriser le réel (comme *La Tempête* va être si près d'y réussir) et de sauver la richesse d'une langue qui a des mots si nombreux pour dire l'aspect des choses. Il en résulte que les propositions de la conscience extérieure au même instant se profilent sur cette scène et se révèlent insuffisantes, comme les figures de Dieu dans les théologies négatives. Il a fallu que l'image soit annulée par l'image pour que l'invisible soit pressenti.

1. « The Beautiful is that in which the many still seen as many becomes one. »

Ainsi la « barbarie » de Shakespeare est-elle en fait son plus grand sérieux. Et c'est évidemment un paradoxe semblable, c'est le même plein demi-tour du compas, qui permet à John Donne, pourtant si différent de Shakespeare, de lever lui aussi la pierre de l'aspect pour ranimer l'absolu. On le voit s'attacher — scandale pour Racine, mais presque autant pour Rimbaud — à l'anecdote, cette vision « extérieure » du fait humain. Mais c'est pour découvrir — ironie secrète de la Présence — que c'est dans notre réaction à l'inessentiel que notre essence se manifeste. C'est aussi dans l'être qu'il faut *by indirections find directions out*, par des voies détournées découvrir la voie — et deux conséquences s'ensuivent. D'une part la poésie anglaise s'engage dans le monde du relatif, de la signification, de la trivialité (le mot est intraduisible), de l'existence de tous les jours, d'une façon presque impensable en français, dans la poésie la plus « haute[1] ». Son regard sur l'objet s'arrête, au moins d'abord, à des dehors que notre tradition littéraire ne veut pas voir, il ne se distingue guère, parfois, pour le lecteur distrait, de celui du moraliste, de l'humoriste. Mais d'autre part, se plaçant sur ce point commun et y poursuivant sa fin propre, la poésie en anglais n'y marquera qu'avec plus de force sa différence et sa vérité. Qui a jamais douté qu'il y ait une poésie anglaise ?

Mais je laisserai là ces imprudentes remarques. Je ne les ai tentées que pour mettre mieux en relief les caractères si différents de la poésie de langue française.

1. Laforgue et Corbière, si aimés en Angleterre et en Amérique, ne le font qu'en s'acceptant comme poètes « mineurs ».

IX

Et tout d'abord, ce qui me semble évident de notre langue, c'est que ses mots connotent pour la plupart, non des aspects empiriquement définis, mais des entités qui ont l'air d'exister en soi, comme supports d'attributs qu'auront à déterminer et différencier les diverses sortes de connaissances. A moins — et c'est en fait ce qu'on semble invité à croire — que ces attributs ne soient révélés déjà dans la notion de la chose. Par exemple, *un chat est un chat,* dit-on volontiers, et ce proverbe donne à penser qu'il y a un en-soi bien défini, une autonomie, une permanence, du chat dans un réel de ce fait intelligible, et intelligible sans trop de peine.

Il s'ensuit que ce qui n'est vrai en anglais que d'un nombre relativement restreint de vocables devient dans notre langue comme une règle, qui tend à identifier réalité et raison, et permet de ne pas douter que le langage lui-même, dans sa structure, reflète avec précision cet Intelligible. C'est cette donnée première de notre optique verbale que j'appellerai le *principe d'identité.* Je crois qu'il est profondément accepté par la conscience naïve, pour qui le fait qu'un chat soit un chat (et le reste, et ne puisse être autre chose) semble toujours si facilement vérifiable qu'on ne saurait le nier que par intention malhonnête. Il y a un corollaire moral au principe d'identité, et c'est l'impératif que Boileau énonce — « *J'appelle un chat un chat...* » — non sans mettre en lumière aussitôt après la dialectique de notre langue. Car de l'évidence première deux conséquences découlent, et pourraient sembler s'opposer. D'une part, cette intuition d'un ordre du monde fait qu'on désire le maintenir, et s'y intégrer : et dans la société française, on retrouvera vite et constamment la *parole d'identité* fondamentale à peine transposée en serment, cri ou mot d'ordre. C'est « *le roi est mort, vive le roi !* » Variante à peine marquée, du point de vue de l'identité : « *La République est une et indivisible.* » Comme tout ce qui est, les institutions sont appréhendées par le français comme des substances. Mais ce sentiment de leur être ne sera nullement exclusif d'un esprit critique et même d'un projet de révolution, puisque l'Intelligible peut mettre en cause, par son évidence d'ensemble, telle ou telle de ses parties qui a été altérée.

Qu'on se reporte à nos polémistes : et l'on verra qu'il s'agit pour eux, non certes d'améliorer d'une façon empirique un état de la société, mais de retrouver l'*ordre vrai,* en dénonçant les mensonges qui ont réussi à s'y substituer. Oui, cela n'a pu être que le mensonge ; l'erreur intellectuelle est peu vraisemblable, on ne voudra guère de cette excuse. « Sarrabovittes, cagotz, escargotz, hypocrites, caffars, frappars, botineurs et aultres telles sectes de gens, qui se sont desguisez comme masques pour tromper le monde ! » s'écrie Rabelais dans le *Pantagruel.* L'ordre de l'être, ou de la nature, sont évidents : à qui toutefois le veut bien. Il faudra donc indéfiniment dénoncer le menteur, le « bon apôtre », celui qui a intérêt à brouiller les cartes, — et du *j'appelle un chat un chat* de la fidélité aux essences vont découler aussi bien une lucidité psychologique implacable que la nécessité politique d'*appeler Rollet un fripon...* La même équation toujours, victorieusement résolue. « *Il n'est rien tel que ces Jésuites...* », écrit Pascal, qui ne fait là que poursuivre sous un de ses avatars le démon qui a bien dû reprendre ses ruses, puisque a été occulté un instant ce qui ne saurait être que l'évidence.

Mais que signifie le principe d'identité du point de vue de la poésie ?

X

Pour répondre à cette question, je crois qu'il faut en reprendre l'examen d'une manière plus historique : car, s'il est associé depuis Boileau ou Voltaire — si j'ai dû tout d'abord, pour simplifier, l'associer — à une vision rationnelle, en puissance matérialiste, il est clair aussi qu'il a dû varier dans son appréhension des essences, et changer de métaphysique, depuis les débuts du français.

En ces commencements, par exemple, qui pourrait douter que l'ordre n'ait été éprouvé comme réalité religieuse — autrement dit comme relation intérieure et même mystérieuse entre les formes de l'expérience ? Si le français est si fortement dominé par la pensée de l'identité, c'est d'ailleurs parce que, langue tardive, il s'est développé à partir de données linguistiques et sociales — le latin, Rome, le christianisme — déjà très fortement imprégnées de l'idée d'un ordre du monde, aux essences bien établies et distinctes dans la grande chaîne de l'être, et de ce fait d'autant plus sacrées. Le prêtre qui enseignait le Credo enseignait aussi les essences. Que le pain soit le corps du Christ, cela n'est communicable que pour autant que le pain soit déjà le pain, c'est-à-dire une réalité bien identifiée et stable, et non quelque apparition obscure et changeante, indéfiniment susceptible de prendre forme nouvelle. Il reste que ce pain, s'il a ainsi son image claire et distincte, est donc vécu en Dieu et sous le signe de l'Un.

« *Clere est la nuit...* » Cet ordre est magnifiquement

irradiant dans la *Chanson de Roland*, où tout est simple, sans ombre et parfaitement mystérieux. On ne s'étonne pas d'y voir apparaître ce vers décasyllabe si « objectif », lui dont les quatre pieds initiaux engagent si fermement la conscience dans la stabilité d'un savoir, cependant que sa deuxième partie, dans son rythme ternaire infus, consent au temps humain par un acte de sympathie, mais pour le reprendre dans l'éternel. On ne s'étonne pas davantage que le poème soit anonyme. Lorsque la poésie se fait personnelle, c'est que l'individu a dû se dégager pour son propre compte d'un oubli collectif de l'être, qui n'est pas ici commencé. Et l'on peut remarquer enfin que, de par l'ouverture des mots à la présence, la poésie comme telle a, alors, par opposition à d'autres paroles, aussi peu de signes distinctifs que possible. Il faut sans doute le vers pour que la conscience se place sur son plan de plus grand sérieux. Mais au-delà, c'est la réalité la plus simple qui apparaît dans son expression, dans son visage habituels, — et les plus grands poèmes du moyen âge français seront peut-être certaines de ses plus humbles chansons, où se découvre que le sacré peut être vécu avec une familiarité et un enjouement admirables. L'ordre, ici, c'est le rossignol, figure de l'origine, le jardin, figure du lieu, les amants, recommencement éternel de l'effort humain vers la Présence, le « faulx-jaloux », revers de la participation, expression de l'instinct possessif qui dégrade l'être en objet. Et tout ceci est « naturel », mais ce n'est pas que l'on ait rêvé la « nature », comme plus tard on l'inventera, il s'agit là plutôt d'une expérience d'ensemble, qui comprend les souffrances et reconnaît les limites de la personne, clarifiée par le christianisme, éclairée aussi par les mots.

Jamais mieux que dans ces poèmes, en tout cas, on ne pourrait entrevoir comment une langue, en s'élaborant, peut élaborer un monde et, en se faisant transparente, nous concilier l'univers. Du serment de Strasbourg à la *ramée* et à *l'oursegnol*, aux *reverdies*, ce qui a grandi dans la substance des mots, c'est la lumière. Et je voudrais témoigner que pour ma part j'ai toujours éprouvé les mots français dans leur croissance d'alors comme à demi transparents : tant la structure des consonnes semble (héritée du latin qui fera figure de science) garder l'empreinte atténuée d'un radical absolu, tandis que les voyelles apparaissent à travers elle, certaines comme les ombres de l'existence sensible, et d'autres — le e muet par exemple — comme la lumière qui vient de l'Un. C'est alors dans la profondeur du mot, et non dans quelque formule, que la tension entre finitude et présence peut se résoudre en affinité mystérieuse. Le mot semble suggérer de soi-même la cristallisation toujours virtuelle de l'être. La poésie pourra se faire — comme Mallarmé le dira — de mots. Et c'est à ce breuvage aux orients furtifs que pense encore Rimbaud quand — au terme de ses décantations les plus exténuées — il écrit de l'éternité, dans les nouvelles « chansons » d'une participation retrouvée, que c'est la mer allée « avec le soleil ».

XI

Je dirai donc qu'en ces premiers temps de la poésie en français, l'identité est à son degré le plus haut de saturation substantielle, et que la poésie est, en sa différence, presque invisible, œuvre avant tout de simplicité et de gravité. Mais dans la condition première de notre langue s'est déjà établie une ambiguïté, dont les conséquences seront très graves. C'est du latin et de sa civilisation que le français a reçu le vocabulaire et la syntaxe d'un ordre. Mais il n'a pas reçu pour autant avec cette aptitude aux essences le dépôt d'un grand mythe qui désigne explicitement les choses terrestres comme réalité spirituelle, puisque la religion continua pendant tous ces temps de s'exprimer dans la seule langue latine, et à propos d'une transcendance. Perte, donc, d'une énergie créatrice, puisque tous les esprits théologiens ou mystiques durent déserter le français. Manque d'une croyance qui assurerait pour longtemps la valeur sacrée du feuillage et du rossignol. Et même condamnation, durement poursuivie, des survivances du paganisme. Tout cela ne pouvait que rendre infiniment fragile, et privée en tout cas de preuves, cette expérience pourtant directe de l'absolu dans le mot français.

Et voici donc l'ambiguïté, et parfois même le drame, de notre langue. Ce principe d'identité qui fut si intensément vécu comme axe de participation, comme évidence de l'être, dans la poésie médiévale, ce principe ne vaut que par une intuition que rien dans nos traditions et savoirs ne justifie ni ne remémore — et il peut donc à tout instant se vider de sa vertu substantielle, et il le fit, en vérité, et très tôt, et pour un très grand nombre de gens. La France put devenir le pays de l'évidence courte et obstinée, du « bon sens ». Le regard français put se complaire à un certain tableau de peu d'ombres, aux objets évidents dans leurs relations raisonnables, et aussi peu nombreux (relativement) qu'ils sont bien dessinés dans les contours qui les délimitent.

XII

Mais — réciproquement, et de façon tout aussi soudaine — il arrive que ce tableau, ou telle de ses variantes, que je vais bientôt définir, se fasse pour certains esprits énigmatique et presque terrible.

C'est là un fait dont par excellence Rimbaud témoigne, et je voudrais maintenant — retrouvant les surgissements et les mutations du regard premier sur la salamandre — dire toute l'importance de quelques notations d'*Alchimie du Verbe* pour la compréhension de la poésie, de la poésie en français. Déjà dans la *Lettre du Voyant* Rimbaud condamnait avec la plus grande violence toute la tradition poétique, et il apparaît bien qu'il lui reprochait cette clarté courte, sans harmoniques, dont je parlais à l'instant. Dans *Alchimie du Verbe,* il dit semblablement qu' « il trouvait dérisoires les célébrités de la peinture et de la poésie modernes » — mais il ajoute, et comme en contrepartie : « J'aimais les peintures idiotes, dessus de portes, décors, toiles de saltimbanques, enseignes, enluminures populaires ; la littérature démodée, latin d'église, livres érotiques sans orthographe, romans de nos aïeules, contes de fées, petits livres de l'enfance, opéras vieux, refrains niais, rythmes naïfs. » Il dit encore : « La vieillerie poétique avait une bonne part dans mon alchimie du Verbe. » Et enfin : « Un titre de vaudeville dressait des épouvantes devant moi. » Nous imaginons bien ce qu'ont été ces lectures. Tous, au pays de Favart, de Mme de Ségur — puis-je ajouter de Raymond Roussel ? — nous avons rencontré ces récits et ces descriptions où, le pouvoir de l'intelligence en œuvre étant faible, le tableau du monde se réduit à quelques réalités, en principe simples et évidentes, mais si schématisées, si privées de relief qu'une fascination s'exerce, en effet — et qu'un étrange espoir, dirai-je même, entre en jeu. Or, voici comment je comprends ce sentiment de « brûler », ce pressentiment de métamorphose. Ces essences, si pauvrement traitées et si réduites en nombre, en sont comme dépouillées du réseau habituel de relations réciproques, — de ce qu'on peut dire la « profondeur » de la description conceptuelle. Il s'ensuit que les choses qu'elles dessinent reparaissent là, devant nous, dans cet « en-soi » que le concept s'approprie, vêt, dissimule, et comme tout à l'heure dans l'entrevision de la salamandre, on y pressentira le surgissement d'une présence, soit faste, soit maléfique, avec en tout cas « l'épouvante » que fait naître dans la conscience la proximité du sacré. En somme, le texte médiocre ou l'image pauvre ont joué le même rôle que l'objet soudain *vu*, avant que sa signification ne l'occulte, ou dès que celle-ci, décomposée, le déserte : et pour un adolescent, perdu ici ou là dans le désert du concept, c'est toute l'identité extérieure, à son plus vide, qui brusquement se transmute. J'ai quant à moi éprouvé dans mon enfance « l'épouvante » de ces jardins que l'on dit justement à la française : clarté aux terribles poussées internes ; et je comprends bien, maintenant, que c'était là avant tout une situation de langage. Oui, c'est d'un seul coup, invisiblement, parfois à l'occasion d'un simple mot prononcé, ou d'un nom, que l'identité absolue prend le pas sur l'identité conceptuelle — que recommence l'esprit qui tend à la poésie.

XIII

Et de ce point de vue il vaudrait d'ailleurs, pour l'historien, d'en recommencer aussi l'étude, substituant aux descriptions habituelles des enchaînements d'influences ou du sens supposé des thèmes le retracement des tensions qui opposent ou dialectisent l'intuition de présence et les fatalités du concept... Ainsi le même Rimbaud qui, dans son « délire », qui n'est que le refus de l'identité conceptuelle, voulait voir une mosquée à la place d'une usine, un salon au fond d'un lac — c'est-à-dire l'autre à travers le même —, en vient dans *Bruxelles,* approchant du coup l'immédiateté, à prononcer le « C'est trop beau ! » qu'il faut comprendre : « C'est trop présent ! » La modernité poétique a son origine, à toute époque, dans cette remontée qui délivre l'objet des rhétoriques usées. C'est vrai que la poésie marche en avant de l'action : puisqu'elle est ainsi la puissance où vient se consumer et renouveler le concept qui gère l'action.

Mais c'est surtout en elle-même que la poésie née de « l'épouvante », la poésie française, est un acte, et voici comment je l'entends. D'abord, et du fait même qu'elle commence, dans ce regard absolu, l'approche de la présence, elle n'a pas à la démontrer, à l'exprimer par des mythes, elle n'en a pas même le temps, elle est obligée de la vivre. Et c'est donc aussitôt l'effort par lequel, au milieu des choses « néantes », elle va tenter de rester dans la lumière de l'être, pour en accomplir la fusion avec les données d'un destin. Je crois que la poésie d'une langue d'essences comme le français a pour tâche toujours urgente de constituer, ou de retrouver, l'ordre profond, infra-conceptuel, au sein duquel le poète pourra se vivre comme présence, ayant vérifié les analogies, ayant défait les aspects opaques, ayant rouvert la voie qui mène vers l'intérieur. C'est là affaire d'expériences discontinues, silencieuses : mais d'où émanera l'énergie qui fait vivre ensemble, et s'ouvrir à des rayons infinis, quelques grands mots ranimés. Et le vrai sujet du poème, c'est une existence qui reprend forme — une finitude qui s'illimite. Quant à la signification, on voit bien ses équivoques, eu égard à ce grand projet. Parfois, c'est vrai, l'auteur d'un poème a *dit* une sensation, a formulé une idée. Et l'on pourrait discerner là une volonté de décrire ce qui existe ou d'exprimer ce qu'on est. Mais, en fait, de quoi s'agit-il ? D'évoquer dans une saveur celle plus profonde de l'unité que l'on cherche. De convoquer ce suprême fruit dans le fruit sensible. D'aimer ; ou encore de refuser — comme on purifie — ce qui ferait le jeu du néant. La poésie, c'est un serment qui se différencie et s'assure dans la trame des choses dites. C'est ce qui *réunit,* comme le maçon qui choisit ses pierres — et qui peut certes les commenter, ou parler, même, apparemment au hasard, mais avec pour fond ce silence où il voit déjà le seuil futur se dresser.

Et de même que le maçon a différencié le lieu, d'abord abstrait, de la vie, de même le poète, répétant les antiques commencements de la parole — de l'*acte fondateur,* la parole —, diversifie la Présence en bâtissant son poème, pour retrouver la raison, la place dans l'Univers des réalités les plus humbles. On répète volontiers que la poésie anglaise « commence par une puce et finit en Dieu ». Je dirais alors que la poésie française a son mouvement à l'inverse, et commence « en Dieu », quand elle peut, pour finir par l'amour de la chose la plus quelconque.

XIV

Mais je ne voudrais pas terminer sans anticiper quelques objections.

J'imagine, d'abord, que le lecteur, s'il m'a suivi jusqu'ici, doit s'étonner d'une définition de la poésie où il ne semble pas y avoir de place pour ce dont, dans ces pages mêmes, je suis parti : les détestations et les impatiences de Rimbaud et de Baudelaire, que tant d'autres poètes peuvent rejoindre pour la souffrance et parfois le doute ou le désespoir. Que signifie cette conciliation du réel, cette terre « poétiquement habitée » pour le dédain de Vigny, les démissions de Verlaine, les cris d'horreur d'Antonin Artaud ? Quand Baudelaire, frappé d'aphasie, est ramené à Paris et voit Asselineau qui est venu à la gare, il a un long rire suraigu, — Asselineau est glacé d'effroi. Est-ce là, et le *Cré nom* des derniers mois, ce silence de plénitude auquel aurait bien eu droit, selon ma définition, le plus grand peut-être de nos poètes ? Et si la langue française détient, en son essentialisme même, si redoutable, cette clef, malgré tout, de l'idée d'un sacré, d'un ordre, comment se fait-il que notre pays donne au monde ses plus évidents *poètes maudits ?*

Je crains, en fait, de ne pas avoir assez souligné, et non seulement ci-dessus (ce qui est ici rectifiable), mais à quelques autres reprises, qu'il n'y a rien, hélas, d'idyllique, rien de donné, rien qui puisse même songer à se délivrer de la fausse vie, rien qui puisse se fier au rêve, dans cette approche de l'unité. Intérioriser le réel, ce n'est pas contourner ce qui nous empêche de vivre, il faut le réduire ou le transmuter, et souvent le feu ne prend pas dans cette matière ingrate, d'autant que l'aliénation d'autrui est mêlée, intimement, à la nôtre et qu'il faudra donc — tâche évidemment impossible — clarifier les deux d'un seul coup. La poésie, la rémission qu'elle apporte, ce n'est donc pas le repos. Que vaudrait-elle, par exemple, sans communion ni justice ? Et ne se pose-t-elle pas des questions — que son intuition propre ne résout pas — sur les énigmes du mal ? C'est apparent chez Rimbaud : « Je veux la liberté dans le salut », écrit-il. Il faut entendre : le droit de maintenir mes valeurs — qui sont l'égalité, la justice — dans l'expérience même de la Présence. Et cette contradiction ne s'oublie pas aisément — l'œuvre de Hugo en témoigne — dans une langue où l'universel peut se présenter aussi bien comme celui du droit que celui de l'être. — Le français n'a pas de mots pour le mal : rien que des vocables abstraits qui déjà le rationalisent. Mais l'existence du mal n'en pourra être que plus durement ressentie. Elle peut empêcher d'avoir bonheur au français.

Au vrai, le mot qui me paraît le mieux convenir pour définir notre poésie, dans sa profondeur brusque, mais son devenir entravé, c'est *contre-jour.* Car la lumière dont je parlais, on la retrouvera dans la poésie la plus noire, par les « violons vibrants », les « journées enfantes ». Mais le monde de la dissociation, du mal, reste devant pour faire ombre et c'est donc dans ce clair-obscur qu'ont lieu les errances, les colères, — l'ordre à la fois se bâtissant et se défaisant, dans la persistance, bien sûr, souvent proclamée, de l'espoir. « Peut-on illuminer un ciel bourbeux et noir ? », écrit Baudelaire. Et Rimbaud : « Et à l'aurore, armés d'une ardente patience, nous entrerons aux splendides villes. » La métaphore de l'*aube spirituelle* est fréquente chez les poètes français. Elle correspond bien à ce miroitement, à cet *orient* de la langue. Et s'il lui est rarement donné de se transformer en vérité de midi, sinon peut-être par rêverie — par mensonge ? — il lui est quelquefois possible de se reconnaître dans ce plus chaleureux contrejour, la lumière rouge du soir.

XV

L'autre remarque aura trait à ce que j'ai nommé plus haut la *faute* inhérente à la poésie. Peut-être, à lire les pages qui précèdent, pensera-t-on que je n'y ai plus pris garde, ou que je la tiens pour absente de la poésie en français. Il n'en est rien, et je dirai même qu'à mon avis cette « faute » est plus facile à commettre dans notre langue qu'en beaucoup d'autres. C'est que, s'il y a donc dans les mots que nous employons cette virtualité de présence, ce grand espoir, — il en découlera qu'on parlera sous ce signe, comme enivrés, sans avoir critiqué, comme il se doit, notre pratique des choses. Or, nommer l'arbre trop aisément, c'est risquer de rester captif d'une image pauvre de l'arbre ; ou en tout cas, abstraite, et qui ne pourra grandir dans l'espace de l'absolu qu'à partir d'un des aspects, seul retenu — par distraction —, de l'objet. Et voici que la Présence n'est plus conçue que comme un déploiement fabuleux de cet aspect, comme une profusion de ce marbre. Elle n'est plus qu'un décor, dont le Je aussi est absent, et bientôt une convention et le reformement d'une rhétorique. C'est ce que trahit Roméo, quand il se croit amoureux de la « belle » Rosalinde, symbole de l'aspect, de ce qu'on a imaginé, non vécu, de l'objet qui se perd donc sous le mythe. Heureusement il y a Mercutio près de lui, Mercutio, cette incarnation de la langue anglaise, pour le rappeler au devoir de « trivialité ».

La poésie française n'a pas de Mercutio. Dans notre langue c'est au poète seul qu'il revient de se ressaisir dans cette beauté des mots où il n'a mis bien des fois que le fantôme des choses. Et notre poésie a aussi, comme dimension de son histoire et de sa diversité, ces égarements et ces retours. Les uns — les ressaisissements —, c'est le *Cygne* baudelairien, c'est l'*Éternité* de Rimbaud. Les autres, que l'orgueil mène, c'est la tragédie de Racine, la « notion pure » de Mallarmé. Entre l'identité *extérieure* du bon sens et l'identité *intérieure* de la présence, il y a eu longtemps — disons, de la Pléiade à Paul Valéry — cette forme glorieuse et si attrayante de la faute, la prétention de l'Idée à être sa propre preuve, la substantialité illusoire de la figure de rêve.

L'OBSTINATION DE CHESTOV

I

Voici donc réédité, réuni, l'essentiel de l'œuvre de Léon Chestov, dans l'admirable traduction qu'en donna Boris de Schloezer. Et, feuilletant par hasard, qui sait, ces pages abstraites mais si brûlantes, peut-être quelque jeune lecteur va-t-il se laisser retenir, va répondre à ce grand appel, va tenter de s'aventurer dans le pays qu'il désigne, quitte à vieillir ensuite, resté en route, avec au cœur le regret de l'horizon aperçu. Mais ç'aura été, malgré tout, la seule façon de lire Chestov qui ne lui soit pas infidèle. Car on n'a pas disposé de lui quand on s'est complu à le replacer dans un moment de l'histoire : il est trop clair que, forcé au temps, il n'a souci que d'en défaire la trame. Pareillement, sa qualité « littéraire » est aussi peu essentielle qu'évidemment magnifique : ce n'est pas là qu'accablé il vint s'abriter pour dormir. En vérité, l'auteur du *Pouvoir des clefs* est de ces très rares qui n'ont ni n'ont voulu de demeure : sinon, et comme au-dessus de lui, inaccessible toujours, dans les éboulements d'une pente abrupte. Cette parole n'est que le flanc d'un Sinaï de douleurs, d'indignations, d'incompréhension radicale de la conduite des autres hommes, qu'un homme seul, obstiné, s'efforce en vain de gravir. Pourquoi, et si follement ? Pour rendre à Dieu sa loi, dont il pense ou veut croire que l'humanité n'a que faire. Pour sauver Dieu de la loi.

Et c'est vrai que Chestov, dans ses limites d'homme qu'il voulut tant ébranler, est comme l'anti-Moïse, il eût senti, descendant de la montagne sacrée, la parole de Dieu se racornir sur les tables, se faire tout l'opposé de la puissance promise ; d'où suit que, revenu au niveau de l'humanité malheureuse, il eût regardé avec moins de haine que le conducteur d'Israël les égarements de son peuple. L'adoration des idoles, c'est pour Chestov aussi une illusion, une impasse. Mais le mouvement de terreur, de désir, d'obscure et brute passion qui jette sur cette voie, il devait certes le prendre plutôt moins mal que beaucoup d'autres de nos conduites, disons la pensée logique ou la volonté de sagesse... Le commencement de la réflexion de Chestov, ou en tout cas l'occasion des pamphlets où elle s'exprime, ce n'est pas l'ignorance ou l'inconséquence ou comme l'on dit la « folie » des hommes. C'est au contraire tout ce qui passe pour la grandeur morale ou la profondeur spirituelle : la connaissance des lois de l'être, l'obéissance à ces lois.

Mais reformons tout de suite le syllogisme dont Chestov s'est armé pour dévaster la raison, pour déconsidérer la bonne conscience morale : ce que l'on appelle le réel, dit-il, l'évidence des faits, la nécessité qu'ils expriment, la logique qui les reflète, tout cela n'est que détestable contrainte puisque nos maux en découlent — mais alors, comment peut-on l'accepter ? Le commencement, pour lui, c'est l'étonnement, comme chez les Grecs, mais cette fois devant l'être humain que cette « réalité » intimide. Et cet étonnement va se faire d'autant plus grand que Chestov découvre bientôt qu'il y a des hommes, que l'on n'en estime que davantage, pour transformer en félicité le sentiment de l'irrémédiable. Connaître ce qui est, accéder à sa loi la plus générale, faire sa vertu de s'y conformer, et faire son bonheur, fût-ce dans les pires supplices, de rester en accord avec la vertu — ce mouvement de l'esprit est ce que Chestov appelle le stoïcisme, et il n'hésite pas à le dénoncer, d'un bout à l'autre de l'histoire de la philosophie, de la théologie, de l'éthique, comme en fait leur unique, bien que souvent secrète, motivation. « Stoïciens » ont été Spinoza, Kant, Hegel, et Husserl, bien entendu. Mais même Kierkegaard, même Nietzsche, qui sont pourtant les esprits, dans la philosophie d'Occident, dont Chestov se sent le plus proche. Avec une bizarre joie sombre, il ne manquera pas de souligner, dans *Athènes et Jérusalem*, que Nietzsche, l'orgueilleux contempteur de l'homme-esclave, le témoin de la volonté, le meurtrier de la loi, finit par l'*amor fati*. Et Kierkegaard, quand il dissimula son « secret », ne fit-il pas que s'intimider devant la loi, lui aussi ? La honte est fille de la connaissance, qui nous oblige à considérer que certaines choses sont importantes et d'autres non. Et Kierkegaard aussi bien en arrive vite à cette « soumission infinie » que Chestov ne veut pas distinguer de la béatitude intellectualiste de Spinoza ou de l'*amor fati* nietzschéen.

Le « stoïcisme » est partout, aussi universel que la loi, et suprême valeur pour la conscience commune, mais pour Chestov suprême scandale : « Quoi, s'écrie-t-il, nos filles sont déshonorées, nos fils massacrés et nous connaîtrions la béatitude ? » Cette question est même son leitmotiv, et bien qu'elle soit dite avec sécheresse en dépit de sa véhémence, on pressent qu'elle dissimule une expérience très douloureuse, un foyer de pure passion sous le discours si aride.

II

Mais il ne faudra pas imaginer pour autant que cet accusateur de la vie morale ait été lui aussi une sorte de moraliste qui par douleur se refuserait, comme Vigny par exemple, à donner sa caution à Dieu — ou à l'aveugle Nécessité — et prêcherait la révolte. Car un trait singulier s'ajoute à ce refus des évidences de l'être, et en change de fond en comble et la nature et le sens. Chestov estime en effet qu'on peut anéantir l'événement détestable dans son essence d'événement. Quoi, nous dit-il à peu près, Socrate est mort, et encore par injustice, et on supporte que cela dure ? Et plus radicalement encore, mais c'est évidemment la même exigence : Quoi, deux et deux feraient quatre, et on tolère cela ? C'est indéniable, il ne tient pas seulement la résignation pour une faute morale, mais encore pour une erreur, l'erreur la pire qui soit, ou peut-être même la seule, à proprement parler la *fatale :* car *il y avait une alternative.*

Que faut-il entendre par là ? Eh bien, dit en substance Chestov, si tel événement a été horrible, sachons ne voir dans cette horreur que la preuve qu'il n'est pas vraiment du réel. Oui, qu'il ait eu lieu est un fait, dont nul ne semble songer à contester l'évidence. Mais il y a en nous une autre évidence, celle des biens que nous recherchons, des maux que nous détestons, des attachements qui nous constituent, et à travers ces jugements spontanés, cette nature constante, une autre nécessité se révèle, celle de l'image divine que nous sommes, et de notre gloire virtuelle, qui est fondée par la promesse de Dieu. Or, s'il y a ainsi deux nécessités, mais l'une qui signifie et l'autre qui ne fait rien qu'anéantir la première, faut-il trouver naturel que la désirable et la vraie étouffe sous la mauvaise, et ne faut-il pas se laisser gagner par le sentiment d'une possible libération ? Notre impuissance ne doit tenir qu'à la paralysie de notre volonté. Et si, au lieu de nous résigner à la condamnation de Socrate et, ainsi, de la transformer en vérité éternelle, nous clamons notre horreur et notre refus, ce pourra être alors, ce grand « non ! » de l'homme, comme le cri aigu qui termine les cauchemars — avec, à notre réveil, Socrate libre et vivant. Oui, affirme Chestov, on peut se réveiller d'un événement trop horrible. Ces lourdes chaînes que nous portons, de finitude et de mort, c'est l'homme qui les a faites. Il a douté de Dieu, qui lui avait assuré la liberté et la gloire, et il s'est donc aussitôt comme amputé de lui-même — mais réciproquement il suffit qu'il ait confiance à nouveau pour que l'horreur se dissipe.

Et pour Chestov il est évident que ces « horreurs » de l'existence de l'homme ne sont en fait que les coups que Dieu lui porte, *non pour qu'il souffre, mais qu'il s'éveille.* Si bien qu'avec une exaltation émouvante, il nous prie de nous réveiller et de vouloir. La voie est simple, sinon facile, il suffira de ne pas se retourner, comme même le courageux Orphée eut le malheur de le faire : « Penser sans regarder en arrière, créer la logique de la pensée qui ne se retourne pas, la philosophie, les philosophes comprendront-ils jamais que c'est en cela que consiste la tâche essentielle de l'homme ? » — Ici, la grande référence, c'est Job, bien sûr, et surtout parce qu'il fut, avant que Dieu ne l'accable, un observant de la Loi, c'est-à-dire, aux yeux de Chestov, nullement un homme de foi mais un impie. Job dormait. Et Dieu n'a voulu, le frappant, que le tirer du sommeil. Ainsi l'Ange de la mort a-t-il des paires d'yeux sur ses ailes, qu'il abandonne parfois à certains qu'il a frôlés sans les prendre, et qui désormais savent voir. Quant à Job, « ne commençat-il pas lui aussi, souligne Chestov dans le *Taureau de Phalaris,* le chapitre central d'*Athènes et Jérusalem,* par « Dieu me l'avait donné, Dieu me l'a repris, que béni soit son nom... » ? Mais Job se ressaisit vite, et il réclame son dû, et Dieu est délivré, le divin circule. « Que se réalise la promesse : il n'y aura rien d'impossible pour vous ! » écrit alors Chestov. Et encore : « Celui qui a la foi comme un grain de sénevé pourra déplacer des montagnes. Rien d'impossible pour lui. »

Rien d'impossible ! Et Socrate non condamné. Peut-être, malgré la clarté de leurs mots, faut-il insister sur le sens et la portée de ces phrases. C'est bien le miracle que veut Chestov — mais pas seulement le miracle, et pas seulement, de ce fait, le déplacement des montagnes. Car faire bouger celles-ci ne contredit qu'aux lois naturelles, et rien que pour un instant, ce qui confirme ces lois tout autant que ce ne les viole. Et d'autre part, personne ne pourra inférer de cet événement, pour extraordinaire qu'il soit, que les montagnes, *avant,* n'étaient pas là d'où le vent de la volonté les a prises. Semblablement, si Jésus a ressuscité Lazare, il reste que Lazare ressuscité demeure celui qui auparavant était mort. Et Job, le grand exemple, ne laisse entrevoir rien d'autre. Autant de fils et de filles qu'avant l'épreuve, mais *pas les mêmes,* et la mort des premiers n'a donc pas été effacée, ils n'ont pas reparu intacts, comme si Job s'éveillait d'un rêve. On le voit : le désastre a été « réparé », mais l'événement du désastre n'a pas été aboli. Encore que le passé n'existe plus que dans la mémoire, il apparaît que sa réalité est en soi plus inexpugnable que celle des lois de fer de la nécessité naturelle, et peu d'esprits ont imaginé que *ce qui eut lieu,* pierre angulaire de la conscience, puisse soudain *n'avoir pas été.*

Et pourtant ce que veut Chestov, ce qu'il exige de Dieu et des autres hommes, ce qu'il s'étonne qui ne soit pas, c'est bien cela et rien d'autre : remodeler le passé. Ouvrons *Athènes et Jérusalem*, en fait son livre le plus hardi, le plus conséquent : « Si quelqu'un se fût avisé de dire à Spinoza, à Leibniz ou à Kant que cette vérité — Socrate a été emprisonné — n'existe que pour un temps, et que tôt ou tard nous nous emparerons du droit d'affirmer que personne n'a jamais empoisonné Socrate, que cette vérité se trouve comme toutes les vérités au pouvoir d'un être suprême qui, en réponse à nos clameurs, peut la supprimer... » Ainsi et bien clairement commence Chestov et, plus loin, et avec quelle superbe : « Pierre n'a pas renié, David a tranché la tête de Goliath, mais il n'a pas été adultère... » Le principe de contradiction, verrou du destin, a sauté. La logique n'était qu'un piège, il a fallu en sortir. Et Chestov envisage explicitement une vie de *création pure*. Car, rappelant une fois de plus la promesse perfide du Tentateur (cet introducteur de la logique dans l'être) : « Vous serez comme Dieu, connaissant le Bien et le Mal », il s'écrie tout à coup, d'une façon saisissante : « Mais Dieu ne connaît pas le bien et le mal. Dieu ne « connaît » rien, Dieu « crée » tout. » Le pouvoir de Dieu, et de l'homme confiant en Dieu, c'est de réaliser à chaque instant une plénitude, sans chercher à « connaître », qui est le mal.

III

A l'évidence, au savoir, à tout ce qui détermine et même structure l'homme, Chestov oppose donc la plus radicale liberté. Si le divin est de l'impensable, et quel que soit celui-ci, peu d'hommes sont allés aussi loin dans sa direction et avec autant d'énergie, car Tertullien avait mis surtout en avant, dans son affirmation d'une vérité impossible, la difficulté d'y venir.

Et pour achever d'évoquer les grands aspects de cette tentative étonnante, il faut, je crois, en souligner encore l'écart par rapport aux autres pensées — un écart qui est d'autant plus révélateur de courage que Chestov ne fut pas un illuminé, ne fut pas ce que l'on appelle un visionnaire, mais, nourri de Kant, de Husserl, avant tout un dialecticien, maître de la raison qu'il voulait détruire, averti des pouvoirs de ce réel qu'il combat.

Et, par exemple, en théologie, Chestov n'a guère de voisin que Luther, sauf qu'ils choisissent à l'opposé l'un de l'autre dès que l'essentiel est en jeu. Chestov a sûrement beaucoup lu le Réformateur, c'est chez lui qu'il s'est enhardi à refuser la nécessité, la raison, *lex et ratio,* comme dit Luther dans un passage que Chestov cite, *bellua quo non occisa homo non potest vivere.* La loi et la raison sont la bête qu'il faut tuer pour qu'il soit possible de vivre. Luther conçoit aussi que les maux que Dieu nous envoie sont pour nous réveiller de l'intérêt pour ce monde. Mais il n'en conclut pas que, même réveillé, on puisse tuer la bête : on demeure paralysé dans son étreinte funeste, et il n'y a d'espoir d'une délivrance que dans la grâce de Dieu. La liberté est au-delà de ce monde, dont il n'y a rien à sauver. — Par opposition à Luther, Chestov, plus audacieux dans l'espoir, fait heureusement figure de partisan du réel. Il en combat les « horreurs », mais c'est au nom de ses joies. On sent bien, je l'ai déjà indiqué, qu'il a aimé dans ce monde et qu'il a fait, comme il le suggère d'ailleurs, l'intensité de son espérance de celle de sa souffrance et donc de celle de son amour.

Et sans doute il faut avant tout le rapprocher de Dostoïevski, non seulement pour le souci qui l'anime, mais encore pour l'expérience qui en fut la motivation. C'est dans *les Frères Karamazov* que se formule la réflexion la plus proche de la sienne — et par la bouche d'Ivan : « Je ne parle pas des adultes, dit celui-ci à son frère Aliocha, « l'homme de Dieu », qui l'écoute sans trop rien dire ; ceux-là ont mangé la pomme et que le diable les emporte tous !... mais les enfants, les enfants !... » On sait à quel enfant il pense, martyrisé, et qui mourut sans comprendre (un exemple parmi tant d'autres). C'est à partir de telles visions, et pour que le monde ne soit pas absurde à leurs yeux et sa beauté un mensonge, que certains esprits sont comme *obligés à l'idée de Résurrection,* si même ils n'ont pas de foi. Mais il apparaît dans ce passage fameux du roman de Dostoïevski (c'est celui où Ivan lira le *Grand Inquisiteur,* son « poème ») qu'à quelques autres encore la résurrection elle-même ne semble pas suffisante pour effacer le scandale d'une souffrance inutile, pour éponger le mal accumulé dans l'histoire. Leur paradoxe, c'est que ce mal que l'âme chrétienne perçoit n'apparaît pas effaçable par l'espérance chrétienne, même si leur idée du miracle est portée jusqu'aux limites du concevable. Admettons par exemple, dit à peu près Ivan Karamazov, l'hypothèse d'une période d'expiation. Mais pourquoi faudrait-il que l'enfance innocente y soit impliquée ? Car « s'il est vrai qu'ils sont, les enfants, solidaires de leurs pères dans tous les crimes des pères, en tout cas cette vérité n'est pas de ce monde et je ne la comprends pas. Quelque farceur nous dira peut-être que l'enfant était destiné à pécher en grandissant ; cependant celui-ci n'a pas grandi ; et a été déchiré à huit ans par les chiens... » Et c'est donc l'idée même, la décevante essence du Dieu chrétien qu'Ivan Karamazov met en cause. Tant que je suis encore sur cette terre, dit-il, je prends mes précautions et m'engage à ne pas me récrier : tu es juste, Seigneur ! au jour de la Résurrection et de l'éternelle harmonie. Car celle-ci ne peut compenser le souvenir de certaines larmes.

Mais Ivan s'en tient à cela, dans la passivité maintenant d'une tentation nihiliste où reparaît le raisonnement de saint Paul : « Si les morts ne ressuscitent pas, mangeons et buvons. » Si les morts ne font que ressusciter, pourrait avoir dit Ivan, *tout est permis*. Et Chestov a bien dû passer lui aussi par ce point désolé de la réflexion humaine, mais alors il a décidé — par un « quitte ou double » extraordinaire de générosité et d'audace — qu'il faut donc obtenir de Dieu qu'il discrédite sa propre image, puisqu'on ne peut la comprendre du point de vue de la charité. Si rien ne doit compenser ces larmes, eh bien, qu'elles n'aient pas été et que Dieu le puisse accomplir ! On voit que parlant ainsi Chestov est déjà seul en avant. Qui demeure à côté de lui dans la conscience contemporaine — sinon Bataille pour le comprendre mais nullement pour le suivre — quand il vient provoquer, comme par un second degré de la « folie » paulinienne, ce Dieu absolument libre — prêcher ce Dieu inconnu ?

IV

Il le professe, pourtant, avec une âpreté qui ne redoute aucun adversaire : et qui impressionne, c'est sûr. Ce qui est émouvant, surtout, ce sont les pages finales de ses grandes méditations, quand les affirmations se succèdent avec de plus en plus de véhémence sincère, dans la transparence du cœur. Autant de coups de théâtre, mais qui ne doivent rien à l'habileté ni à l'art. Ces sermons qui n'ont jamais eu de temples ni de fidèles retentissent profondément au-delà de tout dogme et même — puis-je en donner témoignage ? — de toute foi. Mais si Chestov a assez de grandeur en lui pour pouvoir assumer sans bizarrerie cette fonction démesurée de contempteur de toute raison, de toute piété et, bien entendu, de toute espèce d'église, il reste que cet espace où sa voix virile résonne n'est pas celui des cimes mouvantes où le libérateur qu'il attend devrait au moins apparaître. On pressent tout autour de lui des parois dures et proches, on est toujours dans les défilés de l'éternelle logique. Et cet homme évidemment libre, selon les critères des autres, sans doute éprouve-t-il qu'il est encore en prison.

Or, il est vrai, comme par définition — puisque sinon les cieux s'ouvriraient —, que Chestov ne peut concevoir qu'il ait eu même le grain de sénevé de vraie foi qui suffit à déplacer les montagnes, et à mêler les hommes à Dieu, dans l'oubli du bien et du mal. Et telle est donc l'épreuve terrible à laquelle il doit se plier : la foi « ordinaire » est attente, et peut donc prospérer dans le déni que lui fait le monde, mais celle à quoi il se voue, qui tend à la libération immédiate, ne peut rester dans l'attente qu'en enregistrant son échec, en se niant comme foi. Sera-ce là douter, et non seulement de ses propres forces, mais encore du bien-fondé de la direction elle-même ? C'est peut-être le mot qu'il faut, et il convient en tout cas de prendre bien garde à certains signes, que Chestov aussi bien ne songe pas à cacher, et qui cristallisent au cœur de ses moments les plus résolus.

Il en va ainsi, dans *Sagesse et Révélation,* à quelques instants de la fin. Faut-il citer encore la voix la plus forte, la prophétique ? « Le " fait ", le " donné ", le " réel ", ne nous dominent pas, ne déterminent pas notre destin, ni dans le présent, ni dans l'avenir, ni dans le passé. Ce qui a été n'a pas été... » Mais voici aussitôt qu'une voix plus humaine ajoute : « La philosophie religieuse, c'est de se détourner du savoir et, dans une tension démesurée de toutes ses forces, surmonter par la foi la peur mensongère de la volonté que rien ne limite du Créateur. » Ainsi la foi qu'il faut apparaît le prix d'un effort. Mais cet effort lui-même n'exige-t-il pas la foi dont il est la condition nécessaire ? En fait, Chestov tend souvent à se distinguer de ce témoin de la foi qui viendra inaugurer le cours naturel de la plénitude. Il écrit : « Y eut-il jamais sur terre un homme à qui il fut donné de vaincre l'inertie et le silence de cet immense univers dont nous ne sommes tous que des chaînons selon la doctrine des sages ? » Il cite Kierkegaard : « Croire contre la raison est un martyre » ; et à celui-ci qui parlait du courage qu'il faut pour avoir la foi, il oppose ce commentaire où sans doute sa situation se révèle : « Au contraire, s'il faut du courage, c'est plutôt pour renoncer à la foi. »

Chestov a dû atteindre assez tôt à cette certitude, amèrement aussi évidente que la liberté devrait l'être : ce n'est pas lui qui éprouverait la joie de la délivrance. Socratique par son appel à l'expérience directe, il le sera aussi par la destinée. Il est aussi prisonnier que Luther ou que Kierkegaard. Et soyons sûrs que le cœur, le vrai niveau de réalité de son œuvre répétitive, c'est cette durée même où se signifie, par polémique incessante, le besoin de remettre à plus tard — au-delà du travail de négation de la pensée fausse — le moment où la pensée vraie devra être le seul problème, l'immédiate expérience de l'écrivain. Chestov attaque pour se donner du répit, avec peut-être l'espoir que la dénonciation de l'erreur pourra se faire soudain la porte d'un vouloir libre. Mais ce qui devait disposer à sortir du temps y retombe. Cette guerre contre le temps devient du temps, écoulé, perdu, qui s'amasse dans la conscience, s'obscurcit, se fait objet (oui, justement, se fait « œuvre »), grandit selon le néant comme la forme intérieure de ce Fatum que Chestov a dénoncé au-dehors. Et ce n'est pas, finalement, le prophète en lui, mais l'homme plein de doute et peut-être même de remords (« Je n'ai pas la foi, dit-il à Boris de Schloezer, mais je sais que c'est une faiblesse de ma part ») qui interroge les quelques esprits qu'il pense qu'à éveillés l'Ange de la mort.

Et non seulement ceux-ci, mais, plus humblement encore, tous les autres, c'est-à-dire en premier lieu son lecteur, qui se sent questionné, malgré l'assurance du ton, dès les premiers mots de ses livres. Comme il le dit, dans la *Philosophie de la tragédie* (et c'est là une remarque profonde) : « Dostoïevski et Nietzsche n'écrivent pas pour répandre leurs convictions parmi les hommes et pour instruire leur prochain : mais ils cherchent eux-mêmes la lumière... Ils s'adressent au lecteur ainsi qu'à un témoin ; ils veulent obtenir de lui le droit de penser à leur propre façon, d'espérer, d'exister... » Hélas, quel droit pouvons-nous lui reconnaître, sinon celui d'espérer ? Ni la raison ni la foi ne peuvent lui donner un grain de sénevé de consentement. Pour l'une Socrate est un homme, donc mortel : et Socrate restera mort. Et même aux yeux plus profonds ou plus avides de l'autre, rien ne pourra faire jamais que ce moment où l'enfant aura souffert sans comprendre — insupportable trou dans la substance de l'être — soit détruit dans son « être » même, où rôdera toujours l'ombre d'un autre principe.

Sauf qu'il y a, malgré tout, aussi une ombre de preuve contre l'évidence du mal : et c'est précisément qu'un homme puisse être pris devant lui par cette arrogance superbe, cet esprit de plus de justice qu'on n'en peut prêter à Dieu même, ce tropisme cherchant le Bien où s'ébauche un second niveau de l'être, — franchie l'obscure fatalité.

III

À LA MORT DE JACQUES VILLON

Jacques Villon est mort, et je sens en moi le regret de ne l'avoir jamais vu. A dire vrai, je me serais contenté — puisque le plus souvent les conversations premières sont difficiles, les mots partageables étant rares, et à élaborer longuement — de passer silencieux dans son atelier, et de regarder d'un peu loin, sans le déranger dans sa tâche, ce docteur très subtil de la théologie de l'image approfondir sa conscience en décomposant la couleur ou en menant un contour à cette irradiante limite qui est tout à la fois la perfection, la rupture. Avec celui qui ne craignait pas les distances — j'entends de rester loin de ce qu'il n'avait pas éprouvé encore, ou choisi de considérer, hautain dans sa recherche, indifférent à la solitude — cette distance-là aurait été la plus vraie, proposant l'œuvre avant la personne, le travail avant l'intention, comme il n'est pas douteux que Jacques Villon l'eût voulu. J'imagine qu'il travaillait comme on étudie, clerc du XIIIe ou du XIVe siècle, mi-architecte, mi-philosophe, un peu penché sur la table, apparemment immobile, avec la tranquille patience et le long silence un peu nocturne qu'il faut pour mûrir lentement, dans des notes préparatoires ou de grands traités doctrinaux, l'identité supposée de la réalité, de l'esprit.

Car bien rarement ces deux pôles de la conscience

auront été à la fois si nativement — bien que sans violence — distincts, et si respectueux, plus tard, dans ce destin, l'un de l'autre. L'un — le visage ou un horizon, la texture ou le mouvement — se *prêta*, n'étant d'ailleurs incité à faire abandon de la moindre de ses richesses. Il y avait place, dans le regard spéculatif de Jacques Villon, pour la vibration la plus rare, le ton le plus chaleureux — et ce n'est que son éloquence répétitive que le monde des sens, de la matière, du temps était requis d'atténuer. Quant à l'autre, le haut souci un peu scolastique des essences, eh bien, cette puissance d'accueil ne se hâtait pas de saisir — préférant vérifier — ni peut-être même d'aimer — désireuse auparavant de comprendre —, mais sans sécheresse d'âme, plutôt par intuition d'un intelligible très différencié, presque sensoriel, où le sentiment allait enfin pouvoir s'accomplir comme transparence, désormais identique à la musique des lois. C'est pour cette unité, élaborée peu à peu, de l'intelligence première et d'un cœur réservé mais pur que Villon n'a cessé d'œuvrer, et dans une tension qui me paraît méditable. Car beaucoup de peintres de notre temps, dits « informels », dans leur besoin angoissé des possessions immédiates, semblent souvent oublier qu'en fait ils ne pourraient vivre s'ils n'avaient posé des valeurs ou ne s'attachaient à êtres ou choses. Qu'ils cèdent trop à leur rêve, et ils feront que leur art va dilapider leur objet et les déposséder même de l'instant, faute du sol d'une durée qui s'obstine et d'une pensée qui choisit.

On a tout dit, sur Jacques Villon, de ce qui en est évident, et je n'ai pas le désir d'essayer d'aller au-delà. Je ne veux, par ces quelques mots, que lui rendre hommage, en témoignant que pour certains au moins, dont je suis, il a été l'un des peintres de notre époque et, plus encore, un exemple, sur le plan essentiel de la morale des œuvres. Qui se lassera un jour de voir si mornement confondus, dans tant d'ébauches indéfiniment effaçables, le hâtif et le vrai, le bruit et la parole, l'anarchie de l'instinct et la raison révolutionnaire, aimera se laisser enseigner par lui les lois d'un affinement qui doit porter sur la recherche elle-même autant que sur son objet. Géomètre s'il l'a été, c'est aussi bien, et comme Descartes, de la méthode. On gagne de son travail le respect des exigences sévères de l'activité créatrice. On apprend de lui que rien, et surtout pas l'immédiat, n'est immédiatement accordé. Ce sont des maintenances qui peuvent sembler minimes. Mais dont le prix apparaîtra sans limite, bientôt, au plus fort de la pénurie.

UNE VIGNE QUI BOUGE DANS SES OMBRES

Je reviens, je m'approche de ces livres qui dorment, de ces cahiers couverts de poussière, voici par brusques fragments d'apparence encore étrangère tout ce qui me fut familier, oui, l'univers est épars et la conscience en alarme, — mais je relève les yeux, je refais mien d'un seul coup ce petit tableau de quelques fleurs dans un vase, et déjà un certain accord d'ocre et de brun a résonné et me parle, le lieu où vivre s'est reformé. Qu'est-ce donc qui est ainsi resté en éveil, parmi les significations périssables ; et si lointain, si riche de soi à l'extrême du perceptible, et pourtant si profond en moi dès la première seconde, si simplement mon secret, mon commencement, mon pouvoir ? L'unité, certes, quand un acte de poésie a réussi à la faire prendre dans la disparité du sensible, et je comprends maintenant pourquoi j'accorde si aisément tant de prix à ces moments d'un tableau où le plus simple et le plus exquis, dans ce qu'on dit la *justesse,* se sont révélés identiques. Si l'accord juste de deux couleurs nous touche au point que nous lui sacrifions sans inquiétude, parfois, tout le discours plus explicite des œuvres, ce n'est pas pour ce qu'il ajoute d'agrément ou même de vérité à notre connaissance des choses, c'est pour cet ordre plus haut dont il est le discret indice. Voici que deux données de la perception, en elles-mêmes insignifiantes, font à deux comme un bruissement, comme un ange; cependant que la chose qui a prêté ses aspects, offert ce jaune et ce rouge, est effacée comme objet mais se reforme en tant qu'âme, connue de l'intérieur désormais par ce projet d'harmonie qui était en elle, et n'y était que pour nous. Et c'est ainsi que notre horizon autant que la qualité se resserre, pour des rencontres plus décisives, où le hasard, ce « creux néant » déjà tout sonore, pourra se faire musique. En vérité, la nuance exacte est comme le symbole ou la métaphore : non une énonciation, mais un seuil. Lorsque l'on parle de son *bonheur*, c'est qu'on entend encore un peu dans ce mot l'idée antique d'un moment faste, béni des dieux, où se marient le monde et notre parole... Qu'est-ce d'ailleurs qu'un présage? Ce que l'on a construit, décidé, autant qu'un dieu qui se manifeste; c'est une forme de l'art. Et l'art du peintre est resté — quand la nature est interrogée, et non pas tragiquement contredite — la transformation de la perception en connaissance augurale.

Il en va ainsi en tout cas pour l'auteur du tableau que j'évoquais tout à l'heure, Gaston-Louis Roux, un des peintres les plus sensibles — je rêve pour ce mot d'une richesse nouvelle, où *savoir* et *sentir* se purifieraient l'un par l'autre, dans une mantique intuitive — qui nous soient donnés aujourd'hui. Peu d'artistes recherchent plus simplement, dans les objets les plus difficiles, ce déliement d'abord, cet engagement ensuite, qui font des données brutes de l'existence — terres, racines frustes — une musique, un destin. Et peu d'hommes ont su rester, à l'égard de la vie vécue, d'une plus stricte observance. Entre sa toile et son atelier ou le pays alentour, les échanges sont naturels; êtres et choses qui lui sont proches se retrouvent vite peinture, et s'il advient à quelque portrait qu'une figure s'y ferme, les choses se donnent avec confiance à ce regard qui a compris leur désir de transparence et de pureté. La peinture de Gaston-Louis Roux est une réconciliation progressive avec la fluidité des champs labourés, des feuillages. Un chemin où la terre se bosselle, et qui fait vibrer tout l'espace, une vigne qui bouge dans ses ombres, un corps qui a concilié dans un geste gracieux sa vivacité, sa réserve : et à chaque fois on ne sait si le réel a été mieux dit ou s'il s'est mieux exprimé.

En fait, je crois que c'est là, je crois bien que ce fut, un faux dilemme. Et j'ai plaisir à voir quelques peintres de notre temps, orientés par cette présence errante qui transfigure l'objet, comprendre que le langage vrai, c'est la réalité elle-même, dans ses situations faites chiffre, et non ces mots, techniques ou styles qui n'en sont jamais qu'une part. Le romantisme tragique de la séparation d'avec la nature ou la société, l'angélisme de la poésie fin de siècle, le souci obsédant de l'écriture ont fait ou font ou feront la preuve de leur faiblesse : on représentait au lieu d'être, alors qu'il faut, disons, être la pierre par le mot pierre, le gris instaurateur par la couleur grise. Mais déjà Gaston-Louis Roux est entré par sa porte à lui, dissimulée sous les branches, dans un jardin de clartés et d'ombres. Il sait se faire invisible, dans la pierre sèche ou ces quelques fleurs.

DES FRUITS MONTANT DE L'ABÎME

I

Il semble que bien des peintres se satisfassent d'étudier les aspects du monde. Mais quelques-uns, qui sont parmi les plus grands, imitent moins, transposent moins, qu'ils ne sacrent. Eux qu'on ne croit que regard, ils ne s'attardent guère à analyser ce qu'ils voient. Ou, s'ils le font, ce n'est qu'en chemin, et pour en venir vite, dans ces qualités faites chiffre, dans l'apparence à nouveau hantée, à labourer le champ où va croître bientôt un blé tout autre. Car, ayant aimé ce qu'ils interrogent, ils lui ont reconnu du sens, ils éprouvent sa suffisance, ce qu'on peut dire son être et c'est de celui-ci qu'ils nous parlent, témoins ainsi du médiat autant qu'envers nous médiateurs. Comme dans la pensée la théologie positive, ils justifient ce qui est, ils sont le jour de l'esprit, lequel pourra en eux s'apaiser parmi les fruits de ce monde, quitte à se nuancer de l'éclat de telle ou telle heure, plus ou moins près de l'inaccessible midi de la présence totale. Cette adhésion, en effet, a elle aussi sa mesure et sa démesure. Elle peut habiter la ville immense de Tintoret, aux frontons éblouis, aux orages qui se déchirent sur des inscriptions effacées, autant que les vallons de Poussin que resserre l'heure du soir. — En France, toutefois, cet accord de l'art au réel est presque toujours aussi retenu qu'il est possible de le vouloir à qui porte en soi tout un monde. Chez Fouquet ou Chardin — je me souviens d'un morceau de pain au musée Boymans, véritablement eucharistique —, dans le *Retour de Tobie,* de Tassel, ou les marines de Claude, dans une plage de Boudin, ou les grandes *Sainte Victoire,* bref, dans des œuvres bien différentes par l'ambition ou l'approche, si l'on pressent l'infini on ne perçoit jamais qu'un ou deux arpents de la richesse terrestre. Les quelques biens qu'il nous faut pour vivre, mais rien de plus, sinon la lumière. Et ce refrènement qu'on prend parfois pour trop de bon goût porte en fait l'art du peintre, étant sagesse acceptée, au plus près qu'il se peut de l'expérience morale.

Je regarde les grandes gouaches qu'Ubac a peintes, ces deux dernières années. Ces plaines qui ne sont qu'étroite couleur, justement, mais gravissant les degrés d'une si pure lumière. Ces sillons qui se voûtent dans la masse sombre des glèbes comme pour circonscrire avec précision notre lieu. Toute la gravité de l'horizon de Dieudonne — quel nom pour le pays où Ubac a choisi de vivre ! —, mais aussi cette table éclairée de vie quotidienne dans la maison qui est dans ce lieu. Et je ne peux que penser d'abord que ce peintre de peu de mots, mais si épris de présence, appartient à la tradition que j'évoque, et avec même une foi que beaucoup n'ont pas eue si forte. Peut-on imaginer qu'Ubac ait à s'assurer peu à peu, dans des objets questionnés, d'une unité qui n'y serait que virtuelle ? Il y a dans son œuvre ces bleus, ces gris, mais ce n'est pas le bleu, pas le gris, c'est une âme grise de la couleur qui pénètre aussi bien les ocres, les bruns, les rouges : et voilà qui n'est pas une description des données sensibles et moins encore une décision esthétique, une stylisation de l'objet mais, directement exprimée par la plus simple des métaphores, l'immanence de l'être dans la précarité de la vie. Glorieuse au loin, mêlée ici des tons éteints de la finitude mais toujours une et vibrante, Ubac semble poser d'emblée, par cette couleur qui domine, la catégorie de présence, et n'y inscrire qu'ensuite la variété des choses terrestres. Et celle-ci en est si profondément remuée, convertie à soi, purifiée, que les apparences s'effacent dans cette forme invisible qu'a l'objet pratiqué pour celui qui l'aime. C'est, recommencé devant nous, ce rapport intérieur, insoucieux des aspects, qui lie le paysan à ses outils ou sa vigne. La « réalité rugueuse » a été étreinte, les mirages de la passion se sont dissipés, non comme chez Rubens par la consumation dans l'instant, ou comme chez Delacroix au dénouement incertain d'un douloureux sacrifice, mais sur le simple chemin d'une durée taciturne, occupée des travaux les plus ordinaires. S'il est vrai, comme je le crois, qu'un grand art exprime, et mieux encore enrichit, par telle vibration de la perception telle vertu de l'être moral, les bleus et les gris d'Ubac, présence vérifiée, sont certes la saveur que la présence confère au fruit, à l'eau ou au pain — cette qualité, comme l'on dit, de *substance* — mais ils dénotent aussi le pouvoir de bien l'accueillir, de la vivre sans éloquence, de se porter à ses profondes limites : notre *patience* s'il m'est permis d'emprunter ce mot à un poète qui fut longtemps plus tourmenté, plus rebelle.

Oui, dans ces paysages récents et quelques natures mortes, Ubac me semble ce « paysan » qu'*Une saison en enfer* finit par opposer à tous les mirages de l'imagination angélique. Et je dirais volontiers qu'il fait montre aussi bien de cette patience si créatrice — et même l'assure, la vérifie — dans ses compositions non figuratives : l' « objet » de ces dernières n'étant, dans l'espace de la conscience, que d'approfondir quelques modes d'être qu'on sent accessibles autant que vrais, mais qu'il importe de mieux comprendre. Le gris majeur domine toujours, mais c'est l'adhésion de la personne qu'il signifie plus directement cette fois que la proposition de la terre. Il est posé sur la toile comme l'hypothèse d'une confiance. Et puisque celle-ci est le fondement, c'est aux lois de ce gris immense, qui en est la forme visible, que Raoul Ubac va soumettre sa sensibilité qu'il engage, et parfois même fort loin, parmi les séductions et les leurres. C'est en somme un problème, une question. L'œuvre demande : « Comment sentir selon l'être ? quelle part de l'expérience des sens pourra se maintenir dans cet absolu ? », et en s'élaborant elle manifeste l'alternative en quoi se résume si ce n'est même se fonde l'histoire entière de l'art : peut-on s'abandonner à la sensation, l'être se donne-t-il à l'extrémité de cette dépense, dans l'épuisement au hasard de nos puissances physiques, ou le réel, c'est-à-dire notre existence, n'est-il limitation autant que débordement, lieu et destin, et choix pour commencer, et préservation et mémoire ? Or, s'il en est ainsi, il s'ensuit que resserrement et silence devront se maintenir au cœur même des décisions de l'artiste, en ces moments de couleur ou de forme pures. Telle est la réponse d'Ubac et aujourd'hui son étude. De ces compositions qui analysent ce que Chardin ou ses proches n'ont dit qu'implicitement sont proscrites la véhémence répétitive, la sensation qui se perd : mais nullement ce qui satisfait nos sens pourvu seulement que notre attention, notre souhaitable sérieux, aient pouvoir de s'y maintenir. Et souvent se propose ici, sous le signe de la justesse, la nuance la plus exquise des tons, ou la qualité de l'objet qu'on peut dire la plus charnelle.

II

Ce qu'Ubac a voulu, me semble-t-il donc, par cette musique des sens, ses œuvres qui passent pour « abstraites », c'est redoubler son adhésion spontanée au simple, au constant, au proche par l'interrogation de virtualités de l'esprit dont il sait que ces affections sont le lieu même. Comme un nouvel Épicure, il décide de se pencher, dans l'évidence terrestre, sur un peu d'eau infinie. Mais qu'a-t-on dit d'Épicure si on n'évoque pas ses moments de doute ? Semblablement je n'ai pas le droit de parler de la sagesse d'Ubac, de sa maîtrise de soi, sans prendre garde à quelques indices qui signifient d'une autre façon, même dans ses œuvres les plus récentes. Et, en particulier, dans les abstractions, je ne peux pas oublier ce qui y semble l'affleurement de toute une veine d'aridité, de non-sens. Il n'est pas vrai, tout d'abord, qu'aucun objet figurable ne s'y rencontre. Sous un aspect ou un autre, évoquée dans son grain ou intervenant par empreinte, la pierre y est présente partout, et peut paraître entraîner dans sa profondeur non « étreinte » les valeurs et les affections. En vérité, ces œuvres sont ambiguës, on peut les lire de deux façons. Et, les tenant pour figuratives à un niveau très élémentaire, y voir évoqué un univers où les signes ont fait défaut, où, entre transcendance et conscience, toute autre médiation que la pierre brute aurait disparu. Il existe un art, en ce siècle, où arbre ou visage n'ont plus de place parce que dans la vie de l'artiste ils ne sont plus rien qui ait poids, rien qui lui donne joie ou confiance. Or, il se peut qu'il y ait aussi cette vacance dans certaines œuvres d'Ubac, dont la beauté anxieuse autant que sévère exprimerait alors, toute préservée qu'elle fût, au moins une ombre de nihilisme, étant victoire toujours mais sur des forces qu'on sent qui n'ont pas vraiment cessé d'être... Il faut poser la question, d'autres tableaux s'en éclairent. Et par exemple les *Torses,* cet autre thème d'Ubac avec les champs de Dieudonne, mais dont l'indication est, ou semble d'abord, inverse, puisque ces corps, ces charpentes trouées parfois d'un ciel vide, crient la primauté du physiologique, la fatalité de la mort. Leurs structures s'étalent comme un fait, comme de l'accompli à jamais, comme les carcasses blanchies et les puits séchés d'un désert. Elles s'apparentent aux représentations médiévales de cet autre fait, apparemment sans issue, le corps crucifié du Christ. Voici presque l'étape ultime où l'os saillant, déboîté, élargi par la terre qui le pénètre et le nie, va se dissiper dans la nuit de l'élémentaire, du minéral.

« *Notre corps enfin s'est rejoint au niveau de la pierre.* » Ubac lui-même a prononcé cette phrase, qui exprime si clairement ce que nous commençons d'entrevoir. Je l'emprunte à la *Beauté aveugle,* de 1946. Ces pages, mi-poème mi-manifeste, sont le meilleur accès que ce peintre ait jamais ouvert sur les voies de sa création. Il y écrit, plus précisément :

« *Dolmens — Menhirs.*

C'est contre vous finalement que nous butons.

C'est en vous finalement que s'affirme l'accomplissement d'un cycle revenu au point mort.

A présent, livrés au pouvoir discrétionnaire des pierres, nous sommes aptes à comprendre nos nudités, à saisir le sens d'une force aveugle qui n'atteste qu'elle-même et qui, périodiquement, s'offre à nous comme une dernière ressource.

Terre à terre — Face à face. Notre corps enfin s'est rejoint au niveau de la pierre. Corps coulé, échoué, déchiré par la pointe du silex, lance du graal malgré nous... »

« Finalement »... Combien de mots confirment ici, dans l'intrication sémantique, l'« achèvement », le « point mort ». L'expérience vécue, c'est celle d'une absence qui, surgissant d'un fond qu'on n'a pu rationaliser, prévaut sur tous les aménagements, tous les mythes. Nos valeurs, nos repères ont disparu. Cette fois, ce qui a gagné, c'est l'en-soi muet de la pierre. « *Au loin brûlent nos vaisseaux* », dit Ubac encore : rien n'est justifié, rien ne sert. Comme on est loin, dans ce moment qui semble bien sans recours, du champ labouré dont je suis parti ! Que faut-il donc supposer ? Dans cette plénitude des autres œuvres, n'y avait-il qu'une rêverie ?

Toutefois, qu'est-ce au juste que l'absence ? Prenons garde que ce n'est pas le néant, et qu'il y a même là, dans la différence des significations de ces deux limites nocturnes, le carrefour qui sépare deux formes de connaissance, deux façons de vivre (ou survivre) et certainement deux sortes d'art. Il y a *néant* quand un ordre se perpétue, bien en place, sauf qu'il s'est vidé de tout contenu, si bien que notre pratique des choses n'est plus à travers lui qu'un grand concept morne, où le sentiment de l'absurde va triompher de tous les espoirs. Le diable est le maître des apparences, on le sait, c'est la lettre morte son arme, la raison refermée sur l'abstraction des principes, le moyen forclos de sa fin : mais il n'est certes jamais la pierre, même la plus nue et stérile, — et *l'absence* est d'un autre cœur. Elle, on l'éprouve — on s'en enivre, parfois — lorsque la ruine des médiations, subie souvent comme un événement de l'histoire, nous jette de façon brutale, soudaine, au dehors de tout ordre humain dans le silence du monde, là où il n'est que matière. Et comme nul mythe n'a survécu pour en réfracter ou en tamiser la violence, nous sommes aveuglés par ce jour que tant de mystiques ont donc nommé nuit obscure. — Or, dans cette *Beauté aveugle* aussi, de Raoul Ubac, il apparaît bien que l'absence évoquée est présence encore, signe court-circuité mais évidence au-delà, théologie négative où se perpétuent l'absolu, bien que sans qualités précisables, et même la conscience de l'homme, bien que sans mots. A la suite de Nietzsche, à celle de Rimbaud ou de Bataille — à la question « Qu'y a-t-il ? » Bataille répond : « Moi et la nuit » — cet artiste de notre temps perçoit, non la syncope de l'être, mais la dislocation d'un logos. Et entre les labours de Dieudonne et la pierre sombre, on dirait la mort, qui y affleure, il n'y a guère pour lui que la tâche à toujours reprendre de la reconstruction du sens médiateur. Non, Ubac n'ignore pas de quel fond désolé l'arbre ou le visage se détachent, et il se répète même cette évidence en des moments ou des œuvres, avec ardeur ou angoisse : mais c'est pour y rechercher non le désespoir mais la voie. Il n'a jamais cessé d'attester le sens. Il a eu seulement à y réinscrire la terre.

III

Et c'est là une dialectique, qui se révèle sans doute avec un maximum d'évidence dans son recours aujourd'hui fréquent à la sculpture, — la sculpture, affrontement s'il en fut du « pouvoir discrétionnaire des pierres ». Pour ce nouveau travail Ubac a choisi l'ardoise, ce qui n'étonnera pas, puisque cette pierre est partout dans l'Ardenne de son enfance : mais ce n'est pas la seule raison. Absente autant que présente le long des chemins, sous les arbres, bleu sombre trouant le vert, profondeur close affleurant sous la profusion végétale, l'ardoise a grand pouvoir d'alarmer par son refus sans tressaillement ni chaleur de l'invite de la lumière. Elle est comme la « flache », cette eau noire qui inquiéta un autre poète, Rimbaud enfant, dans à peu près le même pays. En outre, on s'aperçoit tout de suite qu'elle se prête mal au ciseau, sous lequel elle s'effrite, se casse. Plus qu'aucune autre matière dure, celle-ci est un refus de l'*image,* qui l'agrégerait à un sens. Mais qu'elle soit ce déni ne la rend que plus attrayante à une conscience moderne; et Ubac dans ses bas-reliefs ne veut certes pas évoquer, simplement, quelque figure de notre monde à la surface à peine touchée de cette pierre rebelle, il entend qu'elle naisse de son épaisseur travaillée pour revivre par cet effort — métaphore de la parole première en sa rencontre du monde — la difficulté, la précarité, le paradoxe des signes. Vaincue, l'ardoise n'aura pas tant laissé se former le signe qu'autorisé le sens, accepté que l'espace devienne lieu; elle aura assumé dans l'œuvre d'Ubac la même fonction d'investigation et de preuve que le gris fondamental que j'ai signalé dans ses peintures abstraites. En somme, c'est une épreuve, danger d'abord puis ce « graal » qu'avait évoqué le poème de 1946. Et nous voyons le sculpteur engagé désormais dans une lutte. Y rencontrant parfois trop de nuit, si opiniâtrement le matériau se refuse, et se laissant alors accabler par la « force aveugle » qui ne veut « attester » que soi. Souvent, dans les sculptures d'Ubac, la forme, tout élémentaire qu'elle s'accepte, contient mal les poussées du fond, et se voit déportée, fendue, dilatée, — brisée. La pierre rêche, qui signifie ce qui est, se clivant selon ce hasard que veut abolir notre rêve, il vient qu'un fantastique brutal, dans les dissociations d'une lumière de lune, s'empare des figures que l'esprit veut en dégager. Il en est ainsi dans les *Torses,* d'ailleurs splendides. Mais c'est dans ces derniers aussi que le sculpteur déjà recommence à travers les données ingrates le seul acte vraiment humain, qui est de faire « tenir » la raison d'être dans l'être. Dans un *Arbre* de 1960 on voit les enchevêtrements au hasard, à l'infini, du grain — comme l'on dit, si heureusement — de la pierre se prêter à la croissance du signe, étant interprétés comme feuilles d'arbres, comme entrelacements de leurs branches, et se laisser même gagner, au terme d'explorations patientes, par une beauté du simple, mais assurée, mais fondée, grâce à laquelle c'est l'arbre aussi, l'effrayant arbre réel, qui s'ouvre à notre venue. Qu'est-ce que son feuillage, en effet, poétiquement revécu, que va-t-il faire mûrir pour nous sous les rayons de l'image qui s'est levée de la pierre ? Non plus de l'apparence, cette lecture toujours changée par les errements du concept, précaire donc, dangereuse, mais l'harmonie et le sens nés au même instant et l'un de l'autre : en bref, un lieu pour la vie déjà, dans une aube d'Intelligible, notre présence qui se ranime. La matière a prêté sa syntaxe rêche à la parole, que décourageait le concept. Et, se différenciant dans cette exigence, la parole de poésie réinventera, non certes plus d'apparence mais plus d'attention aux analogies : en vérité plus d'amour. Un *Torse* de 1961, continu comme l'écriture grecque classique, ductile comme s'il empruntait à du marbre, semble naître, ainsi l'antique Vénus, d'une profondeur éclairée. Dans ces moments fortunés, l'art est vraiment création du monde. Et j'ai pensé devant cette admirable figure, qu'on dirait une épiphanie, à ces quelques mots mystérieux, fragment seul conservé — et dépassement — d'un hymne gnostique : « des fruits montant de l'abîme ».

Gnostique, d'ailleurs, tout être qui, dans un monde de mythes déchargés soudain de leur foudre, de chiffres du divin devenus concepts, de présences faites objets, s'est laissé prendre au piège du scepticisme, tenant ce désastre d'un jour pour la preuve dernière du néant, n'espérant plus de secours d'un Dieu trop paresseux ou trop retiré de notre bas monde. Gnostique est le « Moi et la nuit » que je citais de Georges Bataille, gnostique toute une part — et certes la plus fiévreuse — de la conscience moderne, mais, pour véridique que soit sa critique de nos idéalismes menteurs, de nos confiances faciles, n'est-ce pas là tout de même une intuition pauvre de ce qu'était ou peut être notre exister sur la terre — et, rapidement, un péril ? Car le divin ne s'est éloigné que par notre faute. C'est nous qui avions charge du pain, du vin qui en sont la cause autant qu'ils en sont les signes ; nous qui avons à chercher les fruits à divers niveaux contre les parois de l'abîme... Heureusement il est des artistes, comme Ubac, pour préserver la « patience ». Ils portent cet espoir dans la couleur ou la pierre ; et grâce à eux le sens à nouveau prend forme, non par science mais par amour.

PROXIMITÉ DU VISAGE

Les temples de Paestum, disons, ou la Place du Capitole ou quelque monument que ce soit parmi les plus beaux : une terrasse déserte, un palais dont les dernières clefs manquent, dont les inscriptions ne nous parlent plus. Ce qui signifie, ce qui se ravive toujours, ce qui prépare et qui accompagne, ce qui nous conduit dans ces salles énigmatiques jusqu'à la nôtre et jusqu'au seuil même de l'autre série d'énigmes, c'est — à Mari ou Palmyre, au Fayoum ou sur la paroi byzantine, et chez Poussin (la mystérieuse fille du Pharaon dans tel *Moïse sauvé*) et Cézanne encore — l'évocation du visage.

Une civilisation ne s'est pas vraiment trouvée, ne peut refluer encore, comme une nappe d'eau dans l'été, de sa plus profonde valeur vers chacun de nous, si elle n'a pas réussi à donner figure au visage humain, à cerner et faire vivre un regard. C'est là l'image dernière qui fonde toutes les autres, la résurgence par quoi l'unité perdue peut être captée, avec tel goût ou telle fraîcheur, avec ses intermittences palliées, ses afflux enfin maîtrisés.

Et tant de richesses de l'art comme simplement le rebord où se pencher pour chercher ce reflet par lequel nous sommes.

☆

L'atelier d'Ubac à Dieudonne, c'est au bout du jardin l'appentis dont le sol est rouge, les murs blancs. Le rouge, que j'imagine aujourd'hui, après plusieurs mois, un peu violacé, peint directement sur le ciment ou la chaux, m'a certes beaucoup frappé. J'y ai pensé depuis à plusieurs reprises, et surtout quand j'ai vu ces récentes lithographies, celles qui évoquent les morts. Il m'a semblé que c'était la même expérience, pourquoi ? Peut-être parce qu'il s'agissait à la fois d'un rouge très élaboré, très humain, et d'une pellicule infiniment mince, déjà presque effacée sur la plus brute matière.

Je me souviens que quand il le peut — par exemple, quand il s'agit de ses gouaches, « gisants » ou champs labourés — Ubac aime montrer ses travaux étendus à même le sol. Peut-être par modestie. Peut-être aussi parce que c'est là le niveau germinatif, celui où à la fois on refoule et où on peut comprendre et aimer une grande force fatale.

Comme il est évident, d'ailleurs, qu'un peu de poussière ou un froissement, un déchirement du papier, ne gâteraient pas ces œuvres qu'on imagine même imprégnées d'eau écumeuse comme la terre pétrie, celle qui à la fois nous cède toujours et nous résiste !

☆

L'atelier d'Ubac est petit. Il y a bien une loggia, mais qui ne fait qu'encombrer la salle et qui est vide, aussi vide que basse, comme si elle n'avait d'autre usage que de restreindre les gestes. Discipline ? Pas même. Ubac n'a besoin de rien plus.

Au dehors d'être vaste, aux lieux où l'on n'est pas — n'ira pas — de s'étendre à l'infini sur la terre.

L'homme n'a pas besoin de beaucoup de place, au moins quand il est peintre — comme l'était Bonnard, comme l'est Ubac — de l'*infini intérieur*, celui qui remonte d'un rien, celui qui n'a besoin que d'un peu de pierre.

⋆

Et c'est vrai que, bougeant dans son atelier d'un mouvement de spéléologue (un regard d'abord sur la pente, puis faire passer les sacs, les outils, que sais-je ?), Ubac réussit très bien à retourner, à disposer devant nous les très volumineux et très lourds tableaux de ces derniers mois, qui font bien en largeur (les plus grands) près de la moitié de la pièce.

« Ceux-là, dit-il, d'après le champ qui est à deux pas. » Et je vois en effet de magnifiques sillons se gonfler, s'infléchir, se rabattre sur l'horizon de tableaux qui sont tout autant sculptures, puisque la pâte en est si épaisse, si profondément travaillée. Ubac n'imite pas, mais recommence — revit — l'entaille que fait le soc dans les masses claires de l'argile. De matière à matière il y a maintien de ce beau moment de conscience où le laboureur regarde la terre se partager, lui avançant comme à l'infini, sauf qu'il va tourner à la haie prochaine.

Ubac avance, muet, sans inconscient dirait-on, homme de simplification et de paix, dans le partage de la couleur. Cela fait comme un matin de l'esprit, à la mi-septembre, par temps clair. De tout son premier mouvement, et comme aussi en musique un accord qui dure, cette peinture est un acte, indépendant des limites que semble imposer le cadre, distrait entièrement du théâtre de l'ancienne figuration.

⋆

Et aussi bien le premier mot qui me fut donné, regardant ces *Labours*, ce n'est pas beauté, mais substance. « Substantiel », comme on aime à le dire du mode d'être d'un pain qui a bien levé (c'est-à-dire pas trop) dans quelque four paysan. Ici la glaise *lève* sous le sillon, l'horizon semble contenir, comme une forme voûtée, la poussée du levain terrestre.

Je ne renierai pas cette analogie. Mais je pense soudain que les vases aussi lèvent dans la chaleur de nos fours de pierre, après qu'ils furent pétris de l'argile du champ qui est « à deux pas ».

Nous avons aujourd'hui devant nous, avec ces « peintures » d'Ubac, les vases au second degré que notre conscience requiert, si complexe toujours quand passionnément elle se veut simple. Vases, car s'ils ne gardent pas l'eau où se calmait la première soif, ils tiennent bien une fraîche sérénité, on peut vivre avec eux, posés comme par la main de l'été sur l'infini du mur blanc.

⋆

Et pourtant il y a en eux un aspect par lequel ils sont demeurés (ou sont *déjà*) des images : cet obscurcissement de la couleur quelquefois, qui fait ombre au-dessus du champ labouré.

C'est comme une ombre *qui passe*. Et d'un coup c'est donc un instant, c'est-à-dire un lieu, qui se signifient. Un événement est représenté. Dans l'intemporel la durée se glisse, le hasard se profile — l'existence a laissé ses empreintes énigmatiques dans le limon de la vie. J'aime cette façon discrète par laquelle Raoul Ubac assure dans son recommencement des gestes simples la sorte de vigilance sans laquelle il n'y aurait eu qu'imitation illusoire.

Et un souvenir me revient. Je veux dire : il m'est revenu dans l'atelier même d'Ubac, et aussitôt devant les *Labours*, encore qu'il me soit assez familier et de temps en temps se rappelle à moi et pour un moment m'accompagne.

C'est la « Vénus de Paestum ». Il y avait autrefois un minuscule musée auprès des temples (en fait, je ne le distingue plus de cette salle au sol rouge, aux murs trop proches, aux tableaux posés contre eux à même la terre) et là se révélait une opulente Vénus, faite d'un marbre que je me plais à imaginer aujourd'hui couleur de lait, de miel et de pain. La Vénus de Paestum est une statue classique sans caractères marquants. Mais l'étonnant, et qui s'est gravé dans ma mémoire, c'est que son ventre au beau modelé est assez profondément entaillé par une série de lignes étroites, parallèles, — en vérité, de petits sillons. La statue était enfouie dans un champ où d'année en année passait la charrue. Plus elle était rayée par le soc, plus elle semblait une pierre. Et il fallut bien des siècles pour que ce rocher se dénude et redevienne figure.

Je pense à la Vénus de Paestum, et je sais pourquoi. C'est à cause de la déviation des sillons qui est si remarquable dans les peintures d'Ubac depuis qu'il travaille à Dieudonne. On dirait qu'il y a là dans l'image quelque chose d'*enseveli* : la barre inentamable qui détourne le soc de son avancée rectiligne ; et quelque chose aussi de *futur*, puisque la conscience d'Ubac si obstinément s'y attache. Et n'est-ce pas, sous cette terre que frôle une ombre, dans cette Arcadie alarmée par le sentiment de la finitude, le plan de transcendance, le ressaut d'invisible d'où va surgir un mode encore inconnu de l'expérience ?

Je crois qu'Ubac, tout engagé qu'il soit dans la suffisance et l'évidence de ce qui est, a souci d'une autre réalité, celle de la conscience personnelle, toujours rebelle à la terre, toujours transcendante aux attachements par quoi elle veut se guérir de sa différence. Et je crois aussi qu'il est appelé à la connaissance de ces chemins, sources perdues, jonctions retrouvées entre les deux règnes, et cela par le fait, bien sûr, de ses pouvoirs propres de peintre, et de peintre de notre temps, c'est-à-dire au meilleur de sa capacité d'immédiat, de son sens profond de l'analogie, de sa « faim » (comme dit Rimbaud) pour l'air, la terre et les pierres : toutes facultés germinatives, et à bien des égards les approches les plus directes d'une expérience intérieure.

☆

Ce qui fait la « beauté », à mes yeux, de la Vénus de Paestum, c'est qu'en elle s'inscrit (ne se résout pas) l'opposition d'un esprit rationnel, organisateur — humaniste — et d'une force obstinée qui naît des faims primitives.

Quant à la tête de la Vénus, je crois me souvenir qu'elle manque, et voici qui va tout à fait avec la pensée qui m'occupe. Cette belle œuvre, témoignage de la possibilité de l'art, est donc revenue sans visage. Et de ce fait elle est remontée des fonds aveuglés de l'Un comme la désignation de notre besoin suprême. Nous n'*existons* qu'en élaborant notre différence. Mais nous ne *sommes* qu'en sachant la rendre à la terre. Et entre l'art qui module la figure idéale toute de rêve et celui qui s'inscrit, élémentaire comme le soc, sur l'ombre du corps de l'être, il faut la poésie qui désire leur réunion et nous aide à la faire en nous, travail patient de l'esprit sur un être particulier — sur un visage *saisi*, défait, mais recréé aussi bien et transfiguré par le plus profond des possibles.

☆

Mais, cette année, ce qui semble naître des terres retournées d'Ubac, ce sont ces morts couchés parallèles, serrés même, mêlés déjà, ces morts rayures après rayures, sans visage depuis longtemps — ou, justement, pas encore.

⋆

Ils sont comme les arbres qui gisent, découronnés, sans racines, en contrebas des chemins : flanc contre flanc, collés par où l'écorce a perdu la sève, à deux ou trois désormais pour faire une seule forme, mais si durables qu'ils s'illimitent et qu'on n'en finit plus d'être près d'eux quand on marche dans la campagne déserte.

Les gisants clairs, ceux qui sont dessinés plutôt que peints, ressemblent, eux, à des fagots de branchages noirs, sinon gris comme après les pluies de plusieurs hivers. On voudrait qu'un certain bleu que connaît Ubac (le bleu des morts anciens qui sont la rouille de l'être) les traverse comme une eau vive.

⋆

Mais si de la conscience artistique de notre temps Picasso a incarné la témérité insouciante, Bonnard le pouvoir d'aimer, Giacometti le déchirement sous les coups non amortis d'une transcendance, Ubac partage certes avec bien peu l'honneur d'en représenter la *prudence,* au sens ancien de ce mot où il y a un sentiment toujours vif de responsabilité envers l'ensemble des hommes.

Et prudemment il estime que le visage de l'homme, s'il doit reparaître, nouveau, dans une prochaine peinture, n'est pas anticipable pour le moment. Il définit, il délimite le corps, cette part, dans l'être humain, de la terre, cette écriture lisible par la conscience contemporaine. Mais souvent ses gisants sont décapités : Ubac ne s'est pas risqué à tenter de réparer les dégradations de l'iconoclasme moderne. Et souvent aussi, en d'admirables moments, il met en place la tête, en affirme la masse, en ébauche même, entre mort et vie, un étrange geste, — mais il en laisse les traits en blanc. On a là comme le contraire de l'art funéraire du Fayoum, qui sauve l'être particulier dans la transfiguration qu'il ébauche. La résurrection, dit Ubac, on n'en saurait préjuger.

D'où suit que si ces lithographies font penser un peu à des figures de Giacometti, on en est bien loin, c'est là encore tout le contraire. Giacometti va droit au visage, pour lutter tout de suite avec la transcendance, avec l'avenir. Mais réussit-il à leur donner une forme ? Ne fait-il pas que marquer la convulsion d'une délivrance, d'une résurrection *impossibles ?* Face à cet élan foudroyé, Ubac se contente de circonscrire le champ de l'événement à venir. Rassemblant le bois pour le feu, ne cherchant pas à anticiper sur la justice du temps — cette main de l'intemporel qui déchire d'un coup la durée brumeuse « des gens qui meurent sur les saisons ».

*

Et pour finir, ou attendre ce lendemain, ceci qui est comme un *souvenir du présent,* car ce septembre où j'écris est si chaud et silencieux, si immobile et désert que le temps s'est évaporé avec le dernier bruissement — au creux pourtant sculpté par les eaux des grandes combes de pierre.

Autour de moi, par les fenêtres aux différentes lumières, le cercle de l'horizon où plus rien ne bouge, sauf l'épervier parfois, et le vent qui vient comme lui et comme lui tourne et passe. La vie a peu de traits personnels, ici établie. Le tracé de cette différence s'efface à la surface de notre pierre.

Et pourtant j'aime ceci : que la maison, surtout dans ses pièces hautes, qui ont servi de grenier, ait ses murs couverts d'inscriptions. Les paysans portaient là, dans la réserve des moines, une part de leur récolte de seigle et l'un, par exemple, a écrit : « Rente de Jean-Pierre... de Saint-Marc de l'an 1742 ». En fait, on a pu l'indiquer pour lui, car l'écriture est fine, parfaitement lisible (à part le nom qui est effacé), savante, et reparaît ailleurs, disant Saint-Marc ou Trévieille (ce sont des fermes voisines). Mais d'autres marques tout près du nom, ou seules le plus souvent, sont sûrement de la main de ceux qui portaient les sacs, car la variété en est grande, et surtout la qualité d'énergie. Il y a parfois moins de dix encoches dans ces entailles qui sont des comptes, mais souvent vingt ou quarante. Et les plus violentes des barres peuvent avoir, sous le plus vaste trait qui les unit par le haut, vingt centimètres de long.

C'est surtout le cas sur le mur qui est en face de moi, et ce sont ces belles encoches qu'en ce moment je regarde. Plus ou moins verticales, mais convergeant un peu vers le trait d'en dessus, qui est horizontal, mais bombé, sinon même modulé, comme la ligne de faîte d'une colline : on dirait des sillons profondément marqués dans une terre blanc-brun avec au bout l'horizon immense et le ciel.

⋆

Et je me dis : Est-ce moi, esprit à jamais défini (malgré les érosions de l'été) par la détermination personnelle, qui apporte cette vision, et remplace le champ debout et illimité de l'encoche par celui, perspectivé, d'un lieu, d'un événement, où la réalité se rassemble pour la rencontre d'un avenir ?

Mais j'observe que quelques-uns des faiseurs de comptes ont, après avoir pratiqué une dizaine d'entailles, prolongé cet « horizon » qui les couvre vers la droite puis vers le bas jusqu'à très largement au-dessous des barres, et l'ont alors refermé autour de toute la marque en remontant sur la gauche, où le tracé se perd parmi les premiers sillons. C'est pour clore le compte ou pour passer au-delà de dix. Cependant, ne faut-il pas reconnaître autre chose encore dans cette intention d'unité ?

Où il y avait du divers, du nombre, voici bien, tout de même, le cercle de l'univers, avec le champ labouré, mais avec aussi ce soubassement qui englobe l'espace où était la main, celui où vint la charrue, celui où se tint une ombre. Et ainsi le compte devient présence, le grain n'est plus un avoir, Coré remonte de chez les morts, le seigle de Trévieille est à nouveau le seigle vivant.

La poésie, ou la peinture selon la poésie, le projet d'Ubac, c'est cela : à un niveau où les entailles ne disent plus seulement autant de mesures de seigle, mais nos perceptions, nos connaissances et nos valeurs — le trait qui passe au-dessous pour les réunir, signe soudain de présence.

L'ÉTRANGER DE GIACOMETTI

Sortant de la chapelle avec ces fleurs à la main, qu'elle jeta tôt après dans la terre ouverte, elle s'arrêta sur le seuil, et son premier regard fut pour ces cimes pressées au-dessus de nous dans l'éblouissante lumière froide, — un long regard plein de réflexion où s'achevait peut-être une longue lutte.

Plus tard, et spontanément : « Ne sont-elles pas comme des couteaux ? » demanda-t-elle sans dire plus, très perdue qu'elle demeurait dans sa rêverie immobile. Et c'était bien cela, je l'avais éprouvé aussi tout ce jour d'hiver où le ciel se dressait trop bleu autour des plus hauts rochers séparés de nous par la neige.

Des couteaux, oui, comme l'aspect le plus immédiat de ces montagnes qui semblaient bouger, monter lentement dans l'afflux de la transparence. Mais plus encore, et du fait de leur solitude et de leur silence, de leur « en-soi » terrible au-dessus de nous : l'arme qui surprend le réel, le tranchant immatériel cette fois qui, aux racines de la conscience, menace de défaire le sens que ce qui « est » a pour nous.

⋆

Et il est vrai que je venais d'Italie où j'avais aperçu — imaginé — une fois de plus cet irréprochable horizon, cette hypothèse parfaitement exprimée : la « terre heureuse » où par rivages et fruits, et feuilles qui bougent dans la lumière, tant d'actes simples paraissent contribuer et même suffire à donner un sens à la vie. La qualité sensible et la sensation qu'elle éveille et la possession qu'on en prend y semblent épuiser le possible, leur cercle — notre éternelle Arcadie — s'y montre clos et le seul réel. Le mode d'être précède l'être comme dans les mots italiens, ces beaux vases aux lignes pures, où les choses ne sont perçues qu'à travers un boire déjà et toutes les saveurs d'un vin doux et sombre. Entre chaque existence et l'Unité aucune rupture concevable, c'est comme si l'enfance avec ses plénitudes et certitudes était portée au degré de l'intemporel, aux dimensions de ce monde, et dans tous les aspects du désir humain.

Mais comme à chaque fois aussi bien j'avais ressenti la même inquiétude, pressenti le même creux de la vague au sein de ces belles preuves. — Et d'ailleurs, nous étions montés au-dessus des lacs dans l'hiver soudain insistant, le sol s'était dénudé et la couleur appauvrie, le pays de l'universel sensible avait cessé peu à peu et c'était comme si une autre sorte de cohérence cherchait maintenant expression, la vie, par recul obligé sous la violence du vent, devenant de plus en plus existence, je veux dire présence aride qui n'a que soi-même pour fin et que sa durée pour saveur dans son peu d'objets sur la neige.

Et cette cime au-dessus de nous, qui n'est plus même un objet.

*

Car désormais il n'y a plus rien entre le dernier chaos sous le ciel et nous engagés dans l'étroite faille ; et cette distance considérable en est ainsi comme nulle, et ce surgissement comme un gouffre. La montagne à Stampa est si dépouillée qu'elle en est réduite à l'acte pur d'exister. Et voici comment le couteau a pénétré dans l'amarre : cet acte d'être est si intense en même temps que si dénué, par rapport à nous, de qualités médiatrices, qu'il en est aussi bien celui de n'être pas, s'il y a un sens à ces mots. Cette présence qui nous accable, « tournant », se fait absence absolue. Cette lumière aveuglante, dernière à subsister des qualités du monde physique, ne dit plus que le vide et cette sorte de nuit qui en sont l'ultime niveau.

Et dans nos possessions, nos intentions, nos pratiques, quel sentiment subit de minceur ! C'est comme dans cette lithographie d'Alberto Giacometti, une des plus émouvantes, où l'on voit Annette étendue dans la chambre aux quelques objets sous la lumière électrique. Non, pas de rue derrière le mur, rien que ce noir absolu de la lumière qui reflue par l'ampoule si dénuée, si criante.

L'arrivée à Stampa, au moins ce matin-là de l'hiver dernier ; un étranger s'est dressé devant les tables d'un jour de fête. Et c'est aussitôt le silence et partout un monde désert.

☆

Je me souviens : quand on allait chercher le lait à la ferme et qu'il brillait en bougeant sur le chemin du retour, sous les étoiles. Il y avait un moment difficile, à un certain tournant, où l'on enfonçait dans le noir de murs trop serrés et de l'herbe. Puis on passait à vingt mètres de la « maison neuve » éclairée.

C'est à une fenêtre de cette maison que j'ai vu une fois, se découpant sur la blancheur d'une paroi nue, la silhouette obscure d'un homme. Il était de dos, un peu incliné, il semblait parler. Et ce fut pour moi l'Étranger.

Et à d'autres moments : un cri d'oiseau, un arbre isolé au faîte d'une colline, un bassin d'huile noire, un pont de fer sous les arbres. Je pourrais décrire dans le détail le blason de ce chevalier de ténèbre, tel qu'il se présentait, le regard masqué, au point le plus proche de l'autre rive — tant ma mémoire est jalonnée de ces venues silencieuses, au moins pour une saison qui marqua la fin de l'enfance. L'événement, c'était le même toujours, voix qui se taisent dans la substance du monde, chute de la saveur, comment dire ? passage au noir et blanc là où régnait la couleur. Et moi j'*étais* soudain en face de cette annonce, moi, non plus désormais l'enfant mille fois déterminé et prouvé par sa place au centre du monde, à la transparence des choses, mais ce recul, ce nom, cette énigme — cet avenir.

J'étais — ayant cessé d'être. Il n'est pas vrai que l'expérience du néant, quand cette foudre monte du sol et descend du ciel de la vie, détruise en nous le sentiment de la réalité personnelle. Au contraire, nous existons soudain avec un relief d'autant plus abrupt qu'autour de ce moi pur, dépouillé de ses qualités, c'est le gouffre sans fond et sans écho. Un doute, certes, fondamental, un vertige, un effet de paralysie, mais ce doute en lui-même comme notre réalité, et d'autant plus absolue qu'il n'est plus rien alentour qui puisse l'unir à d'autres.

En vérité, c'est là-bas, sur la terre heureuse des possessions et des sens, où il n'y a pas de doute, donc pas de surprise ni d'avenir, qu'il n'y a pas non plus, qu'il n'y *aurait* pas, de réalité personnelle, semblables que nous serions du fait des saveurs monotones. Et c'est même du sentiment de cette inexistence foncière que vient notre inquiétude dans la sollicitation arcadienne, celle qui nous promet le réel à partir de l'évidence des biens.

☆

Tu n'es pas ce que tu vois, ce que tu saisis, ce que tu es, me dit l'Étranger, *car tu disparaîtras un jour sans que cela cesse d'être. Ces eaux se refermeront.*

Et il s'ensuit, me dit-il encore, *que ces eaux non plus ne sont pas, car que sont-elles sans toi, qui en es distinct, qui n'es pas ? Tu n'es pas et je ne suis pas.*

Et il ajoute, aujourd'hui : *Celui-là non plus ne fut pas, que l'on descend dans la terre, « vaine forme » comme chacun. Et ce ne sont pas les œuvres qu'il laisse qui changent rien à ce fait. Regarde, elles sont déjà plus lointaines que l'Égypte. Elles ne proposent que leur énigme. Elles vinrent à travers lui et se déploient au-dessus de lui, dans l'indifférence pour ce qu'il fut.*

L'Étranger se tient immobile, sur le seuil. Parle-t-il ? Mais non, c'est moi, dans le temps qu'il ouvre, où je glisse, où ma parole devient, toute vacuité qu'elle soit et sans origine, mon seul espoir, mon seul être.

☆

Et je pense, écrivant cela, persistant ainsi, à une autre œuvre de Giacometti, la première que j'ai connue et longtemps pour moi la plus fascinante : cette haute statue de plâtre blanc, debout comme l'être humain, articulée et rigide comme l'insecte, aveugle malgré ses yeux, asexuée malgré ses seins lourds et froids, indéchiffrable en dépit de son évidence d'idole, et qui semble nous présenter, entre ses mains à demi dressées, ce que Giacometti lui-même a nommé « l'objet invisible ». Cette figure, c'est l'Étranger, n'en doutons pas, ou l'Absence, génialement signifiés par agrégation de souvenirs et d'entrevisions oniriques. Quant à l'objet invisible, c'est le moi absent et présent qu'a mis en question la Venue.

Avec ceci, toutefois, qu'un autre sens s'y découvre :

ce quelle change dans notre vie. Avant que l'Étranger ne paraisse, c'étaient, disons, les « violons vibrants », les « collines », les « brocs de vin » qu'a évoqués Baudelaire (Rimbaud dirait le « verger », Nerval le « sycomore » ou le « myrte »), — un mode d'existence, pour chaque chose, où son essence retentissait au sein même de sa présence, Idée parfaitement transparente, mariage de la sensation et du sens, du relatif et de l'absolu. On peut nommer cet objet premier, qui suggérait un ordre dans l'immanence, et dans tout l'être une phrase unique indéfiniment mélodieuse, le symbole, au sens baudelairien, justement, où l'on éprouve si fortement la vie chaleureuse et l'accueil.

Mais quand l'Étranger a paru, que nous reste-t-il que l'objet opaque et glacé, impénétrable, *insolite ?* Le sentiment de l'insolite, c'est la question « pourquoi ? » associée à chaque chose. Et cette question sans réponse. Et l'envahissement par le hasard, cette énigme aussi, de ce désordre, le monde. L'objet, au sens moderne du mot, vient de naître des cendres du symbole. Ce qui était n'est plus. C'est cela aussi, cette absence, entre les mains de la figure spectrale, sur le seuil de Giacometti.

☆

Lequel, on s'en souvient, s'était précisément arrêté, dans ses premières recherches, à cet objet bizarre, sans raison d'être, ne disant que sa propre « inutilité théâtrale », comme par exemple l'*Heure des traces* ou *Circuit,* au mouvement inutile et clos.

Que Giacometti ait éprouvé la venue mauvaise, et qu'il en ait ressenti une profonde impression, probablement décisive, comment pourrais-je en douter ? Et qu'il ait été assez riche pour en mesurer comme bien peu le ravage, c'est tout aussi évident. Car lui aussi, lui d'abord, était monté de la terre heureuse, comme tous ceux de Stampa, et il disposait de l'expérience de cette langue italienne qui a tant d'horizons à franchir, et si fournis de réel, pour parvenir à un débouché sur l'espace indifférent des étoiles.

Mais de ce fait justement la rencontre première avait été si traumatisante — était restée si fondamentale — qu'on peut dire, je crois, que, sculptant, peignant, il ne pouvait s'empêcher, à chaque instant du travail, de la revivre. « Je veux sculpter Marylin Monroe », disait-il, et son regard allait d'un peu à droite à un peu à gauche, il avait ce sourire qui demandait que l'on voulût bien ne pas entacher de trop sérieux l'affleurement d'un souci extrême, « et j'allonge, j'allonge... », les mains se rapprochaient en montant autour de quelque argile invisible vers un point comme au-dessus de sa tête : dirai-je la direction où durait l'incandescence des cimes ? Le désir de bien traduire la sensation, de reconnaître — et fixer peut-être — sa profondeur, était grand chez lui, sûrement, mais aussi bien c'était cela même qui lui était interdit, et dans la statue ébauchée des impulsions mystérieuses venaient disproportionner les parties, raviner la forme, y creusant ces gouffres en apparence minimes, en fait vertigineux où s'effondrait non la ressemblance mais sa chaleur — bref, transir toute joie du niveau des sens, étendre le désert jusqu'au pied d'une présence terrible.

C'est en tout cas de cette façon que je crois pouvoir expliquer les traits les plus singuliers de son œuvre, tels que ces pieds immenses comme celui de la montagne de l'être, et ce lointain, si souvent presque infini, de la tête, cette incertitude essentielle sur le rapport d'échelle de la statue et du monde — ou ces regards arrachés à nos fins toujours relatives, ces bras collés au corps pour signifier l'impuissance de l'allant humain foudroyé. Entre ces figures et l'action, malgré les gestes somnambuliques de quelques-unes, quelle infranchissable paroi, aux éboulements silencieux ! Rien là d'une « vision », car on est radicalement au revers de l'imagination parcourant le monde, mais la naissance simultanée (et jamais peut-être il n'en a été de plus pure, de plus fatale) de la transcendance et du signe qui prétendait au simple réel.

Et cela à partir de n'importe quoi, et pour défaire n'importe quoi. « N'importe quoi est Dieu » disait-il encore, « et aussi bien cette tasse » qui — par ce soleil, non celui du monde physique, qui brillait blanc là-haut sur son bord immense — se retirait de l'espace, veillait dans un au-delà, ouvrant peut-être à une autre forme de connaissance et à un autre pouvoir.

☆

Un *pouvoir*. N'est-ce pas le mot qu'un premier mouvement d'esprit attachait spontanément à cette œuvre, quand on venait dans l'atelier de Giacometti plein de figures debout emmaillotées de chiffons humides ? Dans l'atelier minuscule et sombre, où l'on savait les millions de pas d'une activité inlassable, où tel livre pourtant et tant d'autres objets sur le sofa déchiré ou le bord des tables, figés dans la poussière, lointains, semblaient n'avoir plus servi depuis un événement obscur (rupture de niveau, sortie chamanique du monde ?) où le temps avait cessé d'être.

On sentait Giacometti si constamment engagé dans une unique expérience. Mais en même temps si libre, et d'une façon qui fascinait, car elle semblait procéder de tout autre chose que d'une simple force morale... Libre, il l'était, bien sûr, par cette inhibition des affections les plus simples qu'avait causée en lui le surgissement initial. Il résultait de cela — émouvante contradiction — que tout en étant apte à la jouissance du monde, il n'était pas concerné par les possessions matérielles, s'éloignant de l'avoir vers l'être, dans les instants de sa vie, avec la même rapidité fatale que dans son travail de sculpteur. Qui n'a pas reconnu dans les deux ou trois aliments abstraits (œufs durs vieillis des comptoirs, cognac, café) dont il faisait si souvent son ordinaire, et aussi bien dans l'impasse et la porte ouverte, dans les murs noircis, crayonnés, dans ce poêle dont il ne savait pas — ne voulait pas — se servir, dans toute cette nature morte aux teintes ingrates mais profondes de ses journées, autant de signes brutaux de la prééminence de l'être sur ses attributs perceptibles ? Et qui n'est pas venu à lui, plus ou moins consciemment, comme au nocher d'un autre rivage, mieux préparé que quiconque, dans ses vestes tachées de plâtre, à se risquer sur le gouffre où commence à changer la vie ?

Que pouvait-il ? Et sans doute étions-nous plusieurs à buter toujours sur cette question devant cette chapelle isolée sous les grands rochers de l'enfance, en ce moment de ce dernier jour où l'on allait recouvrir de lourde terre gelée la dépouille au mille plis si légère — l'amande desséchée, sous ses enveloppes comme consumées tour à tour — d'une exigence si dévorante et en même temps si tacite. Giacometti, l'avait-on deviné, dans son gris de terre philosophale, ou rêvé, simplement, quand on ne pouvait pas ne pas voir en lui, par tant d'analogies si troublantes, la chrysalide d'un grand éveil ? Tous ces visages appelaient l'idée d'une aube nouvelle, l'avait-il vue, traversée ? Et quand, au crépuscule de sa recherche, il aima couvrir de couleur les cratères du plâtre aveugle, était-il sur le seuil d'une couleur inconnue, ou ne nous faut-il voir dans ce peu de rouge et de bleu barbares qu'un relief plus abrupt encore pour le blanc d'un deuil absolu ?

Mais cette Égypte, dont on l'imaginait le roi-prêtre, c'est surtout le musée qui tend à lui donner l'existence, en ouvrant un espace à ces doigts pointés, en déployant des allées là où il n'y avait que répétition peut-être dans une durée malheureuse, en suggérant un centre occulte de convergence là où Giacometti simplement abandonnait la statue, inachevable à jamais.

Lui, on le voyait errer dans ce grand arroi en solitaire parmi les zélateurs ou même les proches, et tout autant étranger à ses propres œuvres — et nous gardons le souvenir d'Alberto quittant la rue Hippolyte-Maindron à la tombée de la nuit pour de longues heures d'errance, comme s'il voulait épuiser, avant de reprendre avant le jour son travail, la remontée d'un tout autre espoir.

⋆

Et, bien sûr, ce n'était qu'un rêve, il n'y a pas de pouvoir, sinon le plus simple et celui qu'on ne cherche pas.

La vérité, ou en tout cas toute la philosophie qui me reste, la voici : l'Étranger est irréfutable, il n'y a pas de *raisons* pour ne pas voir par ses yeux que le monde est vide, inintelligible encore que formulable, sans perspective ni centre en dépit de la procession vaine des dieux. Mais en même temps l'Étranger n'est rien, il suffit de s'attacher à quoi que ce soit — à « n'importe quoi », ne serait-ce qu'une pierre — pour que ce spectre là-bas, qui nous guettait, se dissipe. Et donc il suffit d'aimer, mais aussi bien il le faut, et cela ne se force pas, on le sait encore. Il n'y a pas de pouvoir pour s'assurer ce pouvoir. Et quant à l'art, il n'est pas en soi créateur, sinon de plus de conscience, soit pour approfondir la venue, soit pour manifester un échec.

Et de Giacometti qui « quittait » son travail à

chaque instant comme Rimbaud le fit une fois pour toutes, et qu'une obstination inlassable ramenait chaque nuit devant la glaise mouillée — on l'imagine penché, démaillotant la statue comme dans l'espoir d'un cri de la vaine image —, je dirai que, plutôt que d'admirer une fois de plus à son occasion les « guirlandes célèbres » de notre salle nocturne, il convient de prendre très au sérieux ce qu'il appelait son échec. Comme il en parlait souvent, on le sait, et combien était-il sincère, et quel droit il avait, je suppose, à juger et à décider ! C'est qu'il savait que le seul acte qui compte est en deçà de cette invention artistique qui ne peut qu'exaspérer, s'il n'est pas, la conscience angoissée de son absence. Et quand il s'en allait, à l'heure où les couleurs tombent, ou quand il s'attardait passionnément à parler, parfois avec un inconnu, avec toujours l'Inconnu, c'était dans l'attente de ce miracle : que soudain le réel ait son centre *ici,* que l'être présent suffise. Mais la transmutation n'avait jamais lieu.

La liberté de Giacometti n'était en fait que la contrepartie d'une adhésion donnée une fois pour toutes, jadis, avant l'Étranger, à une réalité désormais absente, ou plus exactement, inactuelle. Ayant aimé trop intensément aux premiers jours, il n'eut plus assez de ressources, quand l'Étranger l'arracha à cet univers suffisant, pour s'attacher — s'incarner — ailleurs, et y régner dans le bonheur à nouveau de cette aptitude au concret qu'il maintenait comme une hypothèse précieuse, maintenant sans preuves mais toujours vive. Et c'est alors que ses assauts inouïs contre cet exil, étant portés dans le champ de l'objet sensible, de l'objet qu'il eût pu aimer, devinrent ce grand art où il ne voyait quant à lui que l'impuissance et l'échec. Qu'importe la beauté, et cette liberté même qui en a le rare pouvoir ? Nul doute que souvent il ne la subît — elle qui fascinait — comme une malédiction, celle que Rimbaud a décrite dans ses *Déserts de l'amour*. Et quittés les êtres sans destin, plus son reflet que ses partenaires, dont il faisait volontiers ses compagnons d'« infortune » (je reprends les mots de Rimbaud pour une quête semblable), épuisée l'espérance de communion ou de « charité », durement ressenti le poids d'une « fatalité » mystérieuse — fidélité à l'enfance, celle qu'il faut trahir si l'on veut chasser l'Étranger, — il revenait à son atelier comme à une illusion à la fois sue et subie, en fait l'universelle et que nous connaissons tous, toujours anxieux que nous sommes d'obtenir de la poésie la présence au monde que notre condition nous rend difficile ou nous refuse.

⋆

Une Égypte, disais-je ? Mais qu'est-ce d'autre, après tout, que l'Égypte des grandes tombes, sinon le rêve, et jamais l'accomplissement du désir ? Le roi d'Égypte ne glisse pas, malgré le masque d'or et le Livre et la barque peinte, dans les roseaux d'une aube nouvelle. Il ne s'éveille pas au nombre des dieux. Le roi d'Égypte d'ici n'a pas connu de résurrection dans l'instant devenu plénier. Il n'a régné qu'en deçà, sur les déchirements et les fastes de ce qu'on appelle l'esprit.

⋆

« Si je pouvais réussir ne serait-ce que cela », disait-il, avec le petit sourire des yeux plissés, et son doigt décrivait un étroit cercle rapide devant le front d'un de ses portraits — point de consumation où l'on ne retrouvait qu'un bossellement lunaire, ou le tragique lacis de signes aussi forclos du consentement à ce monde que les plus abstraites calligraphies. Or, il y avait là, tout autour, la plus haute et poignante ressemblance, bien que dévastée par le feu de la catastrophe première, mais il voulait donc autre chose, et transcendant à ce plan d'approche, et c'est évidemment — à mes yeux — le rapport simple, intérieur avec telle chose élue, l'intimité heureuse avec elle et ainsi avec le destin — comme chez Bonnard, qui le fascinait.

Il s'ensuit qu'il avait placé dans l'apparence des choses, qui se prête à ces deux regards, le lieu critique de la décision spirituelle, et il était même obsédé par ce défi qu'elle représente, il disait que peindre n'est rien d'autre qu'apprendre à voir. Mais il disait aussi — et d'un coup — son attachement au détail précis, où la ressemblance se joue, et aux « grands styles » (de la Chaldée, du Fayoum...) où ce détail est franchi par des approches plus synthétiques. A ce niveau de la littéralité obsédante, il restait ainsi partagé, cherchant toujours plus avant dans l'observation extérieure l'issue vers l'invisible et la plénitude.

Mais il lui arrivait de procéder autrement. C'est quand, dans les dessins et par le fait de la page blanche, la conscience du vide s'était accomplie d'un seul coup. — Pour Mallarmé, on le sait, la blancheur évoquait l'évidence originelle de l'être. Pour Giacometti, c'était l'éclat reconnu du haut glacier de l'absence. Et on le voit essayer d'y inscrire les réalités les plus simples, dans leur proximité d'autrefois, dans la chaleur d'un foyer. Expérience équivoque, où l'on ne sait s'il a le désir de les voir brûler dans ce vide, ou de les faire *tenir* le plus possible au contraire, ne se permettant aucun subterfuge, aucun trompe-l'œil ne serait-ce que de crayon un peu gras pour cette épreuve suprême, où la confiance première toujours si proche, et soudain raffermie par un souvenir émouvant, — pourra chasser l'Étranger.

Peut-être la sculpture était-elle pour lui l'expression

tragique par excellence, le dessin le recommencement, combien entravé, de la participation au réel — avec dans l'entre-deux, à la jonction de ces deux grisailles, la couleur comme chiffre de la présence, qu'il n'aura donc que rêvée sauf dans ces quelques petites toiles — instants certes bouleversants de plénitude furtive.

IV

SEPT FEUX

I

Sept feux. Comme un candélabre d'argent, aux flammes toujours courbées, porté dans ces sentiers au bord de la mer, avant que la nuit ne vienne : notre cheminement inégal, inventeur de cet or sous les brusques rideaux de cendre. Et parfois plusieurs des flammes s'éteignent, à cause justement de cette brise de mer.

II

Par le vouloir du rêve je suis dans une église assez petite et très blanche, et sans autel, désaffectée sans doute, mais sans apprêts de musée non plus. Et j'écoute une musique qui vient de la sacristie adjacente. Auprès de moi, peu visibles, plusieurs personnes en proie à une excitation extraordinaire, encore que contenue. « Écoutez, me dit-on à voix chuchotante, écoutez ! Voici enfin la preuve de l'existence de Dieu. »

De fait, dans cette sorte de cantate à quatre voix, on en distingue une cinquième, de femme et certes très belle, qui s'entrelace aux autres et, de l'intérieur, les domine. Il n'y a pas de place pour elle dans la structure de l'œuvre. Un carré a quatre côtés, *il est impossible qu'elle soit là.* Et pourtant la musique dure, forme moins détruite que révélée. Si elle s'interrompt, à des moments, c'est pour reprendre toujours la même dans sa différence absolue, l'insituable voix s'élançant avec jubilation et enfance du pré comme vert et bleu des quatre autres, couleur nouvelle, agneau de la couleur claire, « la voix de Dieu ».

Je revois l'électrophone, sur cette table, et le disque enfin arrêté, que quelqu'un a pris en main, examine. Mais le rêve change et soudain c'est ma sombre ville natale.

III

Et voici : une jeune femme qui me guidait comme je revenais vers la gare (qui est-ce, et me guidait-elle, il n'y a pas de passé dans ce moment qui s'achève) a commencé à courir, puis, se tournant vers moi souriante, déjà trouée de ciel, déjà le vent d'une torche, déjà la faille entre les touffes de feuilles sur la branche du laurier vert, s'est dissipée dans l'air de la grande salle d'attente. Or, celle-ci a beaucoup changé depuis mon dernier passage, c'est maintenant la gare du *temps rompu.* Quand je cherche à savoir si je puis prendre à cette heure encore le train que je prenais autrefois — celui de 6 h 10, après les classes, sur la voie D — je découvre qu'on a placé en plusieurs endroits des horloges qui, par chiffres dispersés au hasard sur les cadrans sans aiguilles, par signes privés de sens, indiquent quoi ? quelque gouffre aux confins de l'éternité, non le temps.

Je prends place dans une file d'attente, à un guichet, et questionne. Oui, m'assure-t-on, j'ai le temps, mais non, je n'ai plus le temps. Au guichet même je demande un billet pour la destination d'autrefois, et l'on me dit un prix que je suis incapable d'apprécier. C'est qu'on a institué une nouvelle monnaie, qui est informe, ou variable. Quelqu'un m'apprend que les étrangers (je suis un étranger) regrettent l'ancien état des choses, la monnaie rationnelle aux conventions immuables, et se plaignent surtout de ce système de l'heure. Mais la nouvelle habitude vaut mieux (je suis maintenant sur les quais) puisqu'elle laisse libre la volonté. Si je veux pouvoir payer mon passage, eh bien je le puis. Si je veux que ce soit l'heure du train, eh bien c'est l'heure du train.

Je le veux, je décide qu'il va partir, et vers le même village. Un employé me montre la voie, et je longe quelques wagons recouverts — dans le même désordre et surcroît de signes que j'ai déjà aperçus — d'innombrables noms qui se contredisent. Bénévent, Londres, Bourges, Cholet..., tant et tant. Tout le système des désignations, tout le langage peut-être, a fait retour au chaos. Je monte malgré tout, pensif, et maintenant il fait nuit comme il faisait nuit autrefois, à six heures dix en hiver.

Et le train quitte la gare, mal éclairé comme alors aussi par cette lumière jaune, que j'aimais. Un vieillard est assis à côté de moi et me parle — depuis longtemps. « Avez-vous remarqué, me demande-t-il, comme les monuments de Tours ont changé ? »

C'est vrai. L'église Saint-Étienne si morne dans sa grisaille, la voici recouverte d'admirables plaques de pierre, rose me semble-t-il, où partout l'image est virtuelle. Et ces rues, aux corniches peuplées de statues légères, presque nuées ! — « Tout est comme cela, me dit le vieillard, et tu vois comme tout est simple. »

IV

J'ai pris le train un millier de fois dans cette gare — soit tout enfant aux départs d'été vers l'autre pays (le Lot rapide, couleur d'absinthe, caché dans les peupliers : on y apercevait des « poissons-soleil » aux écailles phosphorescentes), soit quand, plus tard, et ce pays à jamais perdu, je rentrais le soir du lycée. Ce furent, ces années-là, un temps comme blanc et noir, avec une guerre alentour, des gares qui s'effondraient dans le silence des bombes, et le désordre après comme à la fin d'un rêve, au début d'un rêve, — avec, surtout, la sollicitation obstinée de grandes figures allégoriques, assises dans le wagon, immobiles au bout du quai, femmes de pierre grise les yeux fermés et ouverts, le front diadémé d'étoiles, la corne d'abondance dans leurs mains qui ne serrent pas.

Quant au wagon où je me retrouvais chaque soir, avec sa demi-lumière, ses voyageurs si longtemps les mêmes et pourtant restés inconnus (se parlaient-ils, il se peut, mais c'était si loin, je n'entendais pas les paroles), il a troublé pendant bien des années ma perception du réel de sa mystérieuse dérive, de ses arrêts, de ses secousses parfois aux embranchements que des feux au bout de la voie, incompréhensibles, commandent. Et je suis encore sensible plus que peut-être il ne faut à ces moments où le devenir et le lieu opposent leurs évidences, disons les moments d'approche, quand le train ou le bateau ralentissent, mais encore aux banlieues obscures ou assez loin du rivage pour que l'affirmation des phares nocturnes ne dépasse qu'à peine de l'horizon de la mer.

Je me souviens d'une arrivée à Ravenne, un soir. Quelques enfants se parlaient d'un compartiment à l'autre, ils revenaient d'un collège de Rimini. L'*accelerato* était en retard, il s'arrêtait encore de longs moments en dehors des gares. Je regardais à travers la vitre, où ne se marquait que la pluie. Et je ne savais plus depuis quand avait commencé le voyage, il me semblait qu'il durait depuis des années, zigzaguant dans la nuit des petites lignes, mais aussi bien dans un arrière-pays imprégné d'une présence absolue, bien qu'il ne me montrât dans ses ombres que les rapides lueurs de quelque maison sur les pentes. Un voyage indéfini, « absolu », serait-il le sol, et la fatigue l'incarnation ? Autour de moi, dans les compartiments, les couloirs, une humanité lourde qui sommeillait la tête renversée, les yeux scellés par le rêve comme les gardiens du sépulcre dans la *Résurrection* de Piero. Quelqu'un m'avait demandé si je venais « pour les mosaïques », si bien que l'or lointain était parmi nous, dans la lumière des lampes. Et je pensais à un autre soir, au bord du lac Trasimène, où le train s'était arrêté. Il faisait jour encore, et soleil, dans les roseaux de la longue rive, aussi avais-je eu l'idée qu'il me fallait quitter ce wagon, m'éloigner, chercher issue, ou retour, au bout de cette campagne — d'autant que l'étrange arrêt, silencieux, insistant, ressemblait à un appel du destin. J'étais resté mais imaginant, ce qui est dans l'ordre des choses. Une nuit de marche sans but. Au jour le lac se découvre à travers un reste de brume. Et j'accompagne du regard un oiseau qui s'est envolé de la berge — quand soudain un coup de feu retentit, l'oiseau tombe dans les roseaux. Qui a tiré dans cette solitude apparemment si profonde ? Je pars à la recherche de l'oiseau, je le trouve, il n'est que blessé, et je le prends dans mes mains que son sang réchauffe. Est-ce lui dont à chaque instant (mais toujours comme du passé, de l'étouffé, du perdu) j'ai perçu, je perçois le chant, effusion lente du sang de l'être ? Distrait, absent de soi, chant de servante dans une maison où elle est seule, chant *comme* la servante, si privée de destin qu'elle en est divine. Je me souviens que Déméter fut servante. Je regarde l'oiseau qui semble me regarder, et je voudrais apprécier la gravité de cette blessure, mais ne le puis.

On assure que le rêve est un langage, et moi j'éprouve surtout qu'il désigne et parfois même consent cette parcelle d'or « au-delà » que la main parlante veut prendre, cette blancheur qui dissout déjà la syntaxe qui la désire. De ce point de vue la structure, qui se crispe dans les hantises, me semble l'échec du rêve. Et certaines lumières, certaines longues plages de peu d'écume : le *dénouement*.

Sur les balances nocturnes, qu'on pense seulement à ces mystérieux équilibres ! Une main passe sur le front, efface la sueur du déchirement des images. Je rêve — et le rêve n'est que ces mots — que je suis une autre fois à Athènes, « dans la lumière de la fête du basilic ».

V

Mais ce que j'essaierai de reconstituer maintenant, ce n'est pas un rêve, à moins que la grande pluie, avec ses mouvements de draps qui enveloppent, qui glissent, ne m'ait étourdi dans un lit aux dimensions de la journée triste, bateau peut-être aussi au lent balancement sur de lointaines amarres : l'être — la vérité — du voyage en mer ne s'est pas descellé encore de la falaise, le sommeil n'est qu'une sollicitation que l'homme qui marche dans cette ville étrangère, et fatigué, accepte à chaque instant et repousse.

C'est à Séville, et il fait presque nuit ce matin-là tant il pleut. Je ne vois pas dans le ciel où prennent fin les façades. Mais voici — le hasard même — une porte au flanc d'une église. Et j'entre. A l'intérieur, la ténèbre encore, où j'avance presque à tâtons, dans l'odeur de l'encens humide. Bientôt pourtant j'aperçois une très faible lumière, dont je m'approche. Tout près de moi, mais le faîte noyé dans l'ombre, s'étage un vaste retable, de bois doré, avec des figures dans les hauteurs, je ne sais quoi d'agité que je perçois vaguement (dont je me souviens, que j'imagine ?), de souriant, de penché au-dessus des cimes, d'éperdu dans le bruissement d'étoffes que le vent pousse, — mais non, ce n'est pas cela que j'ai vu encore, c'est simplement, et à mon niveau, une épaule nue éclairée. Un cierge est allumé devant le retable, il baigne de clarté jaune la silhouette d'un ange. Et maintenant je discerne une chevelure bouclée, puis le cou, puis cette bouche riante, la joue qui la dérobe en partie, car la tête est tournée vers l'ombre, et penchée — vers quoi s'abaisse le bras, que saisit la main, quelle chaleur sa grâce enveloppe-t-elle ? —, le flanc nu qui se perd dans le drapé tumultueux. Est-ce bien un ange, après tout, ou une sorte de sainte ? Je me préoccupe de l'aile, mais déjà c'est ailleurs que mon attention est requise. Car une jambe vient de m'apparaître plus haut, avec un autre reflet, moins brillant, de la lumière du cierge (c'est comme s'il avait point dans le ciel noir du premier), et en voici un troisième, sur un enfant et des fruits, sur une gerbe de fleurs, et encore d'autres et d'autres, à l'infini désormais comme les étoiles le soir. De reflets en reflets tout le retable s'anime. Leur pouvoir de révélation semble irrésistible, fatal. On dirait leur faiblesse la condition d'une intimité, d'une transparence, de chaque figure à chaque autre ; et si même l'image au centre, celle qui est peinte sur toile et déchirée peut-être et noircie dans sa grotte au voûtement d'argent clair, semble devoir me rester obscure, je vois que nul n'est plus en péril, sur la montagne où on la vénère, d'avoir à vieillir seul et privé de soi.

Et j'en viens donc à penser à cet « inconscient » qu'aujourd'hui on ne fait plus que subir. N'était-il pas en nous comme une présence semblable, riche en figures cachées qui auraient pu se conjoindre ; et n'eût-il pas suffi d'y porter quelque chose comme cette étroite lumière — disons un resserrement, mais sans vaine ascèse, un choix fondé sur la sympathie, une fidélité imaginative — pour qu'il se révèle par consonance l'approche heureuse de l'être, le réel par l'intérieur, quand il se clarifie, l'unité ? Je conçois cette voie, la crois vraie et, ce faisant, je m'éloigne, je m'enfonce à nouveau dans l'obscurité de la salle, où d'autres signes frémissent. Comme ce lieu est vivant ! Et, si voisin de la rue, et si facile à manquer pourtant, qu'il sait bien signifier que le hasard est la clef, l'acceptation préalable ! J'avance et me voici à proximité de la grande porte, fermée par toutes sortes de barres, mais un pressentiment me saisit, je me retourne, il est temps. Quelques secondes plus tard, l'événement se produit.

A l'angle du mur du fond, celui où est bâti le retable, une porte s'ouvre. C'est l'accès à la sacristie, je suppose, intensément éclairée, et je vois le retable pris dans un faisceau de lumière, hérissé d'ombres portées — privé du coup de cette vie mystérieuse qui me semblait tant promettre. Quel changement de signe, quel instant d'extériorité, aussi fatal que la foudre ! Je découvre que le mur est plus haut que je n'avais cru, le retable n'en atteint pas le sommet, il peut y éployer largement sa grande aile d'ombre, et celle-ci un « méchant plumage », vraiment, car, toute en angles durs, toute en découpes impénétrables, elle tressaille pourtant de suggestions fantastiques. Qu'est-ce, au départ du plafond, que ce bizarre profil, qui tient de la chèvre et de la feuille d'acanthe — « ou du chameau ou de la belette » ? Et que dit cette ombre de main ouverte, si tragiquement en avant du corps penché qui vacille, quel flambeau a été lâché, qui va tomber éternellement ? La main a perdu le fruit, cette profusion n'est qu'un vide, celui du monde des apparences, ce qui s'ouvrait s'est reclos. Et moi je suis *dehors* maintenant, au sein glacé d'une absence, dans cet espace géométrique où l'ombre des piliers torses prend l'aspect sur la grisaille des murs de bâtons déformés par l'eau.

Moments oisifs et de pure attente, parce que l'autre appel résonnait trop fort encore pour que je pusse me laisser prendre — redevenu une personne, un rêveur (au sens mallarméen), un critique — aux charmes insidieux de cette barque des morts.

VI

Après quoi je suis allé vers la « sacristie », qui n'était en fait qu'un placard où vieillissaient un rouleau de corde, un banc, un sac de plâtre entamé d'où débordait la poussière blanche. Personne n'est apparu et j'ai tourné le commutateur, puis je suis reparti dans la direction du retable. Je le voyais de loin comme une falaise, haute, creusée, peuplée d'oiseaux, respirante — et éclairée seulement par le reflet de l'écume. Car la bougie s'était entre-temps presque entièrement consumée, d'où résultait que les ombres étaient devenues plus mouvantes, courants jetés dans le chenal d'un bras ou les brisants d'une robe comme par la poussée d'un bateau qui fût passé à portée, mêlant à l'eau ses lumières. Eau certes, faite de ces images et de ces ruptures d'image, eau d'invisibilité qui dissout l'illusion toujours renaissante des formes, résout le regard mortel, eau que nous pourrions être à l'extrême limite de notre attention pour les œuvres, sur la claire plage nocturne où l'affirmation et l'écume, le désir et la finitude, opposent leurs premiers mots mais associent leurs pouvoirs. Et ma pensée prend un autre tour. Combien l'homme, me dis-je, aura-t-il refusé de voies qui pourtant se donnaient à lui, combien d'interruptions par fausse lumière l'auront-elles privé du pas décisif, et de se faire un signe plus vaste et plus mobile qu'un sens, et davantage (de l'intérieur) une fête, avec ses feux allumés là où s'ensable le sens ? Et n'aurait-il pas changé, par exemple, ne serait-il pas *devenu*, si ces retables qu'il a cherchés si au-delà déjà des limitations du concept, il les eût agrandis encore aux proportions de façades, immenses, peut-être noires, — multipliées au bord de la mer comme une ville absolue ? J'imagine l'eau de l'hiver dans les rues saturées d'images. Je comprends que je suis le prince qui les impose et le sculpteur qui donne corps à ce rêve. Et le voici à mi-hauteur d'un ciel nuageux, recommençant en cent lieux de la cité sainte toujours la même figure : le flanc, l'épaule, la tête un peu penchée sur le cou, la main cherchant et trouvant dans l'ombre — là où le marbre, il est vrai, restera informe, arrêtera le ciseau. Telle soit l'éternelle Isis dans sa chambre haute de pierre. Et qu'elle ait mille fois le même visage. Sur un desquels, très haut, loin de tout regard, la ressemblance vraie, l'insaisissable, sera saisie, comme la corne s'échappe des mains des dieux. Secret qui se délite dans le temps qui ne se perd plus. Et tant de pluies alentour sur la solitude du monde ! — Le cierge a fini de se consumer. Du retable il ne reste plus que quelques ombres qui se dénouent, une dernière blancheur d'écume, — rien que le bruit de la mer.

VII

Et je ne peux que penser, ici venu, à ce qui ne fut qu'un rêve, une fois encore, mais coloré d'un tel éclat de réalité que je suis demeuré longtemps à me demander à l'éveil — et après, et même aujourd'hui, quand l'idée m'en vient par surprise — si ce n'était pas un souvenir. Je suis sur un bateau qui vogue sur l'Atlantique, « vers l'Amérique du Sud ». Et des nuits ont passé, et c'est à nouveau la lumière, et nous traversons maintenant des îles, au sens le plus littéral de ces mots. Comme par quelque canal, nous sommes engagés, lorsque je vais sur le pont, parmi les rues d'une ville : des étrangers et pourtant si proches, dans cet instant, du peuple très ancien qui s'y perpétue. Voici à gauche une place, et une église éclairée à plein par les rayons du soleil levant, — orientation inusuelle. Et il y a là des enfants qui jouent, je perçois, j'apprécie d'un regard rapide, l'étoile de l'espace, sur le parvis, le rapport simple des ombres à l'éloignement des façades, le frémissement de je ne sais quoi comme d'encre dans la transparence de l'aube. Nous regardons et nous sommes vus, tout est parfaitement calme dans la lumière riante, mais le bateau glisse, nous voici loin.

Au souvenir du Bernin, sculpteur de la *Vérité* du tombeau d'Alexandre VII — celle qui se redresse comme la flamme soufflée —, que soient dédiés ces pas au-dehors, dans la fumée des sept feux.

NOTE BIBLIOGRAPHIQUE

L'IMPROBABLE

« Les tombeaux de Ravenne », notes d'un voyage, ont paru dans les *Lettres nouvelles,* n° 3, en mai 1953.

« Les Fleurs du mal », comme préface aux poèmes de Baudelaire dans les *Œuvres complètes* publiées par le Club du Meilleur Livre en 1955.

« L'invention de Balthus », dans le *Mercure de France,* n° 329, en mars 1957.

« Raoul Ubac », dans *Derrière le miroir,* n° 74-76, en 1955.

« Le Temps et l'Intemporel dans la peinture du Quattrocento », conférence du Collège de Philosophie, a été publié par le *Mercure de France,* n° 335, en février 1959.

« La cent vingt et unième journée », dans *Critique,* n° 132, mai 1958.

« Paul Valéry » a paru dans les *Lettres nouvelles* en septembre 1963.

« L'acte et le lieu de la poésie », autre conférence du Collège de Philosophie, dans les *Lettres nouvelles,* n. série, n° 1 et n° 2, 4 et 11 mars 1959.

QUATRE NOTES

« L'Œuvre de Fra Angelico », dans *Critique* n° 105, février 1956.

« Aspects nouveaux de Michel-Ange », dans les *Lettres nouvelles* n° 10, décembre 1953.

« Deux livres sur Caravage », dans les *Lettres nouvelles* n° 33, décembre 1959.

« Degas », dans *Critique* n° 102, novembre 1955.

UN RÊVE FAIT A MANTOUE

« Byzance », « Sur la peinture et le lieu », « La Seconde Simplicité » et « L'Humour, les Ombres portées » figuraient dans le petit recueil *La Seconde Simplicité*, publié en 1961 par le Mercure de France, et désormais épuisé.

« Un rêve fait à Mantoue » a paru sous un autre titre (« Le Voyage de Grèce » dans le *Mercure de France* d'août-septembre 1963, hommage collectif à la mémoire de Sylvia Beach qui fut réédité en volume la même année.

« Notes sur Hercule Seghers », dans *L'Éphémère* n° 2, 1967.

« L'architecture baroque et la pensée du destin » a paru dans *Critique* n° 223 (décembre 1965) comme compte rendu de l'ouvrage de Pierre Charpentrat, *Baroque*, Fribourg, 1964.

« Dans la lumière d'octobre » est la préface aux *Poèmes* de Georges Séféris, Mercure de France, 1963.

« La poésie française et le principe d'identité » a paru dans la *Revue d'esthétique*, juillet-décembre 1965, et en tirage très limité, avec deux eaux-fortes de Raoul Ubac, à la Galerie Maeght, en 1967.

« L'Obstination de Chestov », préface à *Athènes et Jérusalem*, de Chestov, aux éditions Flammarion, en 1967.

« A la mort de Jacques Villon » a paru dans *Art de France* n° 4, en 1964.

« Une vigne qui bouge dans ses ombres » reprend les pages

publiées dans le *Mercure de France* n° 1207, en mai 1964, à l'occasion d'une exposition de Gaston-Louis Roux.

« Des fruits montant de l'abîme » parurent dans *Derrière le miroir* n° 142, en 1964. Ils ont été recueillis dans *Raoul Ubac*, Paris, Maeght éd., 1970.

« Proximité du visage », à l'occasion d'une exposition de Raoul Ubac, dans *Derrière le miroir* n° 161, octobre 1966.

« L'Étranger de Giacometti » a paru dans *L'Éphémère* n° 1, en 1967. Une première version de « Sept feux » dans *L'Éphémère* n° 2, même année.